_____ 님의 소중한 미래를 위해

이 책을 드립니다.

주식시장을 휘어잡는

투자
트렌드
14

주식시장을 휘어잡는

투자 트렌드

장태민 지음

14

**요즘 주식시장에서
최고의 관심사입니다**

메이트북스

메이트북스 우리는 책이 독자를 위한 것임을 잊지 않는다.
우리는 독자의 꿈을 사랑하고,
그 꿈이 실현될 수 있는 도구를 세상에 내놓는다.

주식시장을 휘어잡는 투자 트렌드 14

초판 1쇄 발행 2021년 3월 15일 | **지은이** 장태민
펴낸곳 ㈜원앤원콘텐츠그룹 | **펴낸이** 강현규·정영훈
책임편집 안정연 | **편집** 유지윤·오희라 | **디자인** 최정아
마케팅 김형진·이강희·차승환 | **경영지원** 최향숙·이혜지 | **홍보** 이선미·정채훈
등록번호 제301-2006-001호 | **등록일자** 2013년 5월 24일
주소 04607 서울시 중구 다산로 139 랜더스빌딩 5층 | **전화** (02)2234-7117
팩스 (02)2234-1086 | **홈페이지** blog.naver.com/1n1media | **이메일** khg0109@hanmail.net
값 17,000원 | **ISBN** 979-11-6002-322-0 03320

현재 시장이 갖고 있는 이미지와
실제 사실들 간의 차이를
명확하게 구별할 줄 아는
참을성 있는 투자자들이 돈을 번다.

• 필립 피셔(주식대가이자 워런 버핏의 스승) •

유례없는 주식 투자붐과
높아진 투자 난이도

2021년 1월 7일.

코스피지수가 사상 처음 종가 기준으로 3천을 돌파했다. 하루 전에 장중 처음으로 3천을 돌파한 뒤 미끄러졌으나 다음날 종가는 3,031.68을 기록하면서 3천 위에 안착하는 모습을 보였다.

코스피지수는 2020년 3월 코로나19 팬데믹으로 급락한 뒤 거침없이 올랐다. 2021년 연초까지 코스피지수가 거침없이 오르는 상황이 이어졌다.

하지만 지수가 3천선 위로 올라오면서 코스피 고평가(버블) 논란은 더욱 뜨거워졌다. 일부에선 주가지수 오름세가 지나치다고 주장했고, 다른 쪽에선 한국 주식시장의 체질 자체가 변화했다면서 더 상승할 수 있다고 했다. 시장의 변동성도 한층 커지면서 투자의 난이도는 올라갔다.

연초 증권사에서 근무하는 오랜 지인 두 사람과 만났을 때 그들의 의견은 크게 갈렸다. 먼저 증권사와 은행에서 20년 남짓 일한 A씨의 얘기는 이랬다.

"2020년 코로나19 사태 이후 주가가 너무 뛰었어요. 연초 코스피 지수가 3150 근처로 올라갈 때 전 다 팔고 나왔습니다."

그는 한국 주식시장뿐만 아니라 전 세계 주식이 비싸다면서 한국 주가지수가 계속 오르는 것은 '버블'이라고 주장했다.

기업들의 실적, 그리고 실적 전망을 감안할 때 2021년초의 주가지수는 너무 높다는 게 A씨의 생각이었다. 그러면서 자신이 금융시장을 지켜본 경험들을 감안해 이같이 경고했다.

"2021년초에 제가 이 바닥에 있으면서 한 번도 본 적이 없는 어마어마한 돈들이 주식시장으로 들어왔어요. 사람들이 주식만 하면 돈을 벌 수 있다는 착각에 빠져 있는 것 같아요. 이런 때가 제일 위험합니다. 그래서 나는 '더 못 먹더라도' 일단 이 거품장세에서 빠질 겁니다."

하지만 B씨는 A씨와 다른 의견을 제시했다. B씨는 증권사에서 IB업무, 즉 기업들이 주식발행이나 채권발행을 통해 자금을 조달할 때 이를 돕는 일을 오래해왔다. 증권사 생활 25년째를 맞은 B씨는 경기민감주들에 주목하고 있었다.

"2020년 유동성의 힘으로 주가가 올랐다면 이젠 경기가 살아나는 데 발맞춘 종목들이 뜰 것으로 봅니다. 2021년에도 여전히 해운주, 조선주 같은 경기민감주들이 더 오를 수 있다고 봐요."

"이미 많이 오르지 않았나요? HMM(舊 현대상선) 같은 경우 2020년에 너무 폭등해서 현기증이 날 정도입니다."

B씨에게 질문을 던져봤다. HMM은 코로나 사태로 주식시장이 크게 흔들릴 때인 2020년 3월 23일 2,190원(종가)에서 그해 마지막 거래일인 12월 30일 1만 3,950원까지 뛰었다. 주가가 이미 500% 이상 뛰었던 것이다. B씨는 그러나 이런 종목에 대해 여전히 상승여력이 있다고 봤다.

2020년 3월 코스피지수는 3월 19일 1457.64까지 폭락한 뒤 그해 마지막 거래일엔 2873.47까지 올랐다. 연중 저점에 비해 97%, 즉 100%가량 뛴 것이었다. 2020년 한 해 동안 코스피지수는 31% 뛰었다.

전체 시장흐름과 비교할 때 HMM의 주가 오름세는 지나치다는 느낌이 들 정도였으나 B씨는 자신의 경험을 거론하면서 추가상승의 여력이 있다고 주장했다.

"2000년대 차트를 보세요. 경기민감주들 가운데엔 2000년대 초반부터 글로벌 금융위기 전까지 10배, 아니 20배, 30배 뛴 종목들도 있습니다. 지레 겁먹을 필요 없습니다."

B씨는 2020년 유동성 장세를 통해 주가가 급등했지만, 2021년 이후엔 본격적인 수출주들의 실적개선이 나타날 것으로 보면서 "주가가 비싸다는 관점에서만 보면 기회를 놓치게 된다"고 주장했다.

그는 또 여전히 풀린 돈이 너무 많다고 했다. 주식시장이 언제 조정을 받을지는 알 수 없으나 '갈 곳 없는' 돈들이 많아 2021년 연초의 주가지수 흔들림에 주눅들 필요는 없다고 주장했다.

"2021년초의 분위기를 보면 과열 느낌이 들지요. 하지만 경기는 2020년 2분기 저점을 찍고 반등하는 국면에 접어들었고, 당장 이 흐름이 끝날 것으로 보이지 않아요."

분명 A씨와 B씨 두 사람 중 한 사람은 틀린 진단을 하고 있는 것이다. 하지만 미래를 완벽하게 예언할 수 있는 사람은 없다. 국내뿐만 아니라 미국 등 해외에서도 주가지수 버블논쟁이 계속됐다. 2020년 주가지수 상승폭이 예상을 뛰어넘자 각국의 '전문가'라는 사람들은 버블 논쟁을 벌이고 있었다. 다른 나라 주식시장에도 수없이 많은 A씨와 B씨가 존재했다.

금융시장엔 언제나 2가지 시각이 존재한다. 주식이 '싸다, 비싸다'를 놓고 투자자들은 쉼없이 논쟁을 벌인다. 특히 2020년 코로나19 사태 이후 주가가 급등하자 논쟁은 더욱 뜨거웠다.

2020년 코로나 사태 이후 세계 각국 중앙은행들은 역대 유례없는 유동성을 공급했다. 엄청나게 풀린 시중의 돈들, 그 돈이 어떻게 움직일지가 관건이다.

거대한 유동성이 주식시장을 받치면 주가지수는 더 오를 수 있다. 하지만 미국 중앙은행인 연방준비제도이사회(연준)가 거대한 유동성을 수속하려는 모습을 보일 때, 즉 돈을 거둬들일 때는 큰 위험이 닥칠 수 있다.

아울러 한국을 포함한 신흥국 주식시장은 미국의 정책이나 외국인 투자자들의 움직임에 크게 좌우되는 만큼 선진국의 정책 변화가 신흥국 주가를 더 올릴 수도 있고, 반대로 급락시킬 수도 있다.

2020년 사상 유례없는 개인투자자들의 자금이 주식시장으로 몰려들었지만, 수출주들이 주도하는 한국 주식시장은 해외요인에 민감하다. 미국연준과 같은 해외 중앙은행의 정책, 외국인 투자자들의 움직임은 상당히 중요하다.

투자자들은 주식시장의 '트렌드 변화'를 읽고 어떻게 접근할 것인지 자신만의 철학이나 투자 방법론을 정립하는 것도 중요하다. 2020년 주가가 급등하는 과정에서 개인투자자들은 펀드에 가입하는 것보다 스스로 운용하는 쪽을 선호했다. 하지만 종목을 선정해 장기간 보유하는 일이 생각처럼 만만치 않다.

'한국경제가 성장하는 가운데 주가지수도 장기적으로 오른다'고 보는 사람들은 ETF를 활용하는 것도 좋은 투자법이다. ETF의 종류가 다양해져 지금은 개별 종목들엔 손대지 않고 오로지 ETF만으로 포트폴리오를 구성할 수 있는 시대가 됐다.

2020년엔 성장주들의 주가가 대폭 오르면서 역시나 고평가 논란이 거셌다. 주식 고평가 문제는 그 기업이 미래에 큰 이익을 낸다면 자연스럽게 해소될 수 있다. 하지만 미래의 실적이 기대감에 못 미칠 때 주가는 급락할 수 있다는 사실도 늘 감안해야 한다.

경기회복세가 강해질 때는 경기순환주나 경기민감주 성격이 강한 가치주들이 주목을 받을 수 있다. 2020년 상반기엔 코로나19 사태로 전체 주식시장이 폭락한 뒤 성장주들이 대대적인 오름세를 보였다. 그런 뒤 그해 가을엔 소외돼 있던 가치주들이 약진하기도 했다. 이처럼 시장의 변화는 변화무쌍하다.

시중에 유동성이 풍부하고 갈 곳 없는 돈들이 늘어나면서 2020년엔 사상 유례없는 공모주 붐이 일어나기도 했다. 주변엔 공모주 투자가 사회생활의 한 부분을 차지하는 지인도 있다. 이 지인은 늘 공모주 일정을 체크한 뒤 '아주 크지는 않지만 쏠쏠한' 이익을 얻곤 했다. 너도나도 공모주에 뛰어들면 공모주에 투자해서 얻을 수 있는 이익이 얼마 되지 않는다. 청약한 돈에 비해 배정받는 주식수가 몇 주 되지 않기 때문이다. 하지만 은행의 정기예금 금리가 1%에도 못 미치는 상황이라면 이런 알뜰한 투자법에도 관심을 가질 필요가 있다.

2020년엔 미국주식에 대한 투자붐도 일었다. 미국 주식시장의 시가총액은 전 세계의 '절반'이나 된다. 누구나 이름만 들으면 알 만한 기업, 세계를 지배하는 거대한 기술기업이 포진한 곳이 미국 주식시장이다. 한국경제의 미래에 대해 비관적인 투자자나 분산투자를 원하는 투자자라면 미국 등 해외주식에 대한 투자를 통해 미래의 노후자금 마련에 나설 수도 있을 것이다.

주식투자자들은 언제나 세상의 변화에 관심을 가져야 한다. 코로나19 사태로 4차 산업혁명에 가속도가 붙었다는 평가가 많다. 미래의 먹거리를 지배할 수 있는 산업이나 기업에 대해선 꾸준히 관심을 갖는 게 중요하다. 이미 세계 거대기업은 4차 산업혁명 시대에 주도권을 잡기 위해 치열한 경쟁을 벌이는 중이다.

한국이 4차 산업혁명 시대에도 핵심적인 역할을 하는 반도체 강국이란 사실은 너무나도 다행스러운 일이다. 하지만 글로벌 경쟁에서 밀리는 순간 아무리 명망이 높던 기업도 도태될 수 있다는 점을 감안해야 한다.

코로나19 사태 이후 정부의 역할도 더욱 커졌다. 세계 주요 국가들은 보다 더 디지털화된 세계를 이끌 수 있는 산업을 지원하고 있다. 주식투자자들도 정책적 지원을 받는 산업이나 기업에 대한 관심을 유지해야 한다.

2020년 한국정부가 디지털 뉴딜과 그린 뉴딜을 내세웠지만, 다른 나라들 역시 마찬가지로 이런 분야에 정책적 지원을 펼치고 있다. 코로나19 사태로 인구의 이동이 크게 제약을 받고 있는 와중에 각 기업별, 국가별로 미래 먹거리 산업을 놓고 치열한 경쟁이 지속되고 있다.

ESG 투자 역시 하나의 트렌드가 됐다. 세계 주요국들은 '2050 탄소중립'이라는 모토를 내걸었다. 환경이나 사회 문제, 거버넌스 등을 도외시하는 기업은 이제 투자자들에게 외면을 받을 수밖에 없는 분위기도 강화됐다.

주식투자의 세계는 결코 만만치 않다. 성공한 주식투자자보다 실패한 주식투자자가 훨씬 많다는 사실이 이를 증명한다. 2020년에 처음 주식시장으로 진입한 사람들도 많았지만, 시장이 항상 상승하는 것은 아니라는 점을 반드시 명심해야 한다.

필자는 사실 자신의 판단하에 투자할 수 없는 사람이라면 주식을 멀리하길 권한다. 주변에서 찍어주는 종목을 사거나 남의 말만 믿고 투자하는 사람들 가운데 주식투자자로서 롱런하는 경우는 없었다.

하지만 저금리 시대에 투자를 등한시하는 것도 위험하다. 은행 정기예금에 맡겨두면 1%의 이자도 받기 어려운 시대가 됐다. 이 책이 투자자들에게 조금이라도 도움이 된다면 바랄 게 없다.

마지막으로 책이 나오는 데 큰 도움을 주신 코스콤의 고경훈 차장님, 이승미님에게 특별히 감사의 마음을 전한다.

장태민

금융전문가이자 글쟁이가
풀어내는 재밌는 투자 이야기

김학균 _ 신영증권 리서치센터장

이 책의 저자인 장태민 국장과 알고 지낸 지는 6년여가 됐다. 2015년의 어느 봄날 지인의 소개로 만나 여의도에 있는 오리고기집에서 저녁을 같이 했다. 그는 당시 채권시장을 주로 취재한다고 했다. 이야기를 해보니 내공이 만만치 않았다. 애널리스트로 일하면서 취재원으로 기자들과 만나는 경우가 종종 있는데, 금융시장에 대해 깊이 있는 지식을 가진 기자들은 매우 드물다.

그들을 탓할 일도 아니다. 직업인으로서의 기자는 특정 분야에 대한 스페셜리스트라기보다는 이런저런 부서를 돌아다니면서 취재하는 제너럴리스트에 가깝기 때문이다. 장 국장은 금융시장에 대해 많이, 그리고 깊이 알고 있었다. 채권뿐만 아니라 주식과 외환, 파생시장까지 모르는 게 없었다.

시간이 좀 지나고 나서 내가 장태민 국장을 첫 만남 훨씬 전부터 알고 있었다는 사실을 알게 됐다. 당시 나는 웬만한 증권사 이코노미스트가 쓴 글보다 낫다고 생각하는 칼럼들을 로이터통신에서 읽고 있었다. 평범한 글이 아니었다. 건조한 기사체의 글이 아닌 글쓴이의 주장이 선명히 담겨 있었고, 금융칼럼이었지만 야구와 정치·정책을 현란하게 넘나들었다. 글을 먼저 보고 글쓴이를 만났다. 이 사람, 금융전문가이자 글쟁이이다.

이번에 장태민 국장이 책을 낸다고 초고를 보내왔다. 글쓴이의 개성이 묻어나 있다. 이번에도 종횡무진이다. 통화정책과 주식, 액티브와 패시브 투자, 성장과 가치, 기술과 분쟁, ESG, 밸류에이션을 능숙한 솜씨로 풀어낸다. 실제로 발생한 사례들을 중심으로 이야기를 전개하는 건 이 책이 가진 또 다른 미덕이다. 과거가 미래에 똑같이 재연되는 건 아니지만, 미래가 과거와 완전히 이질적인 것도 아니다. 100% 복제는 아니지만 비슷비슷한 형태로 역사는 반복된다.

모든 투자는 과거에 대한 검토에서부터 시작된다. 어떤 종류의 투자건 각종 차트를 참조하게 되는데, 왜 차트를 보는가? 과거의 궤적을 보기 위해서이다. 횡축이 시간(T)으로 그려진 모든 차트는 과거의 궤적에서 미래의 추세를 발견하기 위한 목적으로 그려진다. 2008년 금융위기와 2020년 코로나19 팬데믹 과정에서 나타난 시장의 교란과 정책적 응수에 대한 생생한 묘사는 앞으로 닥칠지 모를 미래의 어느 때를 대비하기 위해서도 꼼꼼히 되새길 필요가 있다.

코로나 팬데믹 이후 우리는 기록적인 주식투자 붐을 목도하고 있다. 주식시장으로 돈이 쉼 없이 유입되고 있다. 사상 초유의 일인 것 같지만, 꼭 그렇지도 않다. 과거 IMF 외환위기 직후 바이코리아 붐, 2007~2008년 인사이트 펀드로 대표되는 주식형펀드 붐 시기에도 한국인들은 주식에 대한 열병을 앓았다. 이번에는 들어오는 자금의 규모가 압도적으로 크고, 주식형 펀드에 돈을 맡기는 간접투자가 아닌 직접투자로 자금이 들어오고 있다는 차이점은 있지만 본질적으로는 비슷한 현상이라고 본다. 주가상승 그 자체가 투자자들을 자기 강화적으로 매혹시키고 있고, '이번에는 다르다'라고 하는, 금융시장에서 가장 값비싼 금언도 회자되고 있다.

투자는 비관론의 편에 서기보다는 낙관론의 편에 서는 게 옳다. 다만 자산가격은 늘 오르기만 하는 게 아니라 상승과 하락의 사이클이 있게 마련이라, 시간을 견딜 수 있어야 돈을 벌 수 있다. 코로나19 발병 이후의 지난 1년여처럼 어떤 자산이건 사자마자 급등하는 일은 매우 예외적인 사례로 봐야 한다.

시간을 견딜 수 있는 힘은 투자의 대상에 대한 지식과 역사적 경험에 대한 통찰에서 나온다. 이 책을 통해 그에 대한 배움을 얻을 수 있을 것이다. 아울러 금융전문가이자 글쟁이인 필자가 술술 풀어내는 이야기를 읽는 재미는 덤이다.

▲ 차례 ▼

미국 중앙은행인 연방준비제도이사회(연준) 의장들은 주식시장에 막대한 영향력을 행사한다. 2020년 3월 글로벌 주식시장이 폭락한 뒤 'V자'로 급반등한 데는 연준이 엄청난 유동성을 공급했기 때문이다. 세계경제가 서로 얽혀 있기 때문에 미국연준의 정책변화는 다른 나라 중앙은행들의 정책에도 큰 영향을 미친다. 유동성의 절대적인 양도 중요하지만 유동성이 늘어나는 '속도'도 중요하다. 유동성이 축소될 때뿐만 아니라 유동성이 증가하는 속도가 둔화될 때 시장의 긴장감은 높아진다.

트렌드 1 ↗

주식시장의 변화는
연준의 변화에서
시작된다

세계경제의 대통령으로 군림했던
미국연준의 수장들

폴 볼커(1979.8~1987.8), 앨런 그린스펀(1987.8~2006.1), 벤 버냉키 (2006.2~2014.1), 재닛 옐런(2014.2~2018.2), 제롬 파월(2018.2~).

세계 어디선가 주식을 사고파는 사람이라면 이 이름들이 익숙할 것이다. 이들이 낯설다면 당신은 아마도 주식투자와 인연을 맺은 지 오래되지 않았을 것이다. 그것도 아니라면 당신은 세계경제의 흐름 이나 뉴스에 별다른 관심 없이 자신만의 전법으로 주식시장에서 고 군분투하고 있는 투자자일 확률이 높다.

이들은 세계 최강국 미국 중앙은행인 연방준비제도이사회(연준) 의 의장을 지낸 인물들이다. 괄호 안의 연도는 이들이 재임한 기간 이다. 무려 40년이 넘는 기간 동안 미국연준의 수장을 지낸 인물은 단 5명에 불과하다. 이들은 미국 중앙은행 연준의 수장으로서 세계 경제와 주식시장에 막강한 영향력을 행사한 사람들이다.

미국 중앙은행은 연준 정책금리(기준금리)인 연방기금금리 수준

과 유동성 규모, 즉 달러의 양과 가격을 결정하는 곳이다. 미국 중앙
은행이 주식시장 등 금융시장에 미치는 영향은 막대하다.

수도꼭지를 오른쪽으로 돌리면 물이 흘러나온다. 오른쪽으로 세
게 돌리면 물이 콸콸 쏟아진다. 하지만 꼭지를 왼쪽으로 돌리면 물
줄기가 약해지고, 꼭지를 잠그면 물이 더 흐르지 않게 된다. 경기가
너무 좋을 때는 양수기를 활용해 물을 빨아들인다. <u>세계 금융시장의
수도꼭지를 관리하는 자들, 그들이 바로 연준이다. 여기서 물은 유
동성, 즉 돈이다.</u>

코로나19 사태 이후
유동성, 유동성, 유동성…

2020년 3월 3일.

연방준비제도이사회는 긴급 FOMC(연방공개시장위원회)를 열고
연방기금금리를 1~1.25%로 50bp(0.5%p) 전격 인하한다. FOMC는
미국 중앙은행 연준의 금리결정기구다. 즉 한국은행의 금융통화위
원회(금통위)에 해당한다. FOMC가 '긴급'하게 비상대책회의를 열면
서 금리를 25bp가 아닌 50bp나 내린 것이다. 그만큼 상황이 급박하
다는 것을 의미했다.

무서운 전염병의 기운이 세계를 휘감자 미국 중앙은행이 나서서
금리를 대폭 인하해버린 것이다. 2019년 연말, 중국 우한에서 발생

2000년 이후 미국과 한국의 기준금리 추이

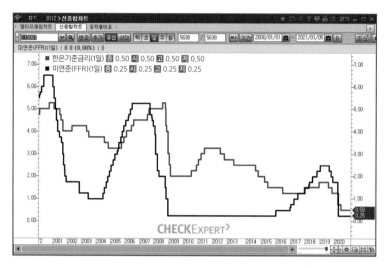

출처: 코스콤 CHECK

한 '폐렴'이 세계경제를 강타할 것으로 생각한 사람은 거의 없었다. 일시적으로 유행하는 전염병 정도로들 생각했다. 하지만 시간이 갈수록 상황이 심각해지면서 미국 중앙은행이 '경기둔화'에 대비하기 위해 평소보다 큰 폭으로 금리를 내린 것이다.

금융시장은 빠르게 움직이는 곳이다. 모든 상황을 다 확인하고 움직이면 언제나 늦는 곳이 금융시장이다. 주식시장이든 채권시장이든 마찬가지다. 연준이 금리를 50bp나 내리자 국내외 금융시장에선 '제로금리로의 회귀'가 불가피할 것이란 전망들이 쏟아졌다.

한국 중앙은행인 한국은행도 전염병 확산에 따른 경기둔화를 대비하고 있었다. 한국은행은 2020년 2월 금통위에서 금리인하 대신 금융중개지원대출 강화라는 대책을 들고 나오면서 정부의 경기 살리기에 힘을 보탰다. 전염병 확산에 따른 경기둔화 우려에 대응하기 위해 한은이 시중은행에 대한 대출규모를 늘린 것이다. 시중은행은 한은에서 받은 저리(낮은 금리)의 자금을 이용해 중소기업 등에 대한 대출을 늘리게 된다.

그런데 연준이 과감하게 금리를 내리자 한국은행도 금리인하가 불가피할 것이란 전망이 힘을 얻는다. 한은이 정책금리인 '한국은행 기준금리'를 내릴 것이 예상되자 채권시장에서 국채금리는 내려갈 준비를 하고 있었다. 즉 채권가격의 급등이 예고되고 있었던 것이다.

연준의 긴급 금리인하는 국내 금융 당국자들을 회의 테이블로 불러모았다. 연준이 금리를 긴급하게 내린 뒤 다음 날 아침 8시 20분 한국은행의 유상대 부총재보(이사)는 서둘러 통화금융대책반 회의를 열었다. 미국의 금리 50bp 인하의 영향을 논의한 것이다. 한은의 금리인하 준비가 진행되었다.

2020년 3월 15일 일요일.

연준은 정례 FOMC까지 기다릴 여유가 없었다. 미국연준은 이 날 다시 긴급회의를 열고 금리를 추가로 100bp 인하하는 결정을 내렸다. 거기에 더해 양적완화(QE, Quantitative Easing) 카드까지 빼들었다. 연준은 2020년 3월 기준금리를 150bp(1.5%p)나 내린 뒤 양적완화까지 선언하면서 전염병 확산에 따른 경기둔화에 선제대응하기 위해 몸부림쳤다.

대대적인 금리인하를 보면서 주식시장은 공포에서 벗어나지 못하고 있었다. 연준의 무자비한 금리인하를 보면서 '21세기판 대공황이 시작되는 것 아니냐'며 공포에 떨어야 했다. 주가는 계속 무너지고 있었다.

2020년 2월 21일 장중 3393.52까지 뛰면서 상승세를 구가했던 미국 S&P500지수는 3월 27일 2191.86까지 폭락했다. 한달 남짓한 기간에 주가지수가 35% 넘게 떨어진 순간이었다. 미국 주식시장에 대략 1억 원을 투자하고 있었던 사람이라면 이 기간 투자금이 대충 6,500만 원 아래로 급격히 줄어들었을 것이라고 생각할 수 있다. 아니, 여기에 하나 더 생각해야 한다. 이런 위기 시엔 '위험통화'인 원화가치가 급락한다. 따라서 미국주가에서 깨지고, 원/달러환율 급등에서 깨지는 이중고를 치러야 했다.

2020년 3월 23일.

'금융시장 역사에 남을 3월'이 끝나기 전 연준은 '무제한 양적완화' 카드를 꺼내들었다. 연준은 제로금리 회귀와 함께 7천억 달러 규모의 양적완화를 공언했으나, 이제 아무 제한없이 유동성을 공급할 수 있다는 뜻인 무제한 양적완화마저 선언한 것이다. 연준은 국채 및 MBS(주택저당증권) 무제한 매입, 회사채 시장에 대한 유동성 공급 등을 공언하면서 돈을 얼마든지 풀 수 있다는 뜻을 전 세계에 알렸다.

이후 미국주가는 폭등했다. 2020년 3월 중 2200선 아래로 폭락했던 S&P500지수는 폭등세를 이어갔다. 주가지수는 5월이 끝나기 전

에 3천선을 회복하는 저력을 보였다. 역사상 가장 다이나믹한 주가
폭락과 폭등이었다. 유동성의 힘은 이처럼 엄청났다.

위기대응 과정에서 연준의 대차대조표(재무상태표)는 크게 부풀었
다. 연준은 시중의 채권을 사들이면서 돈을 공급한다. 이 과정에서
중앙은행의 부채와 자산이 크게 늘어난 것이다. 지난 2008년 글로벌
금융위기 때 연준의 대차대조표는 4조 달러대 수준까지 급증한 바
있으나 단기간에 이를 크게 웃도는 7조 달러대로 확대된 것이다.

연준이 경기침체에 대항해 유동성을 공급하면서 한국 역시 사상
처음으로 0%대 기준금리 실험을 했다. 한은은 2020년 3월 금통위

2008년 글로벌 금융위기 이전부터 현재까지의 연준의 대차대조표 자산규모

단위: 조 달러

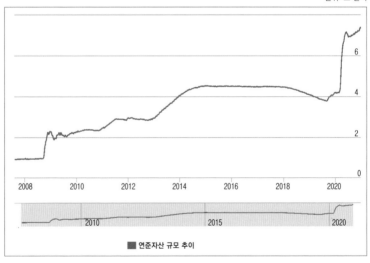

출처: 미국연준 홈페이지

에서 금리를 50bp 내리고 5월에도 금리를 25bp 낮춰 기준금리를 0.5%로 설정했다. 또한 증권사 등을 대상으로 무제한 91일물 RP(환매조건부증권) 매입이라는 이른바 '한국판 양적완화'를 실시했다. 원하는 만큼 3개월짜리 자금을 공급해주겠다고 선언한 것이다. 돈은 풀렸고 주가는 급등했다.

미분과 적분의 사고,
돈이 늘어나는 '속도'를 봐야 한다

과학자 뉴턴과 라이프니츠는 미분을 발견했다. 이들은 비탈길을 따라 빠른 속도로 내려가는 공의 속도 같은 것을 계산하고 싶어한 사람들이다. 즉 순간적으로 변화하는 속도나 양을 계산하는 데 인생을 바친 과학자이자 수학자였다. 이들 중 뉴턴은 '주식투자 실패자'로도 명성을 떨쳤다. 뉴턴은 주식투자를 통해 평생 번 돈을 몽땅 날린 뒤 "사람들의 광기는 계산할 수 없다"는 말을 남긴 것으로 유명하다.

미분은 쪼개는 것, 즉 분석하는 것을 말한다. 미분의 개념은 '변화량 측정'을 말한다. 아주 작은 순간의 변화를 포착하는 것을 의미한다.

이에 반해 적분은 종합하는 것을 말한다. 적분의 역사는 미분보다 훨씬 길다. 유명한 과학자 뉴턴이 미분을 발견했다고 언급했지만, 실제 미분이 태동한 것은 12세기까지 거슬러 올라간다. 인도 수학자

바스카라 2세가 미분의 개념을 도입한 것으로 알려져 있다.

그런데 적분은 이보다 훨씬 전인 기원 전에서 그 흔적을 찾을 수 있다. 쪼개는 것보다 더하는 게 중요했기 때문에 적분의 역사가 더 오래됐다. 기원전 1800년경 땅의 넓이를 구하는 과정에서 적분의 개념이 도입된 것으로 알려져 있다.

17세기 인물들인 뉴턴과 라이프니츠를 미분과 적분의 발견자라고 부르는 이유는 이들이 기존에 알려져 있던 개념인 미분과 적분을 서로 연결했기 때문이다. 이들이 '미분과 적분은 서로 역연산 관계에 있다'는 점을 발견하면서 인간의 수학적 사고는 큰 점프를 한 것이다.

고등학교 때 배운 미분과 적분의 사고법을 다시 상기하기 위해 끙끙댈 필요는 없다. 다만 최대한 쪼개는 미분(분석적 사고)과 쪼개진 것들을 합치는 적분(통합적 사고)은 주식시장 등을 이해하기 위해 가져야 할 태도라는 것만 기억하자.

글로벌 주가지수는 2020년 3월말부터 V자 반등을 시작한 뒤 여름 무렵까지 가파르게 올랐다. 하지만 연준이 정책금리를 제로수준으로 만들고 양적완화도 '필요한 만큼' 실행했다는 생각이 들자 시장에선 경계감이 강해지기 시작했다.

일각에선 돈이 늘어나는 속도가 줄어든다는 미분적 사고를 작동시켰다. 연준 대차대조표가 7조 달러대로 늘어난 뒤 더 커지기 어렵다는 판단이 들면서 주가가 너무 오른 것은 아닌지 긴장한 것이다. 2020년 가을, 주가는 출렁이다가 다시 상승세를 탔다.

통화정책 그리고 미분과 적분의 사고가 중요하다는 점을 알려주는 유명한 사례로는 '벤 버냉키의 테이퍼 탠트럼(taper tantrum: 긴축 발작)'을 들 수 있다. 테이퍼링(tapering)은 양적완화 규모축소를 의미하는 말이다. 영어 단어 taper는 '가늘어지다'는 뜻으로 시중에 공급하는 자금을 줄인다는 의미이며, 버냉키의 이런 발언에 긴장해 시장은 발작(tantrum)을 일으켰다.

버냉키는 2008년 글로벌 금융위기 이후 적극적인 양적완화를 통해 '헬리콥터 벤'이란 별명을 얻었다. 말 그대로 헬기에서 돈을 뿌리듯이 유동성을 공급했기 때문이다. 하지만 버냉키는 2013년 5월 22일 의회 증언에서 '처음으로' 자산매입 규모를 축소할 수 있음을 시사했다.

당시 연준은 세 번째 양적완화인 QE3를 실시 중이었다. 2012년 3차 양적완화 실시를 발표하면서 매달 450억 달러 규모의 국채를 사기로 했다. 이에 따라 매달 850억 달러, 즉 우리 돈 100조 원가량의 채권을 사면서 시장에 유동성을 붓고 있었던 것이다. 하지만 향후 채권매입 규모를 줄일 수 있음을 시사하자 시장이 깜짝 놀랐던 것이다.

이런 발언에 글로벌 금융시장은 크게 반응했다. 국내에선 주식, 채권, 원화값이 모두 빠지는 '트리플 약세'가 펼쳐졌다. 미국이 유동성 공급을 줄이면 한국 등에 나가 있는 달러자금이 빠져나갈 것이란 우려 때문이었다.

하지만 이 발언으로 휘청거렸던 주가지수는 긴 조정을 거치지 않으며 다시 올랐다. 미국 주가지수는 잠시 흔들리는 듯하더니 추세선을 따라 상승했다.

그 이유는 테이퍼링 그 자체가 유동성을 축소하는 것은 아니고 유동성을 공급하는 양을 줄였기 때문이다. 즉 돈은 계속 공급하되 이전보다는 그 양을 줄이겠다는 뜻이었다. 뉴욕 주가지수는 중간에 변동성을 보이긴 했으나 2014년에도 오름세를 이어갔다. 하지만 양적완화 종료와 금리인상 시기가 가까워지면서 주가지수의 출렁임은 심화됐고, 2015년엔 오름세가 꺾이고 말았다.

버냉키의 '테이퍼 탠트럼'은 주가지수 움직임을 감안할 때 '변화'를 주시해야 한다는 점을 말해주고 있다. 통화정책에서 큰 변곡점이 형성될 때 투자자는 미리 준비해야 한다. 코로나19 사태로 연준, 한은 등 각국 중앙은행이 대대적으로 유동성을 공급했지만 이런 정책이 되돌림될 때를 늘 감안하고 있어야 한다는 뜻이다.

한국은행 정책도
연준이 설정한 '틀' 내에서 움직인다

자연의 법칙엔 대개 순서가 있다. 예를 들면 봄은 개나리, 진달래, 벚꽃의 순서로 온다. 노란색 개나리가 피면 사람들은 따뜻한 봄이 왔음을 느낀다. 아직 겨울의 냉기가 있지만, 만개한 개나리와 함께 봄은 돌이킬 수 없는 대세가 된다.

며칠 뒤 진달래가 피면 우리는 겨울 외투를 벗고 봄을 즐기기 시작한다. 시간이 좀 더 흘러 벚꽃이 필 때 봄은 만연해진다. 이런 자연의 흐름은 바뀌지 않는다.

사회현상의 법칙은 자연의 법칙처럼 규칙적이지 않다. 하지만 세계경제가 묶여서 돌아가고 있음을 감안할 때 미국 통화정책의 변화는 한국의 변화를 예비하는 경우가 많다. 한국은 수출중심의 소규모 개방경제인 탓에 미국의 변화에서 자유롭지 않기 때문이다.

미국의 통화정책에 변화가 생기면 한국은행이 자주 하는 말이 있다. 이 말은 곧이 곧대로 들으면 오해하기 좋다. 예컨대 한은은 연준이 금리를 내리거나 올리면 다음과 같은 말을 하곤 한다.

"미국의 통화정책을 한국이 그대로 추종하지 않습니다. 한국경제의 상황에 맞춰 통화정책을 펼 것입니다."

한국은행이 미국의 금리 변경에 1:1로 대응해서 움직이지 않겠다는 말도 한다. 하지만 많은 금융시장 투자자들은 마치 자연의 법칙처럼 미국의 통화정책에서 나타나는 변화의 신호를 국내 통화정책 변화의 신호로 읽는다. 수출위주의 경제구조를 가진 한국이 세계경제의 중심인 미국 통화정책의 변화에서 자유롭지 않아서다. 예컨대 미국의 경기가 좋아져 연준이 금리를 올리는데 한은이 가만히 있으면 국내에 들어와 있던 돈의 일부는 더 높은 금리를 주는 미국시장으로 복귀할 수 있다.

2020년 코로나19로 연준이 기준금리를 '제로(0~0.25%)'로 만들었을 때 한국 금융시장 종사자들은 적어도 한은 역시 금리를 50bp

이상은 내릴 것이란 확신을 가졌다. 결국 한은은 2020년 3월과 5월에 걸쳐 금리를 75bp 내리는 결정을 했다.

한국뿐만 아니라 세계의 많은 나라들이 연준의 금리결정에 따라서 대응했다. 연준이 기준금리를 낮추면 신흥국들 역시 금리를 내릴 수 있는 공간이 확대된다. 통상 자본유출 등을 방지하기 위해 신흥국 금리가 선진국보다 높아야 한다. 이런 상황에서 미국이 금리를 내리면 신흥국들 역시 경기에 나설 여지가 커지는 것이다.

한 발짝 더 나아가 2020년 코로나19 위기 때는 미국이 무제한 양적완화 카드를 들고 나오자 신흥국들 중에서도 유사한 양적완화에 나서는 나라가 있었다. 한국은행은 무제한 RP매입 정책을 실시하면서 '한국판 양적완화'로 표현했으며, 2020년 하반기엔 한국은행이 '정례적으로' 월 하순에 국채를 매입하면서 유동성을 공급하기도 했다.

연준이 통화정책의 큰 방향을 바꾸려고 할 때는 금융시장의 변동성이 커진다. 예컨대 연준의 금리정책이 인상으로 바뀔 때 신흥국에 투자된 자금이 빠지면서 신흥국 주식시장과 환율 등이 크게 출렁일 수 있다. 미국과 세계경제를 양분하는 중국의 정책변화도 예의주시해야 할 대상이다. 2008년 글로벌 금융위기 이후 세계의 모든 나라들은 유동성에 중독된 상태다. 한 나라의 시장금리가 기업들의 경제활동에 부담을 주는 수준까지 뛴다는 판단이 들면 주식시장은 크게 흔들릴 수 있다. 특히 장기금리가 단기금리보다 낮아지는 현상은 경기침체가 찾아올 수 있다는 경고 시그널이다. 경제지표가 시장의 예상보다 나쁘게 나와 연준이나 미국정부가 예상보다 강도높은 경기부양책을 쓸 수 있다는 전망이 강화되면, '나쁜 경제지표'가 오히려 주식시장에 호재로 작용하는 경우도 비일비재하다.

항상 미국의
장단기 금리역전을
주시해야 한다

연준 스탠스 변화의 위험성과
이를 둘러싼 환율게임

2015년 7월.

글로벌 상품·금융시장이 심상치 않게 돌아갔다. 원유나 원자재 가격이 급락하고, 이 원자재를 팔아 돈을 벌던 나라들의 돈 가치가 급락했다. 우리가 신흥국이라고 부르는 자원부국에서 돈이 빠져나가는 모습이 심상치 않았다. 이런 변고엔 2가지 이유가 있었다. 중국의 경기둔화 그리고 미국의 금리인상 가능성이었다.

2015년 7월 미국 텍사스산 원유는 한 달 만에 20%가량 급락해 배럴당 50달러 밑으로 내려갔다. 이후 미국 텍사스산 원유는 40달러 아래까지 떨어진 뒤 급등락을 지속했다. 경기를 예견하는 데 도움을 주는 스마트한 금속으로 알려져 있는 구리 값도 심상치 않은 하락 흐름을 보였다.

비단 자원이 풍부한 신흥국들의 문제는 아니었다. 자원의존도가 높은 선진국 호주나 뉴질랜드 통화도 크게 떨어졌다. 이런 통화들의 가치가 떨어졌다고 말할 때 기준이 되는 통화는 미국달러다. 달러는 강해지고, 신흥국이나 자원부국들의 통화가치는 약해졌다.

2008년 금융위기 이후 미국 등 선진국이 사실상 제로금리를 유지하면서 돈을 풀었고, 이 돈들은 신흥국 등 상대적으로 금리가 높은 나라로 들어갔다. 돈이 그쪽으로 몰려간 이유는 단 한 가지, 수익을 확보하기 위해서였다. 그런데 2015년 돈의 물꼬는 완연히 바뀐 것처럼 보였다. 새로운 그레이트 로테이션이었다.

그레이트 로테이션은 흔히 안전자산인 채권에서 위험자산인 주식으로 자금이 이동하는 현상을 말한다. 하지만 자금흐름의 큰 변화, 즉 돈의 물꼬 자체가 바뀌는 것을 뜻하는 데도 이 표현을 쓴다. 돈이 신흥국에서 선진국으로 다시 복귀하는 현상, 그것도 그레이트 로테이션이다.

신흥국 티를 벗지 못한 우리나라 금융시장도 이런 무드에 젖어 있었다. 2015년 7월 한국 주식시장과 채권시장에선 각각 2조 원 넘는 돈이 빠져 나갔다. 외국인은 주식을 적극 팔았다. 채권시장에선 태국, 말레이시아 등 외환사정이 좋지 않은 나라들을 중심으로 만기가 돌아오면 재투자하지 않고 돈을 뺐다. 채권은 주식에 비하면 외국인 이탈 정도가 덜했다.

'신흥국' 통화인 원화가치도 연준정책의 변화 가능성에 따라 휘둘렸다. 원/달러환율은 2015년 9월 7일 종가기준으로 1,200원을 넘어선 1,203.7원에 거래를 마쳐 5년 2개월 만에 최고치를 기록했다. 연준의 통화정책 불확실성에 따른 안전자산선호(위험자산회피) 심리에

다 수급요인까지 가세해 환율이 뛰었던 것이다.

이후 등락을 거듭하다가 계절이 완연한 가을로 접어들면서 상황은 크게 달라졌다. 2015년 9월에 금리인상을 시작할 것처럼 굴던 연준이 금리를 동결하고, 시간이 흐르면서 연내 금리인상 가능성까지 희석되자 돌연 분위기가 바뀌었다. 결국 그해 12월 연준이 금리를 올리긴 했다.

아무튼 연준정책에 대한 기대감의 변동이나 중국경제에 대한 관점 변화에 따라 원자재, 신흥국 통화 등이 한묶음으로 이리저리 쏠려다니는 모습을 연출했다. 이런 사례는 미국연준이 정책 변화의 기로에 설 때 금융시장이 큰 혼란에 빠질 수 있다는 점을 말해주는 것이다.

미국 부동산 버블의 붕괴에서 비롯된 2008년 글로벌 금융위기, 2010년대 초반 유럽 재정위기 등을 거치면서 당시엔 '통화전쟁' 혹은 '환율전쟁'이라는 말이 유행했다. 신흥국 역시 선진국들이 벌이는 환율전쟁(기준금리인하 등을 통해 자국통화가치를 낮춰 수출에서 우위를 얻으려는 전략을 뜻하는 말)에서 등이 터지거나 적지 않은 내상을 각오해야 하는 상황이었다.

사실 선진국이나 일부 힘 있는 국가들이 나만 살겠다고 자국의 통화가치를 떨어뜨려 수출 경쟁력을 높이는 행위는 상대방이나 제3자를 피해자로 만든다. 환율이라는 게 돈의 상대적인 가치이기 때문이다.

당시 환율싸움을 먼저 건 곳은 미국이었다. 2015년 8월 중국의 위안화절하를 두고 많은 비판이 있었지만, 냉정하게 말해 2008년 위기 이후 환율 '조작'에 가장 먼저 나선 나라는 바로 미국이다.

미국은 2009년부터 양적완화 정책을 펴면서 채권을 대량 매입해 시중에 달러를 풀어줬었다. 일본은 2012년부터 미국의 인가를 얻어 (!) '아베노믹스'라는 정책을 펼쳤다. 금리를 낮추고 엔화가치를 대놓고 떨어뜨리는 것이다. 유럽은 2015년 3월부터 대규모 양적완화 프로그램을 통해 역시 유로화가치 낮추기에 나섰다.

당시 미국은 걸핏하면 한국더러 '외환시장에서 통화를 조작하지 말라'고 주의를 줬다. 2017년초 트럼프 행정부가 출범하기 이전부터 미국은 강대국 이기주의가 뭔지를 잘 보여줬다. 그러던 사이에 중국이 위안화절하를 통해 미국에 대한 반격에 나서 주목을 끌었던 것이다.

2015년 여름은 중국이 위안화절하를 통해 미국에 대한 반격에 나선 때였다. 2008년 9월 리먼 브라더스 파산 이후 실효환율로 본 중국 위안화가치가 30%나 상승한 상황이었기 때문이다. 일본 엔화가 20% 넘게 떨어진 중에 중국돈의 가치가 크게 올랐던 것이다. 우리의 원화가치 역시 10% 넘게 상승했다.

2008년 글로벌 금융위기가 진정된 이후의 시간 중 2015년 중반은 글로벌 금융시장 변동성이 가장 큰 편이었다. 이는 2013년 당시 금융시장의 출렁임을 우습게 보일 정도로 만들었다.

2013년 5월말 벤 버냉키 연준 의장이 '출구전략 가능성'을 시사했을 때 신흥국 시장에선 '긴축 발작(taper tantrum)'이 나타났다.

세계 경제질서를 이끄는 미국의 변화 가능성은 그만큼 많은 사람들을 긴장시키는 사안이다. 2015년엔 미국 금리인상 논란 속에 중국의 경기둔화라는 만만치 않은 이슈까지 걸려 있었다. 하지만 위험을 영원히 피할 수는 없는 노릇이었다.

신흥국들에겐 연준이 '이랬다, 저랬다' 하면서 정책 결정을 미루는 행태가 더 부담이 되기도 한다. 2006년 6월 이후 9년이 넘게 금리인상과는 담을 쌓아온 미국이 '금리인상' 이슈로 상황을 더욱 불확실하게 만들었기 때문이다.

한때 '당연시됐던' 2015년 연준의 9월 금리인상을 앞두고(실제 연준은 9월이 아닌 12월에 금리를 올렸다) 라구란 라잠 인도 중앙은행 총재는 "연준이 언젠가 금리를 올려야 한다는 사실은 모두가 안다. 일찍 긴축을 시작하되 시기를 예고하고 느린 속도로 올리면 된다"고 발언하기도 했다. 인상 그 자체보다 '인상 시기의 불확실성이나 인상에 대한 위협'이 더 해롭다는 주장이었다.

사실 금리인상 시기에 대한 불확실성으로 자본이 신흥국을 들락거리면서 휘젓는 상황이 더 나쁠 수도 있다. 그 시절 미국의 금리인상은 이미 예고돼왔기 때문에 시장금리에 선반영된 측면이 있었다. 연준도 신흥국 충격을 감안해 점진적인 속도로 금리를 올릴 것이란 관점을 노출했다.

2020년 코로나19 위기 이후 미국연준은 상당 기간 금리를 올리지 않겠다고 약속했다. 특히 물가상승률을 과거와 평균해서 금리를 결정하겠다고 했기 때문에 금융시장에선 연준이 최소 2023년, 2024년까지 제로금리를 유지할 것으로 보기도 했다. 하지만 중앙은행의 약속은 '유동적'이다. 상황이 변하면 그들의 약속도 변한다. 따라서 연준이 내비치는 작은 변화도 금융시장에 큰 영향을 미칠 수 있다.

신흥국에 위기가 찾아오는 방식, '미국·중국의 변화가 위험 신호'

경험이 반드시 사는 데 도움이 되는 것은 아니다. 하지만 경험은 미래를 예견하는 데는 소중한 자산이다.

예민한 역사학자들이나 금융시장에서 밥벌이를 하는 사람 가운데 기억력이 좋은 사람들은 아직도 지난 1994년 위안화절하와 미국의 금리인상이 맞물려 1997년 아시아 외환위기가 찾아왔다는 사실을 거론하곤 한다. 중국의 통화 평가절하와 미국의 금리인상이 맞물릴 때의 기억은 아시아인들에게 일종의 트라우마로 남아 있기도 하다.

중국은 1994년 1월 수출확대를 통한 경기부양을 위해 위안화의 대달러환율을 5.8위안에서 8.7위안으로 올렸다. 즉 위안화를 달러에 대해 33% 평가절하한 것이다. 중국의 절하와 함께 돈은 미국으로 빨려들어갔다. 연준은 당시 3% 수준의 기준금리를 꾸준히 올려 1995년 2월엔 6%까지 인상했다. 그 이후 신흥국들은 망가졌다.

미국의 금리인상은 미국과 국경을 맞대고 있는 멕시코 경제를 그로기로 몰았으며, 아르헨티나에 국가부도를 선물했다. 위기는 뒤이어 아시아로 번졌다. 태국의 바트화 폭락과 함께 아시아 신흥국들이 일제히 무너졌다. 현대 한국경제의 가장 큰 위기였던 1997년 IMF 외환위기 사태는 이런 경로를 통해 일어났다. 우리는 당시 투기자본이 얼마나 쉽게 약소국들을 거덜낼 수 있는지 배웠다.

아시아 금융위기는 '1994년 중국 위안화 평가절하 → 미국 금리인상 → 신흥국으로부터의 자본이탈 → 금융위기'라는 구도 속에서 볼 수도 있다. 이제 2000년대에 접어든 뒤 금융위기가 오기 전의 상황을 떠올려보자.

미국은 2004년초부터 2007년 7월, 즉 글로벌 금융위기 1년 전까

1990년대 미국연준의 기준금리 추이와 원/달러환율 흐름

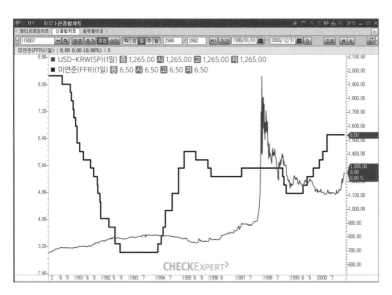

출처: 코스콤 CHECK

지 금리를 올렸다. 당시 연준의 기준금리는 1%선에서 5.25%선까지 인상됐다. 인상기간이 3년반 정도였지만, 신흥국들은 위기를 피하기 어려웠다. 한국은 2008년말 외환보유액이 2천억 달러를 넘었지만, 미국과 통화스왑을 체결하면서 위기를 누그러뜨렸다.

자본유출은 어떨 때 일어날까? 단순하게 말하면 선진국이기 때문에 한국보다 금리수준이 낮을 수밖에 없는 미국의 금리가 올라서 한미간 금리차가 축소되면 돈은 빠져 나간다. 물론 이 금리차는 환율과 연계시켜 봐야 한다. 돈이 빠져나가는 것은 미국달러가 강해질 것이란 기대감과 연관돼 있다. 또 하나 빼놓을 수 없는 것은 한국경제의 건강상황에 대한 시각이다. 한 나라의 통화가치가 약해지면 수출경쟁력이 살아나 경기가 좋아져 다시 통화가 강해지는 순환고리가 만들어진다.

미국의 금리인상 기대로 한국에서 돈이 빠져나가 원화가 약해지면 수출경쟁력이 강해질 수 있다. 하지만 원화약세에도 불구하고 수출이 강해지지 않으면 그 나라의 경제는 의심을 받는다.

예컨대 원/달러환율은 오르는데(원화약세), 엔저 등으로 원/엔이 하락하면(원화강세) 원/달러환율 상승이 주는 수출경쟁력 이점이 사그라들 수 있다. 결국 실질실효환율(한 나라의 화폐가 교역국들의 화폐에 비해 실질적으로 어느 정도의 구매력을 갖고 있는지를 나타내는 환율) 차원에서 이 그림을 다시 그려야 한다. 그리고 한 나라의 경제가 망가져가는 구도라면 통화가치는 계속 떨어지고 대응책을 찾기가 어려워진다.

아시아 국가들은 IMF 외환위기를 거치면서 '달러로 된' 부채가 얼마나 위험한지 온몸으로 깨우쳤다. 그 위기를 경험한 뒤 아시아 국가들의 경상수지, 외환보유액, 재정여건은 크게 개선됐다.

하지만 2020년 코로나 위기를 겪으면서 각국은 예외없이 부채를 크게 늘렸다. 미국, 유럽, 한국 모두 예외가 아니었다. 문재인 정부는 '다른 나라에 비하면' 국가의 재정건전성이 좋다는 말을 하면서 경제정책을 자화자찬하기도 했다.

사실 2008년 글로벌 금융위기 이후 미국, 일본, 유럽 등이 유례없이 많은 돈을 풀었다. 하지만 글로벌 경기는 예전처럼 좋아지지 않았다. 그런데 별다른 수가 없으니 또 다시 돈을 풀자는 목소리들이 터져나오는 일이 허다했다. 세계경제는 만성 마약중독자처럼 유동성에 중독돼버렸다.

악순환의 반복이었다. 돈을 풀어도 경기가 별로 나아지지 않으니 '돈이라도 더 풀어야' 한다는 식의 말이 일상화된 것은 2008년 글로벌 금융위기가 남긴 유산이다. 2020년 코로나19 위기 이후에도 그 유산은 계속해서 힘을 발휘하고 있다. 이미 제로수준에 맞춘 금리는 더 내릴 수 없으니 중앙은행이 채권을 사서 유동성을 공급하는 양적완화를 할 수밖에 없다. 돈을 찍어내서 뿌리는 식이다.

그런데 과연 돈을 풀면 경기가 좋아지기는 하는 것일까? 사실 누구나 알듯이 넘치는 돈들은 자산시장으로 간다. 주식과 채권, 부동산가격을 띄우는 데 그 돈들이 쓰였다. 실물경제에 대한 기여도는 늘 기대치를 밑돌았다.

일각에선 양적완화 때문에 구조조정이 안 되고 세계경제가 '만성 질환자'가 된 것으로 이해한다. 2008년 금융위기 이후 선진국 중 '유일하게' 미국 경기가 그나마 좋아진 것도 양적완화가 아니라 셰일가스나 제조업 강화 때문이라는 주장도 많았던 게 사실이다. 좀 거칠게 말하면, 금융시장에선 '양적완화'를 당연시하는 부류와 '뉴노멀'이 실은 유동성 중독과 같은 말이라고 이해하는 사람들이 대립하고 있다.

우리 같은 개방된 신흥국(혹은 선진국)의 정책은 늘 선진국이나 주요국들의 정책결정에 영향을 받을 수밖에 없다. 선진국 자본들이 쉴 새없이 드나드는 신흥국에선 통화정책을 독자적으로 가져갈 수 없다. 신흥국은 천수답 신세를 면하기 어렵다. 2008년 위기로 단기자금이 빠져나가자 신흥국들은 위기에 직면했다. 이후 미국이 양적완화에 나서자 신흥국으로 자금이 몰려들어 자산가격이 크게 뛰고 신흥국 통화가 강해졌다.

신흥국의 통화정책도 이미 선진국의 힘에 의해 좌지우지되는 상황이며, 독자적으로 할 수 있는 일은 많지 않다. 안타깝지만 세계는 이런 식으로 굴러가고 있다. 글로벌 금융정책의 세계에서도 힘의 논리는 완벽하게 작동하고 있다. 약소국들은 열강들의 각축전이나 이기주의에 휘둘릴 수밖에 없다.

결국 신흥국은 통화정책, 통화전쟁에서 상당 부분 자율권을 잃었다. 이런 상황에선 국가의 재정건전성을 튼튼히 하는 일, 그리고 이른바 티핑 포인트(tipping point)를 잘 포착하는 것이 중요하다. 티핑 포인트는 작은 변화들이 계속 쌓인 뒤 '추가적인 작은 변화'가 하나만 더 쌓이면 망가지는(혹은 큰 변화가 오는) 지점을 뜻한다.

주식투자자들은 언젠가 위기가 발생할 수 있다는 큰 그림을 염두에 두고 미리 대비를 해야 한다. 그리고 위기가 닥쳐 막상 주가가 급락했을 때는 저가매수에 나설 수 있는 채비를 해야 하는 것이다. 세상은 돌고 돈다.

국채금리가 갑자기 뛰면
주식시장이 흔들릴 수 있다

금리가 올라가면 빚이 많은 기업들이 힘들어진다. 예컨대 1천억 원의 대출 금리가 5%라면 1년에 50억 원의 이자를 내면 되지만, 이 금리가 10%로 뛰면 연간 부담해야 할 이자는 100억 원으로 커진다.

경기가 좋아져 기업들이 높은 이자를 감당할 수 있다면 금리가 오르더라도 큰 문제가 되지 않는다. 하지만 금리가 기업들이 견딜 수 있는 수준 이상으로 높다면 이는 문제가 될 수 있다. 따라서 향후 경기가 나빠질 것으로 예상되면 중앙은행은 기준금리를 내려서 전체 시장금리를 아래로 떨어뜨리려는 시도를 하게 된다.

금리수준은 주가에도 영향을 미친다. 시장전체의 금리수준을 판단할 때는 흔히 '국채금리'를 쳐다보는 경우가 많다. 국채, 즉 국가가 빚을 내기 위해 발행하는 채권은 그 나라의 채권 중 가장 안전하다.

따라서 다른 회사채나 금융채 등 다른 채권들의 금리는 이 국채금리에 '가산금리'를 더해 결정된다고 볼 수 있다. 국채금리의 수준을 보면서 그 나라 시장금리의 적정수준을 가늠하는 경우가 많다.

지난 2018년초 미국 주식시장이 국채금리에 유독 민감하게 반응한 적이 있다. 2018년 2월초에 발표된 미국의 1월 고용지표는 예상보다 크게 양호했다. 양호한 지표가 나온 뒤 금리가 가파르게 오르자 주가지수는 경기를 일으키면서 폭락한 바 있다.

경제지표가 생각보다 양호하게 발표되면 앞으로 경기가 좋아질 수 있다는 기대감이 커지게 된다. 그리고 경기호전에 대한 기대감으로 금리는 오른다. 하지만 그 금리가 '특정수준' 이상으로 오르니 주식시장은 '비용부담'을 문제 삼으면서 급락했던 것이다.

그 시절 10년만기 미국 국채금리가 3%를 향해 올라가자 전 세계 주식시장이 크게 긴장했다. 전 세계 금융시장이 미국 국채금리의 3% 돌파 여부를 주시하고 있었다. 당시 미국 국채금리 3%는 2014년 1월 이후 4년 남짓 만의 최고치였기 때문에 사람들은 '이자비용'이 기업들이 감당할 수 있는 수준 이상으로 늘어나는 것 아니냐면서 두려워했던 것이다.

그리고 시장금리가 오른다는 것은 시장이 향후 중앙은행의 기준금리인상을 예상하고 있다는 의미이기도 하다. 연준은 주도적으로 정책금리(기준금리)를 결정해 시장금리를 특정방향으로 이끌기도 하지만, 경기와 물가상황을 반영하는 시장금리를 따라가기도 한다. 결국 정책당국과 금융시장 모두 상호 영향을 주고받는 식으로 시스템이 굴러가는 것이다.

2018년 연초 미국 국채금리의 상승속도가 빨라졌던 이유는 임금 상승률이 확대되고 인플레이션 압력이 커질 수 있다는 우려가 커졌기 때문이었다. 2018년초 금융시장은 연준이 기준금리를 2회 정도 올릴 것으로 예상했다. 하지만 양호한 고용지표 등이 '경기가 예상보다 좋다'는 시그널을 던졌으며, 결국 연준은 그해 4차례에 걸쳐 금리를 올리게 된다.

시장금리가 갑자기 오르는 모습, 그리고 연준이 기준금리를 예상보다 더 빠르게 혹은 더 많이 올릴 수 있다는 생각이 들면 주식시장이 크게 조정을 보이기도 한다. 이런 변동과정을 거치면서 주식시장은 금리의 흐름에 적응해가는 것이다.

장단기 금리역전이 알려주는
무서운 진실

2018년 12월 4일.

뉴욕 주식시장의 다우지수가 3% 넘게 급락했다. 이는 그해 3월 22일 이후 가장 큰 낙폭이었다. 당시 이같은 일이 발생했던 이유는 '금리역전' 때문이다.

만기가 긴 채권의 금리가 만기가 짧은 채권의 금리보다 낮아지는 현상을 금리역전이라고 부른다. 이런 현상은 예전부터 경기침체의 전조로 해석됐다. 경기가 안 좋으면 시중의 금리가 낮아지고, 경기가 좋아지면 금리가 높아진다. 경기가 좋아 사업을 하려는 사람이 많아지면 서로 돈을 꾸려고 할 것이기에 금리가 올라가는 게 자연스럽다. 장기금리가 단기금리보다 더 낮다는 것은 무슨 의미일까? 미래의 금리를 더 낮게 예상하는 것이니, 미래의 경기가 지금의 경기보다 나쁘다고 보는 것이다.

이 날은 미국의 5년만기 국채금리가 2년만기 국채금리보다 더 낮아지면서 경기침체에 대한 우려를 불러왔다. 당시는 미국과 중국의 무역갈등이 한풀 꺾이면서 주가반등에 대한 기대감이 다시 강화됐던 때였다.

2019년 3월 22일 금요일.

글로벌 금융위기 시절 이후 처음으로 미국 10년만기 국채금리가 3개월만기 국채금리보다 낮아지는 일이 벌어졌다. 2018년말 금리역전으로 일었던 경기침체 논란이 다시 가중됐다. 미국 중앙은행 연준도 긴장했다. 당시 세인트루이스 연방은행 총재인 제임스 불러드는 이렇게 우려하면서 경고했다.

"미국채 장단기 수익률의 역전을 무시하면 실수가 될 수 있다. 금리역전을 우려하고 있으며, 일시적 현상에 그치길 바란다. 경제전망 및 고용전망을 여전히 긍정적으로 보고 있지만 채권시장의 신호도 무시할 수 없다."

금융시장의 일부 플레이어들은 2018년 하반기부터 뭔가 심상치 않은 '경기침체'의 신호들이 쌓이고 있음을 인지했다. 글로벌 채권

2018년 이후 미국 국채10년물과 국채2년물의 금리 추이, 스프레드(금리차)

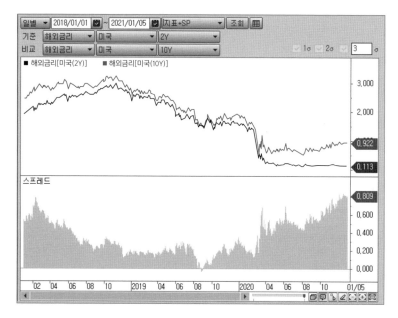

출처: 코스콤 CHECK

시장은 당시 10년-3개월 금리의 역전을 두고 논란을 벌였다. 경기 침체의 신호라는 평가에서부터 '진정한' 금리역전은 10년 국채와 2년 국채의 역전이 확인돼야 한다는 견해까지 다양하게 제시됐다. 통상 미국의 '장단기 스프레드'는 10년만기 국채와 2년만기 국채의 금리차를 의미한다. 따라서 신중한 사람들은 더 지켜봐야 한다면서 경기침체를 예단하는 것은 지나치다는 반응을 보였다.

아무튼 이 날의 금리역전으로 미국의 주요 주가지수는 2% 내외의 급락세를 기록했으며, 휴일을 지내고 25일 열린 국내 주식시장의 코스피지수는 30p 이상 하락하면서 미국발 경기침체 우려에 잔뜩 긴장했다.

2019년 8월 14일.

드디어 미국 10년만기 국채금리가 2년만기 국채금리보다 낮아졌다. 이에 뉴욕 주가지수들은 3% 내외씩 폭락하면서 긴장감을 감추지 못했다.

10년-2년 금리의 역전은 2007년 6월 이후 12년 남짓 만에 처음 일어난 사건이었다. 2007년 6월의 금리역전 이후 1년 남짓이 지난 시점인 2008년 9월 15일 역사적인 '리먼 브라더스' 파산이 있었으며, 세계는 글로벌 금융위기 속으로 빨려들었다.

사실 경험적으로 볼 때 10년-2년 금리역전은 경기침체의 전조였다. 과거 미국 국채 10년-2년 금리가 역전된 이후 미국연준의 추세적인 금리인하가 이어졌고, 미국경제는 대부분 12~26개월 후에 경기침체를 보였기 때문이다.

금리역전은 특수한 사건이다. 1977년 이후 미국 10년-2년 금리역전은 5차례 찾아왔고, 평균 1.5년 이후 어김없이 침체가 찾아왔다는 식의 우려스런 전망이 나오기도 했다.

2020년 3월.

중국 우한에서 확인된 코로나19가 전 세계로 확산되면서 글로벌 주가가 폭락했다. 전염병으로 인해 세계경기의 침체는 당연지사가 돼버렸다. 많은 나라의 국내총생산(GDP) 성장률은 2분기와 3분기에 모두 마이너스를 기록했으며, 세계경제는 침체에 빠졌다.

만약 코로나 바이러스라는 '특수요인'이 없었으면, 세계경제는 침체에 빠지지 않고 순항할 수 있었을까? 금융시장에선 이를 두고 논란을 벌이는 사람도 있다. 금융시장이란 곳은 항상 '말'이 많은 곳이다. 언제나 반대의 논리를 펴는 사람들이 있다. 아무튼 2018년부터 미국에서 엿보였던 심상치 않은 금리역전 이후 세계경제는 코로나 19로 인해 '더 앞당겨진' 경기침체를 경험해야 했다.

주식투자자라면 항상 금리차(스프레드)의 변화를 눈여겨볼 필요가 있다. 주식투자자가 주식시장만 쳐다봐서는 상황이 돌아가는 것을 정확히 이해하기 어렵다. 햇살이 눈부신 날에 폭풍우(시장붕괴)를 대비하고, 금융시장에 태풍이 불 때는 투자를 준비해야 한다. 금리역전이라는 위험신호를 보고 주식 포지션을 정비한 뒤 시장이 실제 폭풍에 휩싸이며 폭락한 뒤 고개를 들 때 적극적인 투자에 나섰다면 당신의 재산은 안전할 것이다.

연준이나 정부정책 변화에
주식은 늘 민감할 수밖에 없다

금융시장 사람들이 심심찮게 하는 말이 있다. 일반인들이 아는 상식과는 다소 동떨어진 말이다.

"경기가 좋지 않을 때 주가는 가장 많이 오르고 경기가 좋을 때는 오히려 떨어져요."

경기가 좋아 기업들의 매출이 오르고 영업이익이 늘어나면 주가가 오른다는 사실은 상식에 가깝다. 이 말이 틀렸다는 게 아니다. 문제는 미래의 상황이 미리 주가에 반영돼버린다는 점이다.

주식은 선행성을 갖고 미리 움직인다. 이럴 수 있는 이유는 낮아진 금리로 인해 유동성이라는 더 많은 실탄을 공급받기 때문이다. 주식시장이 나빠진 경제지표에 '환호'하면서 급등하는 일도 비일비재하다. 주식투자가 어려운 이유는 주식시장의 '원칙'에 얽매이지 않는 변화무쌍함 때문이기도 하다.

2020년 12월 4일 미국의 사례를 보자. 사실 이것과 유사한 사례는 수도 없이 찾을 수 있다. 이 날은 뉴욕 주식시장의 3대 지수가 모두 사상최고치를 경신한 날이었다.

이 날 뉴욕증권거래소(NYSE)에서 다우존스 30 산업평균지수는 전장보다 248.74포인트(0.83%) 오른 30218.26에 거래를 마쳤다. 스탠더드앤푸어스(S&P) 500 지수는 전장보다 32.4포인트(0.88%) 상승한 3699.12, 기술주 중심의 나스닥 종합지수는 87.05포인트(0.7%) 오른 12464.23에 장을 마감했다.

주가가 오른 이유는 '고용지표가 나빴기' 때문이다. 주식가격이 양호한 경제지표에 환호하는 경우도 많지만, 반드시 그렇지는 않다. 미 노동부는 11월 비농업 부문 고용이 24만 5천 명 증가했다고 발표했다. 이는 월가가 전망한 예상치인 44만 명 증가에 크게 못 미치는 수치였다. 이런 수치는 경기부양 기대감을 키울 수 있다.

당시 미국 정치권에선 고용지표에 대해 "끔찍하다"는 평가와 함께 조속한 경기부양책이 필요하다는 목소리가 나왔다. 금융시장은 이런 움직임들까지 계산해서 움직인다. 고용부진으로 미국 공화당과 민주당의 경기부양책 협상 타결 가능성이 높아진 데 따라 주가가 올랐던 것이다.

예상보다 악화된 경제지표 탓에 연준이 금리를 내린다거나 양적완화를 확대할 수 있다는 전망이 강화돼 정부가 경기부양에 나설 수 있다는 기대감이 커지면 주가는 오를 수 있다. 반면 좋아진 경제지표 때문에 연준의 금리인상 시점이 빨라질 수 있다는 예상이 힘을 받으면 주가는 오히려 떨어질 수도 있다.

주식이나 채권, 부동산가격 등을 측정할 때 가장 많이 쓰이는 '가치측정법'은 '현금흐름할인법'이다. 흔히 DCF(Discounted cash flow)라고 불리는 이 방법은 현금흐름을 적정한 금리로 할인해 현재가치를 구하는 방법이다.

예를 들어 기업의 가치를 구하기 위해서는 기업이 자유롭게 사용할 수 있는 현금을 뜻하는 잉여현금흐름(FCF, Free Cash Flow)을 자본의 기회비용(금리)으로 나눠서 계산할 수 있다. 금리는 주식(기업가치), 채권, 부동산의 가치를 평가할 때 엄청난 중력작용을 일으킬 수 있다. 경기가 좋지 않더라도 낮아진 금리의 힘을 감안해서 주식투자를 해야 한다. 모두가 경기가 좋아졌다고 느낄 때 주식투자에 뛰어드는 일은 '설거지'를 자처하는 것이나 다름없다.

글로벌 금융시장에 '머니 무드'가 나올 때 주식시장이 크게 움직인다. 코로나19 사태 이후 2020년 11월 재개된 코스피지수 2차 급등은 외국인의 한국주식 매수, 특히 외국인 투자자들의 '프로그램 비차익 매수' 덕분이었다. 경제위기나 금융위기 이후 원/달러환율 급등세가 진정되는 때가 주식매수로 진입하기 좋은 때다. 하지만 막상 위기가 닥치면 시장붕괴에 대한 우려가 커지고, 전문 주식투자자들 사이에서도 저가매수 진입 시기를 놓고 의견대립이 격화된다. 떨어지는 칼날을 잡아야 할지, 잡지 말아야 할지 정해진 답은 없다.

트렌드 3 ↗

한국 주식시장은
원화가 강해질 때
오른다

수출여건이 불리해질 때
왜 주가가 오를까

2020년 11월 23일.

국내 주식시장을 대표하는 코스피지수가 49.09(1.92%) 급등한 2602.59에 마감해 역대 최고에 해당하는 종가 기록을 작성했다. 지수 종가가 2600선을 넘어선 것은 지난 1975년 코스피시장이 출범한 이후 무려 45년 만의 일이었다.

지수가 신고점, 즉 사상최고치를 돌파하는 데 가장 큰 공헌을 세운 매매주체는 외국인이었다. 코로나19 백신에 대한 기대감을 자극하는 소식이 연일 들려오는 가운데 외국인의 가열찬 매수 덕분에 한국 주가지수는 신기원을 열 수 있었다.

외국인은 코스피시장에서 2020년 11월 5일부터 23일까지 13거래일 연속으로 순매수했다. 이 기간 순매수 규모는 무려 6조 3,657억 원에 달했다.

2020년 11월 국내 주가지수가 급등한 이유는 글로벌 '머니 무브

(Money Move)'의 변화 때문이었다. 글로벌 펀드들이 한국 등 신흥국 주식시장으로 많이 들어온 덕분이다.

주식시장 수급에서 중요한 것은 외국인, 특히 외국인의 KOSPI 프로그램 비차익 순매수가 중요하다. 이 당시 외국인의 11월의 프로그램 비차익 순매수는 3조 원을 훌쩍 뛰어넘어 8월부터 형성된 박스권 돌파를 이끌었다.

프로그램매매는 일정한 전산프로그램에 따라 수십 종목씩 주식을 묶어서(바스켓을 구성해서) 거래하는 것을 말한다. 매매자가 매수 혹은 매도에 대한 의사결정을 하면 시스템이 정해진 공식에 따라 매매하는 방식이다.

이 프로그램매매는 차익거래와 비차익거래로 구분된다. 차익거래는 현물과 선물을 동시에 사고파는 것을 말한다. 예컨대 현물이 고평가되고 선물이 저평가됐다면 비싼 현물을 팔고 싼 선물을 사는 것이다. 이를 매도 차익거래라고 표현한다. 반면 현물이 저평가되고 선물이 고평가됐다면 싼 현물을 사고 비싼 선물을 파는 매수 차익거래를 하면 이익을 낼 수 있다.

비차익거래는 선물과 연계하지 않고 현물 바스켓을 매매하는 거래를 말한다. 기관투자가나 외국인이 예컨대 20~30개의 주식을 묶어서 대량으로 매매하는 것을 뜻한다. 이런 거래는 당연히 시장에 큰 영향을 미칠 수밖에 없다. 2020년 11월 당시 한국 주식시장이 출범 45년 만의 최고치를 달성할 수 있었던 큰 이유는 외국인의 프로그램 비차익거래 때문이었다.

주가급등 당시 눈여겨볼 만한 대목은 원화의 급격한 강세였다. 외국인이 국내 주식시장에 들어오게 되면 원/달러환율이 하락한다. 외국인이 한국주식을 사기 위해선 달러를 원화로 바꿔야 한다. 즉 달러를 팔고 원화를 사야 하기 때문에 원/달러환율의 하락(원화강세)이 나타나는 것이다.

주가흐름과 환율은 상호작용을 한다. 원화강세가 더 지속될 것으로 예상되면 외국인은 한국주식을 계속 살 수 있다. 또한 외국인이 한국 주식시장을 좋게 보면서 매수할 때는 원화가 더 강해진다. 서로 시너지효과를 일으키는 것이다. 예컨대 외국인 입장에서 주식투자를 통해 10%의 이익이 나는 가운데 원화가 달러 대비 2% 강해졌다고 해보자. 이 경우 외국인은 '(1+0.1)×(1+0.02)-1', 즉 12.2%의 수익을 얻게 된다.

2020년 11월 당시 원/달러환율은 2년반 만에 1,100원 선을 뚫고 내려왔다. 글로벌 위험자산선호(주식, 부동산 등 위험한 자산군에 대한 선호)와 신흥국에 대한 투자확대, 이런 분위기에 발맞춘 외국인의 대규모 한국주식 매수, 중국 위안화 강세, 무역수지 흑자와 조선사들의 수주낭보(조선사들이 수주를 하면 달러 공급이 많아진다) 등이 모두 원화강세를 지지했다.

환율은 상대적인 가치이기 때문에 한국의 요인과 다른 나라의 요인을 같이 살펴야 한다. 당시 미국 정부의 재정지출 확대나 그에 따른 재정적자 등이 '글로벌 달러' 약세흐름을 유지시킬 수 있다는 기대감이 컸다.

특히 글로벌 외환시장에서 한국의 원화는 중국 위안화와 동일한 방향으로 움직이는 경향이 강하다. 중국이 우리나라와의 수출경합국일 뿐 아니라 우리나라 수출품의 종착지 역할을 동시에 수행하고 있기 때문에 위안화와 원화의 동조화는 자연스러운 흐름이 된 지 오래됐다.

그런데 상황이 이렇게 흘러가면 반드시 흘러나오는 얘기가 있다. 원화강세가 가파르게 진행된다면 한국의 수출이 타격을 입어 수출주들에게 불리할 수 있다는 말이다. 예컨대 원/달러환율이 1,200원에서 1,000원으로 떨어지면 과거에는 1달러 어치를 팔아서 1,200원을 받을 수 있었지만 이젠 1,000원밖에 못 받기 때문에 이런 우려는 당연하다.

하지만 주식투자자에게 중요한 것은 환율의 '수준'이 아니라 '방향'이다. 수출이 잘 되면 원화는 강해지는 게 자연스러운 흐름이다. 또한 한국기업들의 제품 경쟁력이 과거에 비해 크게 향상돼 낮아진 원/달러환율(원화강세)이 수출에 미치는 부정적인 영향은 과거에 비해 크게 줄어든 것도 사실이다.

주식투자를 할 때는 환율의 흐름과 분위기를 체크하는 버릇을 들이는 게 중요하다. 2020년 11월 주가급등기엔 미국달러화가 약해질 수밖에 없는 분위기가 강했던 데다, 국내 경상수지 흑자규모가 커질 수 있다는 기대감 등 달러공급이 늘어날 수밖에 없다는 전망이 팽배했다. 원/달러환율이 내려갈 수밖에 없었던 분위기와 맞물려 주가가 급등한 것으로 볼 수 있다.

위기로 원/달러환율이 폭등한 뒤
안정을 찾을 때 주가는 급등한다

2020년 3월.

코로나19 사태가 전 세계로 번지면서 원/달러환율이 급등하기 시작한다. 3월초만 하더라도 1,180원 내외에서 등락하던 환율이 갑자기 폭등하기 시작해 3월 19일엔 1,296원까지 뛰어오른다. 한 달도 되지 않는 기간에 환율이 100원 넘게 급등한 것이다.

2019년말 중국 우한에서 발생한 것으로 알려진 전염병이 전 세계로 번지면서 2020년 3월 원/달러환율이 급등했다. 투자자들은 글로

2020년 원/달러환율과 코스피지수 추이

출처: 코스콤 CHECK

벌 경제위기가 시작됐음을 알아차렸고, 신흥국에 들어와있던 외국인 투자자금은 썰물처럼 빠져나갔다.

글로벌 경기위기에 대한 두려움이 커지면서 신흥국에 들어와있던 돈이 갑자기 빠질 때 어떤 일이 벌어질까? 전 세계 주가와 신흥국 통화가치가 급락한다. 원/달러환율의 급등은 원화가치 급락을 의미한다. 2020년 3월초만 하더라도 1달러를 살 때 1,180원만 있으면 족했지만, 2주 후엔 1,300원 가까이를 지불해야 하기 때문이다. 그 정도로 원화가치가 없어졌다는 말이다.

평소 선진국이든, 신흥국이든 주식은 그 자체로 '위험자산'이다. 신흥국 통화 역시 '위험한 돈', 즉 위험자산이다. 특히 경제위기나 금융위기 때 선진국이 아닌 나라의 돈은 더욱 위험해진다. 한국경제를 '선진경제'로 분류하는 사람도 많지만 적어도 한국의 돈, 즉 원화는 대표적인 위험자산으로 꼽힌다. 따라서 2020년 3월 코로나19 사태가 팬데믹(전 세계적 유행)으로 비화되자 원/달러환율은 급등했다.

한국 주식시장에서 외국인이 차지하는 비중은 30%를 훌쩍 넘는다. 이는 20% 수준 정도의 대만과 비교하더라도 상당히 높은 비중이다. 흔히 한국 주식시장을 두고 '글로벌 ATM기(현금 입출금기)'라는 말을 한다. 이는 외국인 입장에서 그만큼 진입하기도 쉽고, 빠져나오기도 쉽다는 뜻이 된다. 금융위기 때 원화환율이 크게 출렁이는 이유다. 하지만 위기는 곧 기회다. 평소 위기에 대한 대응태세를 갖춘 사람이라면 큰돈을 벌 수 있는 때라는 얘기다.

국내 코스피지수는 2020년 3월초 2천선 위에서 등락하다가 3월

19일 1439선까지 폭락했다. 원화의 급격한 약세와 맞물려 주가가 폭락한 것이다. 주가지수가 급락할 때(원/달러환율이 급등할 때)는 환율과 주식이 서로 상호작용을 한다. 환율이 뛰는 데 놀라 주가가 빠지고, 주가가 빠지는 데 놀라 환율이 더 뛰는 악순환의 고리가 형성되는 것이다.

하지만 주가지수의 급락과 환율의 급등이 진정될 때는 저가매수의 좋은 기회가 찾아온다. 3월 19일 1400대로 떨어졌던 코스피지수는 4월이 끝나기 전에 2천선에 근접하는 모습을 보인다. 환율의 급등세가 진정되는 모습을 보이면서 주식시장에 진입하거나 저가매수로 대응한 사람들은 큰돈을 벌거나 그간의 손실을 만회할 수 있다는 얘기가 된다.

이런 일은 위기 때마다 반복된다. 많은 금융시장 종사자들에게 2008년 9월 15일은 익숙하다. 이 날은 세계적인 투자은행 리먼 브라더스가 파산한 날이다. 리먼 브라더스가 파산을 선고받은 날, 글로벌 금융위기를 알리는 조종이 울렸다.

당시 원/달러환율은 리먼 파산 직전 1,110원 수준이었으나 한 달이 채 지나기 전 무려 1,485원(10월 9일)까지 점프했다. 이후 환율은 빠르게 하향 안정되기보다는 끊임없이 출렁였다. 당시 환율은 11월 21일 1,525원을 고점으로 하락세로 전환했다.

2008년 코스피지수는 리먼 브라더스 파산 전부터 하락세를 보이고 있었다. 9월 중순에 리먼 브라더스 파산소식이 전해진 뒤 주가지수는 낙폭을 키웠다. 코스피지수는 10월 27일 892선까지 떨어지면서 저점을 형성한 뒤 반등했다.

하지만 주가지수는 곧바로 반등하지 않고 2009년 2월까지 끊임없이 위아래로 출렁인 뒤 3월부터 확실히 상승세로 돌아섰다. 그런 뒤 그해 5월까지 단숨에 1,400선을 넘어섰으며, 상승추세는 2011년 봄까지 이어지면서 지수 2천선을 넘어서는 기염을 토했다.

결국 금융위기나 경제위기가 벌어진 초입 때 주가가 폭락한 뒤 적절한 타이밍에 저가매수를 한다면 큰 이익을 얻을 수 있다는 사실을 알 수 있다. 다만 시간이 지난 뒤에야 '언제가 진입 시점이었다'는 사실을 알 수 있을 뿐 실제로 적절한 진입 타이밍을 정확히 아는 사람은 없다.

주식시장의 유명한 격언 중 '떨어지는 칼날을 잡지 마라'는 말이 있다. 또한 '바닥 아래에 지하실이 있다'는 말을 하기도 한다. 하지만 이런 말들을 맹목적으로 추종하지 않는 사람도 많다.

어차피 위험을 무릅쓰지 않으면 큰 수익을 내기도 어려운 게 주식 바닥의 생리다. 따라서 '떨어지는 칼날을 잡겠다'는 말을 하는 사람도 적지 않다.

문제는 바닥을 정확히 알 수 있는 사람은 없다는 점이다. 각자의 판단에 따라 진입시점을 찾아야 한다. 그 진입시점을 파악하는 데 적지 않은 도움을 주는 게 바로 환율의 흐름이다. 즉 원화가치의 하락(환율급등)세가 한풀 꺾이는 시점에 저가의 분할매수로 접근하는 게 바람직하다.

코로나19로 주가가 폭락한 뒤
증권쟁이들의 논쟁

코스피지수는 2020년 2월 하순에 크게 흔들리기 시작했다. 그 전까지는 코로나19를 '일시적인 유행병' 정도로 치부하는 시각도 강했다. 하지만 국내 코로나19 확진자수가 빠르게 늘어나면서 주식시장의 우려는 점차 커져갔다.

결국 2200선을 웃돌던 코스피지수는 3월 중순에 접어들자 2천선 아래로 급락했다. 뭔가 심상찮은 분위기였다. 원/달러환율이 급등세를 보이면서 세계 금융시장이 다시 위기에 빠지는 것 아닌가 하는 우려가 커졌다.

코스피지수가 3월 19일 저점(1439포인트)을 찍기 며칠 전에 증권회사와 자산운용사에서 일하는 후배들과 얘기를 나눌 때였다. 당시 우리의 코스피지수는 2천선을 이탈한 뒤 어디까지 빠질지 알 수 없던 때였다. 코스피지수 1700~1800선에서 증권쟁이들의 의견은 극명하게 갈렸다.

자산운용사에서 주식펀드매니저로 일하는 한 후배가 지금은 섣불리 저가매수에 나설 때가 아님을 주장했다.

"금융시장 심리가 완전히 무너져서 달러 외엔 모든 자산이 불안해보여. 사람들의 투자자산 현금화 욕구가 강해서 미국 국채가격마저 흔들리잖아."

당시는 펀드환매 요구 등으로 현금화가 절실한 분위기였다. 무슨 자산이든 팔아서 '현금화'하는 게 급선무로 보였기 때문이다. 펀드매니저인 후배가 말을 이어갔다.

"지수 1500도 안심 못해. 이 분위기면 리먼 때(글로벌 금융위기)처럼 지수 1천이 깨질 지도 몰라."

하지만 증권사에서 세일즈 업무를 담당하는 가장 어린 후배는 전혀 다른 의견을 냈다. 글로벌 금융위기의 경험과 연준의 발 빠른 대응에 무게를 두고 최대한 실탄을 동원해 '저가매수'를 해야 할 때라고 주장했다. 물론 환율이 핵심이다.

"환율이 2008년 위기 때만큼 뛰지 않고 있어. 분명 이 전염병으로 글로벌 금융시장이 흔들리는 중이지만, 그때보다 연준은 더 빠른 속도로 돈을 풀 거야. 너무 신중하게 이것저것 재다가는 기회를 놓칠 거야. 나는 내일부터 지를 거야."

우리의 의견은 둘로 갈렸다. 좀 더 신중하게 지켜보자는 쪽과 저가매수의 찬스가 왔다는 쪽으로 나뉜 것이다. 우리는 6개월 후 '결과를 확인한 후' 다시 이 날의 결정과 의견대립에 대해 논하기로 했다. 하지만 코로나19 사태가 지속되면서 모임을 갖기가 쉽지 않았다. 아무튼 결과는 가장 어린 후배의 예상대로였다.

당시 주식시장에선 3월의 폭락 뒤 곧바로 회복하기는 쉽지 않다는 의견이 강했다. 하지만 예상과 달리 주가지수는 'V자 반등'을 보여주면서 빠르게 회복했다.

연준은 3월 중에 기준금리를 무려 150bp(1.5%p)나 내려 '제로금리'로 회귀했으며, '무제한' 양적완화도 선언했다. 즉 한도를 정해놓지 않고 돈을 풀겠다는 약속까지 한 것이었다. 결국 주가지수는 예상치 못한 빠른 속도로 회복됐다.

환율은 2020년 3월 19일 고점을 찍은 뒤 빠르게 안정됐다. 한국은 2008년 금융위기, 1997년 IMF 외환위기 등의 시기에 원화가치가 크게 폭락한 적이 있다. 하지만 그때와 비교할 때 2020년 원화가치는 상당히 안정적인 모습을 보였다. 이런 점이 주가지수의 빠른 회복에 기여한 부분도 무시하기 어려웠다.

거대하게 풀린 유동성은 주식에 대한 수요를 강화시켜 주가를 부양할 수 있다. 풀린 유동성은 당장 실물경제를 부양하기보다는 1차적으로 자산시장을 더 달구는 속성이 있다. 모든 가격의 결정원리는 수요와 공급이다. 문재인 정부 출범 후 아파트값이 유례없이 폭등한 이유는 수요와 공급의 불일치, 즉 아파트를 사려는 수요보다 아파트 공급이 턱없이 부족했기 때문에 일어났다. 2020년 코로나19 사태 이후엔 달러를 대거 풀었기 때문에 달러화 가치가 떨어졌으며, 한국의 주가도 급등했다. 채권금리가 대폭 낮아져 채권가격이 급등하거나 부동산가격이 범접하기 어려운 수준까지 뜨면, 돈은 주식시장으로 몰려들기도 한다.

트렌드 4 ↗

초저금리와
풀린 유동성,
돈은 어디로든 간다

돈이 많으냐,
주식이 많으냐

　헝가리 출신의 전설적인 투자자 앙드레 코스톨라니는 93세 때 쓴 책 『Die Kunst üeber Geld nachzudenken(돈에 대해 생각하는 기술)』에서 자신이 처음 파리의 주식시장에 갔을 때의 경험을 들려준다. 당시 한 노인이 어린 코스톨라니에게 한 말은 다음과 같았다.

　"젊은이에게 중요한 사실을 하나 알려주겠네. 이 바닥에서 중요한 것은 단 한 가지뿐이지. 주식이 바보보다 더 많은지, 아니면 바보가 주식보다 더 많은지라네."

　코스톨라니는 당시 노인이 한 말이 투자의 중요한 신조가 됐다고 고백했다. 코스톨라니는 노인의 가르침과 관련해 다음과 같은 말을 독자들에게 전한다.

　"돈을 가진 사람이 급하게 주식을 찾고 주식을 가진 사람이 주식을 팔아야 하는 심리적·물질적 압박감에 놓여 있지 않으면 주식은 상승합니다. 나는 이 가르침을 잊어본 적이 없어요. 모든 것은 공급과 수요에 달려 있습니다."

사실 경제학 따위를 배우지 않더라도 우리는 일상 생활에서 자연스럽게 수요와 공급의 법칙을 의식하면서 살아간다. 많은 사람들이 원하는 희소한(귀한) 물건의 가격은 오를 수밖에 없다. 문재인 정부 출범 후 아파트가격이 폭등한 이유는 시중에 풀려 있는 어마어마한 돈들이 33평짜리 아파트를 원하는데 그 물건의 공급은 제한돼 있었기 때문이다.

결국 돈이 많은지, 물건(주식, 채권, 부동산 등 포함)이 많은지가 핵심이다. 특정 물건의 가격이 오를 때는 물건의 공급을 늘려주거나 돈이 그 물건으로 덜 가게 해야 하는 것이다.

1차원적인 사람들은 수요와 공급의 원리를 이해하지 못한 채 그냥 가격을 정해버리면 된다고 착각한다. 하지만 가격상한제 등으로 가격을 통제해버리면 공급이 줄어드는 효과가 있다. 문재인 정부의 각종 부동산가격 규제는 결국 공급을 더욱 위축시키면서 부동산 급등으로 이어진 바 있다. 주식, 채권 등 각종 증권투자로 큰돈을 모은 코스톨라니가 2010년대 후반기 한국에 살았다면 아마도 아파트를 지르지 않았을까.

우리는 돈의 고삐가 풀린 시대에 살고 있다. 특히 2008년 글로벌 금융위기, 2020년 코로나19 사태 등을 맞아 세계 각국은 돈을 엄청나게 풀었다. 하지만 자본주의가 항상 이런 식이었던 건 아니다. 자본주의 시대 '돈의 역사'에서 가장 중대한 분기점이 된 해는 1971년이었다. 그 해에 '세계를 지배하는 돈'인 달러가 금의 속박에서 벗어날 수 있는 계기를 마련했기 때문이다.

사실 1971년 이전엔 금본위제 시스템이 가동되고 있었다. 달러의 가치가 금에 의해 담보되고 있었던 것이다. 따라서 달러를 발행하기 위해선 금이 있어야 했으며, 미국은 외국 중앙은행이 달러를 금으로 바꿔달라고 하면 어쩔 수 없이 금을 내줘야 했다. 금 1온스의 가격은 35달러였고, 미국달러가 아닌 다른 나라의 환율은 달러에 고정돼 있었다.

하지만 미국은 베트남전을 치르면서 막대한 자금이 필요하게 되자 '몰래' 달러를 발행했으며, 이에 따라 달러가치가 떨어졌다. 미국의 도덕적 해이를 눈치챈 프랑스가 강력하게 금을 요구하자 미국은 결국 '불태환' 선언을 한다. 달러를 가지고 오더라도 더 이상 금을 내주지 않겠다고 한 것이다. 이후 1973년 금본위제는 완전히 폐지되었고, 달러는 금의 속박에서 벗어났다.

1970년대가 끝나기 전 금값은 400달러를 넘어 10배 이상 뛰기도 했다. 금의 속박에서 벗어난 달러의 금에 대한 가치가 크게 떨어졌던 것이다. 달러는 금의 속박에서 벗어나 한층 자유로워졌다. 그리고 세계경제는 달러의 '신용'에 의해 굴러갔다.

그런데 2008년, 2020년 등 경제위기 때 연준이 거리낌없이 엄청난 돈을 찍어내면서 금융시장은 새로운 문법에 적응해야 했다. 경기가 좋지 않은 상황에서 주식가격, 채권가격이 장기간 오르는 기현상이 지속됐던 것이다.

2020년 코로나19 사태 이후 연준의 대차대조표는 7조 달러 이상으로 커졌다. 글로벌 금융위기 때 연준의 채권을 대거 매집해 대차대조표가 4조 달러대로 확대된 적이 있긴 하나, 2020년엔 더욱 무자비하게 돈을 풀었던 것이다. 그 결과 주식, 부동산 등 자산가격은 급등했다.

경기보다 더 중요한 게 시중에 굴러다니는 돈의 양이다. 돈에 의해 주가가 오르는 현상을 유동성 장세라고 하지만, 21세기 들어 '겁을 상실한' 중앙은행들의 변신 때문에 주가는 경기와 무관하게 오름세를 이어가는 경우가 많았다.

다만 원칙은 크게 변하지 않았다. 중요한 것은 돈의 규모다. 그리고 이 돈들이 얼마나 주식을 사기 위해 안달이 났는지를 늘 유념해야 한다. 코스톨라니의 말대로 주식이 많은지, 바보가 많은지가 핵심이다.

코로나19 사태 이후
달러약세가 지속된 이유

2020년 코로나19 사태 이후 달러화가치의 하락은 '돈의 양'이 얼마나 중요한지를 잘 보여주는 사례다. 우리는 우선 달러인덱스(DXY)라는 개념을 알 필요가 있다.

달러인덱스는 세계 주요 6개국의 통화에 대비한 달러화의 평균가격을 나타내는 지표다. 유로존의 유로화, 일본의 엔화, 영국의 파

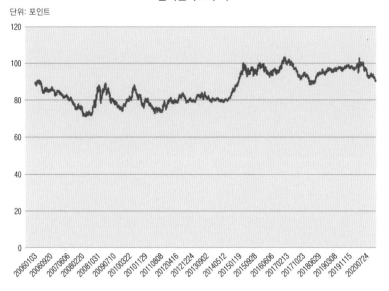

달러인덱스 추이

단위: 포인트

출처: 코스콤 CHECK

운드, 캐나다 달러, 스위스 프랑, 스웨덴 크로나 등 6개국 통화와 비교한 달러화의 가치다. 즉 달러인덱스는 주요 선진국의 돈에 대한 달러의 가격이라고 볼 수 있다.

달러인덱스는 2020년 3월 20일 102.8로 연중 최고치를 기록한 뒤 빠르게 하락해 그 해 연말엔 90선을 향해 내려갔다. 달러화가 약해진 이유는 미국연준이 대규모의 자산매입을 통해 달러화를 남발했기 때문이다. 연준의 자산규모가 커지면서 달러는 그만큼 가치가 떨어졌다는 뜻이다.

환율은 상대적인 개념이기 때문에 미국통화의 증가율이 얼마나 커졌는지를 보면 알 수 있다. 2020년 미국 내 통화량(M2, 광의통화) 증가율은 20%에 달하는 모습을 보였다. 당시 다른 나라들도 돈을 많이 풀었으나 유로지역이나 일본의 M2 증가율은 10%가 되지 않았다. 이처럼 달러가 더 흔해지면서 달러인덱스가 하락한 것이다.

유럽 중앙은행이나 일본은행 등은 마이너스 정책금리 시행으로 사실상 통화정책을 완화할 수 있는 여력이 제한돼 있었다. 반면 미국은 2020년 3월 기준금리를 150bp나 내렸으며, 이후에도 상당기간 저금리를 유지하겠다는 약속을 했다. 미국도 정책금리를 제로로 내리면서 미국과 유럽의 금리차는 축소됐으며(유럽은 금리를 내릴 여력이 사실상 없었다), 이에 따라 유로존의 낮은 금리로 빌려 달러에 투자하려는 캐리 트레이드가 감소하면서 미국달러의 가치는 떨어졌다.

2020년 달러인덱스 하락은 풍부해진 달러, 미국의 낮아진 금리에 따른 달러 자산 투자매력 감소 등을 그 원인으로 볼 수 있다.

환율은 각 나라들 간의 경제력 차이를 반영한다. 따라서 한 국가의 경제상황이 나빠지거나 경상수지 적자가 누적되거나, 그 나라의 재정건전성이 악화될 때 그 나라의 통화가치는 하락한다. 중앙은행의 금리정책과 양적완화정책을 가장 눈여겨봐야 하지만 정부의 살림살이, 즉 재정정책도 감안해야 한다. 미국은 2020년 코로나19 확산 이후 4차례에 걸쳐 2조 6천억 달러에 달하는 사상 최대규모의 재정지원책을 선보였다.

미국은 2008년 글로벌 금융위기 이후 재정적자가 GDP의 9.8%에 달해 10% 가까이로 크게 늘어났으나 코로나19 사태 당시 미국의 재정적자는 이보다 훨씬 큰 폭으로 늘어났다. 2020년 유로존의 재정적자가 10% 수준, 일본이 15%에 약간 못 미치는 수준이었으나 미국의 재정적자는 20%에 육박해가는 모습을 보였다.

따라서 2020년의 달러약세는 미국이 통화정책, 재정정책 모두를 활용해 달러를 대거 풀었기 때문에 나타난 현상이다. 만약 다른 나라들이 미국보다 더 적극적으로 자국 돈을 풀었다면 반대현상이 초래됐을 것이다.

여기서 한 가지 짚고 넘어갈 게 있다. 신흥국 통화는 선진국 통화와는 다른 움직임을 보인다는 점이다. 신흥국의 경우에는 위기 시에 그 나라 통화가치가 하락하는 경향이 있다. 이는 경제상황이 어려울수록 '못사는 집'들의 사정이 더 어려워지는 것과 같은 이치다. 예컨대 은행은 위기가 닥칠 때 힘든 사람들에게 빌려준 돈을 더 빨리 회수하려고 한다. 이는 은행들의 심성이 극악무도해서 그런 게 아니라 자연스러운 현상이다. 신용이 안 좋은(돈을 떼일 위험이 있는) 사람에게 빌려준 돈을 갚으라고 하거나 대출만기가 돌아왔을 때 롤오버(만기연장)를 해주지 않아야 은행도 자신의 돈을 지킬 수 있기 때문이다.

하지만 신흥국도 신흥국 나름이다. 한국의 원화도 신흥국 통화로 취급받지만, 2020년 원화가치는 달러에 비해 크게 상승했다. 중국 위안화도 마찬가지였다. 한국과 중국은 '상대적으로' 코로나19에 따라 경기가 타격을 입은 정도가 덜했다. 즉 코로나19로 인한 경기충격의 정도에 따라 신흥국 통화들의 가치도 차별화됐던 것이다.

특정 신흥국의 통화가치가 달러에 대해 상승하면 그 나라 주식시장이 상승하는 현상도 엿볼 수 있다. 내가 투자한 국가의 통화가치가 상승하면 그 나라 증권(주식, 채권)에 투자해 환차익을 볼 수 있기 때문이다.

주식이든, 외환이든 흔해지면 그 값어치가 떨어진다. 이런 원리는 금융시장뿐만 아니라 부동산시장이나 상품시장 등 모든 시장에 다 적용되는 가장 기본적인 룰이다.

유례없는 아파트값 폭등, 긴장하는 돈들

2020년 서울 아파트 평균 매매가격(중위값)이 10억 원을 돌파했다. 아파트값 폭등세가 이어지면서 드디어 '혹시나' 하던 아파트값 10억 원이 현실화된 것이다. KB국민은행 데이터를 기준으로 살펴보면 2020년초만 하더라도 서울 아파트 매매가격은 평균 8억 5천만 원을 약간 넘는 수준이었다. 하지만 9월 들어 10억 원을 넘기면서 아파트값 평균 10억 원 시대를 열었다.

문재인 정부 출범 전인 2017년 3월 6억 원을 넘어선 아파트값은 정부의 부동산정책으로 상승세에 불이 붙었다. 공급을 별로 신경 쓰지 않고 규제 위주의 정책만 지속적으로 펴면서 가격이 탄력을 받은 것이다.

서울 아파트가격은 이후 2018년 3월에 7억 원을 넘겼으며, 2018년

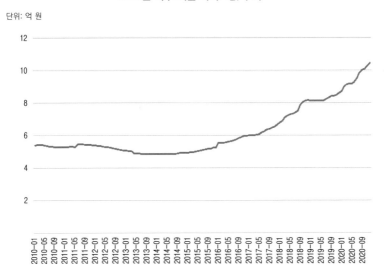

2010년 이후 서울 아파트값 추이

단위: 억 원

출처: KB국민은행

10월 8억 원을 넘어섰다. 이후 2020년 3월 9억 원을 돌파하더니 2020년 하반기에 드디어 10억 원을 넘어섰다.

2020년 하반기엔 임대차3법 중 2가지 법이 본격적으로 시행되면서 전셋값이 폭등했고, 오른 전세가는 서울 아파트가격을 더욱 밀어올렸다. 임대2법은 '2년+2년', 즉 기존 2년에 2년을 추가로 더 살 수 있는 계약갱신청구권과 임대료 상한제(5% 제한)를 말한다. 이 같은 가격규제는 결국 전세매물을 줄여 전세난민 출현을 자극했다.

오른 전셋값은 상대적으로 싼 지역의 전셋값 상승을 부추겼다. 전세가와 매매가의 갭이 줄어들어 전세수요가 매매수요로 바뀌면서 매매가격을 더 끌어올렸다.

상대적으로 서울 내의 싼 지역 아파트값 급등세가 두드러졌다. 서울 내의 노원구, 금천구, 중랑구 등의 아파트값이 급등하면서 서민들이 욕심을 내볼 수 있는 아파트는 씨가 마르기 시작했다.

서울 지역의 전셋값과 매매값이 급등하자 집을 사려는 수요는 서울 외곽으로 몰려들었다. 서울 인근에 상대적으로 덜 올랐던 일산, 파주, 김포 등의 아파트값이 올랐다. 더 나아가 이런 붐은 전국의 아파트가격 급등으로 이어졌다.

풍부한 유동성이 '돈 가치'를 떨어뜨린 상황에서 정부의 거듭된 정책실패가 맞물려 집값이 천정부지로 치솟은 것이다. 놀랍게도 돈이 넘치는 상황에서 정부는 공급을 늘리려는 생각을 별로 하지 않았다. 오히려 임대2법 등으로 가격을 규제하면서 실질적인 공급은 축소되자 집값 불안이 가중되는 현상이 나타났다.

은행의 월 단위 가계대출 규모는 사상 최대로 늘어났다. 2020년 11월엔 13조 6천억 원이나 급증하면서 1년 전에 비해 2배나 늘어나는 모습을 보였다. 사상 최대규모의 은행 가계대출 증가가 이어진 것이다. 이는 저금리라는 '집값 상승에 유리한' 환경에다 정부가 정책적으로 집값 상승을 부추겼기 때문이다. 정부는 집값을 잡기 위해 용을 썼으나, 공급을 줄이고 수요를 자극하는 '엉뚱한' 정책을 남발하기 일쑤였다. 가계 빚 급증은 풍부한 유동성에 정부가 불을 질렀기 때문에 일어난 것이다. 당시 한 증권사 직원은 다음과 같은 말을 했다.

"2020년 은행 대출 급증 현상은 정부가 유발한 것입니다. 정부가 아파트를 사기만 하면 단숨에 몇 년치 연봉을 그냥 버는 구조를 만들었습니다. 아파트 매매가 자본이득으로 이어지는 구조가 가계대출 급증을 부른 것이죠."

많은 사람들은 집값 급등의 이유를 알고 있었다. 정부만 모르는 것인지, 모르는 척하는 것인지 알 수 없었다. 정부관계자 중엔 경제학의 기본 중 기본인 수요와 공급의 원리를 이해하는 사람이 거의 없었다. 이 증권사 직원은 당시 상황을 이렇게 진단했다.

"아파트만 지으면 해결할 수 있는 문제지만, 정부는 전혀 엉뚱한 해결책만 찾느라고 부산을 떨었습니다. 어처구니 없는 일이에요. 모두가 아파트에 올인해야 하는 병든 사회가 된 것이죠."

갈 곳을 못 찾은 돈이 넘치는 상황에서 공급이 받쳐주지 못하니 집값이 계속 오른 것이다. 흔히 시중 부동자금의 규모를 체크할 때 광의통화(M2) 규모와 증가율을 거론하곤 한다. 2020년엔 경기가 나쁜 상황에서 M2가 크게 늘어났다. M2의 전년 동월과 비교한 월별 증가율은 2017년 중 5% 정도까지 낮아졌다가 급격히 높아져 2020년엔 10%까지 오르는 모습을 보였다. M2의 전체 규모는 3천조 원을 넘어섰다. 경제성장률과 물가상승률을 더한 값보다 훨씬 가파른 속도로 유동성이 늘어나자 집값, 주식값 등이 자극을 받았다.

특히 2020년엔 성장률 마이너스와 소비자물가 상승률 0%대 상황에서 M2가 전년동월대비 10%나 뛰는 모습을 보여 '과잉 유동성'을 우려하는 사람도 많았다. 경기가 어려워 돈을 풀어놓는 정책을 이해하지 못하는 것은 아니지만, 그 돈들이 부동산시장으로 가서 '불로소득 주도성장'으로 이어지는 데 대해 많은 사람들이 불편해한 것이다.

풍부한 유동성은 어려운 경기에 숨통을 틔우기도 하지만, 주택시장으로 흘러들어가 부의 양극화를 초래한다. 코로나19에 따른 큰 경제위기를 맞았지만, 넘치는 유동성과 정부 정책실패가 맞물려 한국의 '부동산 불패신화'는 계속되었다.

아파트보다 돈이 많을 때, 주식보다 돈이 많을 때 아파트값과 주가는 뜬다. 경기가 어려우면 주가와 집값이 떨어지는 게 당연하다고 오해할 수 있다. 하지만 유동성의 힘을 과소평가해선 안된다. 자산시장에 접근할 때는 항상 돈이 얼마나 많은지 염두에 두고 접근해야 한다.

다들 힘들다고 착각하지 말자,
중요한 건 부자들의 돈

한국의 많은 사람들은 '먹고살기 어렵다'는 말을 입에 달고 다닌다. 실제 생활이 녹록치 않은 사람도 많지만, 제3자가 볼 때 먹고살 만한 사람들도 이런 얘기를 하는 경우가 많다. 습관적으로 '힘들다'는 얘기를 하는 이들도 많은 것이다.

필자의 한 지인은 부부가 맞벌이를 하면서 연간 3억 원 가까운 소득을 올리지만, 수시로 '힘들다'는 얘기를 한다. 아이 교육비와 생활비 등을 거론하면서 남는 게 없다는 말을 한다. 이런 말들은 과연 사실일까?

통계청의 2020년 3분기 기준 가계동향 자료를 보면 한국 가구의 평균소득은 531만 원 수준으로 나온다. 세금 등으로 나가는 돈을 제외하고 실제로 쓸 수 있는 돈은 426만 원이다. 이 돈에 대해 '예상보다 많다'고 느끼는 사람도 있고, 그렇지 않다고 느끼는 사람도 있을 것이다. 평균의 '상향편의(고소득 층이 전체 평균을 끌어올리는 일)'가 일어나기 때문에 아마도 예상보다 많다고 생각하는 사람이 더 많을 것이다. 그런데 가계별 편차가 상당히 크다. 소득 상위계층과 하위계층의 차이가 크게 벌어진 상황이다.

소득수준을 5개의 구간으로 나눈 '소득 5분위'별로 보면 가장 아래인 소득 1분위 소득은 1,637만 원이다. 즉 하위 20%는 월평균 136만 원 정도를 번다. 반면 5분위 가구의 경우 연간 1억 397만 원으로 연간 1억 원이 넘는 돈을 번다. 즉 매달 866만 원의 돈을 버는 것이다.

그러면 중간가구는 얼마나 벌까? 소득 3분위, 즉 소득수준이 상위(하위) 40~60%에 해당하는 가구의 연 소득은 4,731만 원이다. 월 394만 원을 버는 셈이다. 일반적인 한국 가구가 버는 소득은 2020년 현재 400만 원에 약간 못 미친다고 보면 된다.

서울 아파트 평균거래가격은 2020년 처음으로 10억 원을 돌파했다. 아파트가격은 문재인 정부 들어 유례없이 급등했다. 그러면 이

가격은 아주 비싼 것일까?

서울 가구의 20%가 벌어들이는 연소득은 평균 1억 원을 넘는다. 서울 아파트는 서울의 주거 수단 가운데 50%가 되지 않고 서울 가구의 절반 정도만 자기 집을 소유하고 있다. 즉 서울 인구의 30% 미만만이 아파트 소유자인 것이다. 또한 아파트를 소유하는 사람은 기본적으로 소득 상위계층일 확률이 높다.

소득 상위계층들이 10년치 급여 정도가 아파트가격으로 적당하다고 생각하면 아파트가격은 유지될 수 있다. 만약 소득 상위계층이 PIR(Price to Income Ratio), 즉 소득 대비 주택가격이 10년치 급여 이상도 무난하다고 판단하면 10억 원대 아파트가격도 합리적이라는 느낌을 줄 수 있는 것이다. 가격이나 가치평가는 아주 다양한 잣대로 이뤄진다는 점을 생각하자.

주식가격이 얼마나 비싼지 여부도 아주 다양한 각도에서 평가할 수 있다. 주가의 적정성을 평가하는 가장 대중적인 지표인 PER(Price to Earning Ratio), 즉 주가수익비율이 10이라면 이는 10년치 이익 정도가 주가로 적정하다는 말이 된다. 적정한 정도를 평가하는 잣대는 다양하다. 이런 가운데 주식을 사려는 사람이 늘어나면 '적정한 주가'에 대한 판단 잣대는 누그러진다.

오랜 기간 한국의 주식투자 인구는 500만 명 정도로 알려져 있었다. 성인 인구의 15%가 채 안 되는 사람만 주식투자를 하고 있었던 것이다. 이 말은 한국의 주식투자자가 더 늘어날 수 있다는 얘기이며, 주식이 좀 더 올라가더라도 용납할 수 있다는 의미가 될 수도 있다.

주식투자 대기자금이라고 할 수 있는 고객예탁금은 2019년말에 20조 원을 약간 넘는 수준이었으나 2020년 들어 60조 원을 넘어서는 때도 많았다. 과거와 비교할 수 없을 정도로 주식투자 열기가 달아오른 것이다.

결국 주식이든 부동산이든 뭔가의 가격을 평가할 때는 달라진 환경을 감안할 필요가 있다. 넘치는 돈을 주체하지 못해 주식을 보유하고자 하는 사람이 많아진다면 주식의 비싼 정도를 평가할 수 있는 잣대도 달라질 수 있다는 말이다.

그리고 금융투자 등에서 중요한 것은 내 자신의 돈이 아니라 부자들의 돈이라는 사실을 알아야 한다. 평균적인 수준 혹은 '내 자신의' 힘든 상황을 감안해 주관적으로 뭔가의 가치를 평가하다가는 기회를 놓칠 수도 있다.

채권 기대수익률이 형편 없으면, 주식에 관심을 가질 수밖에 없다

경제학을 조금이라도 공부해본 경험이 있는 사람이라면 '대체재'라는 말을 들어본 적이 있을 것이다. 이해하기 쉽게 비유를 들어보겠다. 라면과 국수가 서로 '경쟁하는 관계'라고 가정해보자. 즉 사람들은 라면과 국수를 비슷한 먹거리라고 생각하고 있다. 이런 상황에서 라면의 가격이 올라가면 사람들은 국수를 더 많이 사먹기 시작할 것이다. 만족도와 가격이 비슷한 라면과 국수를 놓고, 라면 가격이 올라가면 당연히 국수를 사먹는 사람이 늘어나는 것이다.

대체재는 어떤 재화의 가격이 떨어지게 되면, 다른 재화의 수요는 줄어들게 되는 재화다. 금리가 아주 낮아지면 사람들은 어떤 행동을 할까? 평소 예금에 들거나 채권에 투자하던 사람들이 주식시장으로 옮겨올 수 있다. 예금이나 채권으로는 재산을 불릴 수 없다는 판단이 들면, 위험을 좀 더 무릅쓰더라도 주식시장에 들어와 좀 더 높은 수익을 노릴 수 있는 것이다.

즉 금리가 아주 낮아지면 주식이나 부동산과 같은 상품이 채권형 상품(예금 포함)을 어느 정도 대체하는 효과가 나타나는 것이다. 상대적으로 모험심이 강한 사람은 주식을 선호하고, 안정적인 수익을 원하는 사람은 채권을 선호한다. 따라서 두 자산에 투자하는 사람들은 기본 성향이 다르다. 하지만 금리가 너무 낮아질 때는 두 자산 간의 대체재 성격이 강화된다.

2020년 10년만기 국채금리는 1%대를 기록했다. 금리변동이 없다고 감안하면 이런 채권을 보유하고 있는 경우 1억 원을 투자해 매년 100만 원을 약간 넘는 정도의 이자만 건질 수 있다는 말이 된다. 1억 원을 투자해서 한달에 겨우 10만 원 정도 건질 수 있다는 얘기다. 만약 이런 수익률에 도저히 만족하지 못한다면, 이 투자자는 주식시장을 기웃거릴 수 있게 된다. 이 과정에서 주식을 원하는 사람들이 늘어나 주가가 더 오를 수 있게 된다.

실제 글로벌 금융시장에선 '마이너스금리 채권'이 크게 늘어나자 주식시장으로 많은 자금이 몰렸다. 한국에선 낯설지만, 글로벌 금융시장에선 마이너스금리 채권이 크게 늘어났다.

마이너스금리 채권은 2019년 8월 17조 달러까지 늘어나면서 최고치를 경신했다. 지난 2008년 글로벌 금융위기로 선진국들이 기준금리를 '제로'로 낮추는 것도 모자라 '마이너스' 정책금리를 도입하기도 하고 양적완화를 크게 늘리면서 이 모습은 '뉴노멀(새로운 표준)'을 상징하는 현상으로 자리잡았다. 뉴노멀은 저성장과 저금리로 대표되는 경제현상을 뜻하는 말이다.

마이너스금리 채권은 2019년 8월부터 2020년 3월까지 지속적으로 감소했으나 코로나19 사태가 터지면서 다시 증가하기 시작했다. 코로나19로 글로벌 주식시장이 휘청거리기 시작하던 시점인 3월 19일 7조 7천억 달러 수준으로 줄어들었다가 각국이 기준금리를 낮추고 양적완화를 강화하자 그해 11월엔 17조 원을 넘어서면서 최고치를 경신했다.

각국이 위기에 대응하기 위한 자금마련을 위해 국채 발행규모를 늘리면서 마이너스 채권의 절대량이 늘어났다. 글로벌 투자등급 채권에서 마이너스 채권이 차지하는 비중은 2019년 8월 30% 수준에서 2020년 3월 14%까지 줄어들었다가 그 해 11월 25%로 다시 늘어나는 모습을 보였다. 선진국들이 채권발행을 대거 늘리면서 절대량은 2019년 당시 수준을 웃도는 모습을 보였다.

마이너스금리 채권이 늘어난 이유는 각국 중앙은행들이 공격적인 금리인하 등 통화정책 완화로 금리가 급락했기 때문이다. 금리인하와 양적완화 등을 통한 대규모 유동성 공급이 이뤄지자 국채금리가 급락(국채가격 급등)해 나타난 것이다.

코로나19로 인해 경기회복이 여의치 않을 것이란 전망에다(경기가 나쁘면 금리가 오르기 어렵다) 중앙은행이나 국가 차원에서 '금융억압'을 가하자 마이너스금리가 늘어난 것이다.

금융억압은 국가나 중앙은행과 같은 금융당국의 '개입'이 없었더라면 다른 곳에 쓰였을 돈이 정책에 의해 그 쓰임새가 제한되는 상황을 뜻하는 말이다. 결국 금융억압으로 많은 돈들이 채권에 묶인다. 또한 금리가 크게 낮아진 상황이지만, 중앙은행들이 완화정책을 장기간 유지할 것이란 입장을 보이면 유럽 주요국의 국채금리가 '마이너스' 영역까지 하락하는 일이 비일비재하게 일어난다. 시장의 투자자들이 금리가 아주 낮은 상황에서도 더 내려갈 것이라는 데 베팅을 하면서 마이너스금리 채권들이 많아지는 것이다.

마이너스금리 채권을 사서 만기까지 보유하면 원금을 까먹는다. 하지만 마이너스 폭이 확대되면 채권가격이 올라가기 때문에 이에 베팅해 이익을 실현하려는 플레이어들이 많아진다.

이 같은 '투기적인' 플레이 외에 안정적인 자산보전을 위해 마이너스 채권을 보유하는 경우도 늘어난다. 사실상 채권들의 이자가 별로 되지 않는 상황에서 국채를 사서 '보관료'를 물고 말자는 차원에서 이 채권을 사기도 하는 것이다.

또한 외국인 입장에선 스왑 베이시스 등을 감안한 '차익거래' 차원에서 마이너스 채권을 사기도 한다. 이 개념은 금리가 아주 낮거나 마이너스금리 채권이더라도 외환변동 위험을 헤지한 뒤 투자하면 자국통화로 된 채권에 투자하는 것보다 나을 수 있다는 것을 의미한다. 또한 환 위험을 헤지하지 않더라도 투자한 외국의 통화가 자국통화보다 강해질 수 있으면 투자할 수 있다.

중앙은행들은 마이너스 채권을 더욱 부추겼다. 중앙은행들이 국채뿐만 아니라 회사채까지도 대거 매입하면서 마이너스금리를 주는 회사채가 등장하기도 했다.

하지만 이런 투자는 상당한 위험성도 내포하고 있다. 미래에 금리가 오르면 채권투자에서 큰 손실이 날 수 있기 때문이다.

특히 마이너스금리 상황에선 '수익을 내야 하는' 펀드나 연기금 등은 골치가 아프다. 예컨대 고객의 돈을 받아 수익을 내야 하는데 마이너스 채권을 담고 있으면, 오히려 원금을 까먹을 수 있다. 이런 상황에선 많은 펀드나 연기금이 '주식투자 비중'을 높이는 모험을 할 수밖에 없다.

또한 낮은 금리 그 자체는 주식의 가치를 높여주는 특징이 있다. 주식, 채권, 부동산 모두 미래의 현금흐름을 할인해 현 시점의 가격을 구하게 된다. 그때 분모에 금리가 활용되기 때문에 낮은 금리 그 자체는 증권이나 부동산의 가격을 높이게 된다. 주가는 미래의 주주 현금흐름을 할인한 현재가치다. 이때 할인율은 무위험이자율(국채금리)과 주식위험프리미엄(ERP, Equity Risk Premium)을 활용한다.

ERP는 위험한 주식에 투자하는 것에 따라서 투자자들이 요구하는 금리라고 이해하면 된다. 식을 써보면 다음과 같다.

$$t \text{ 시점의 주식가치} = \sum_{n=0}^{\infty} \frac{(\text{주주현금흐름})_{t+n}}{(1+\text{할인율})^n}$$

즉 식을 보면 t 시점의 주식가치는 미래의 현금흐름들을 할인율로 나눈다는 사실을 알 수 있다. 할인율(discount factor)은 무위험수익률(Rf)에 주식위험프리미엄(ERP)을 더한 값이다.

할인율(Discount Factor) = 무위험이자율(Rf) + 주식위험프리미엄(ERP)

그런데 투자자들이 어쩔 수 없이 위험을 짊어지겠다는 태도를 보이면 ERP는 하락하게 된다. 즉 국채금리와 ERP가 모두 낮아져 주가가 오르게 되는 것이다. ERP엔 미래의 경제상황, 시중금리와 인플레이션 등이 영향을 주게 된다. 인플레이션이 낮은 상황에선 ERP도 낮아진다.

따라서 향후 인플레이션, 즉 물가가 오르는 상황이 찾아오면 시중의 금리와 ERP가 모두 높아져 주가가 하락할 수 있는 위험이 있다.

코로나19 위기로 초저금리 환경이 만들어져 주식, 채권, 부동산의 가격이 모두 크게 올랐지만 물가가 오르기 시작하면 큰 변화가 생길 수 있으므로 조심해야 한다.

2020년 3월 글로벌 주가가 폭락하는 상황에서 투자자들의 ERP가 크게 올라 주가가 폭락했다. 즉 주식투자자들이 위험을 부담하는 데 따른 프리미엄을 많이 요구하면서 앞 식의 ERP가 올라가니 주가가 급락한 것으로 볼 수 있다. 하지만 중앙은행들이 유동성을 대거 풀면서 위험을 회피하겠다는 심리가 둔화돼 ERP가 낮아지자 주가가 다시금 급반등하게 된 것이다.

주식은 기본적으로 투자한 기업의 미래이익을 반영한다. 하지만 2020년 당시 기업의 미래이익에 대한 기대감이 낮았음에도 주가가 급등했다. 이는 무위험금리와 ERP가 낮아지면서 생긴 현상이라고 해석할 수 있다.

투자론 등을 공부한 적이 없는 독자들은 지금까지의 얘기가 다소 어려웠을 수 있다. 하지만 기업들의 이익 전망이 좋지 못한 데도 2020년 주가가 급등한 이유를 찾는 사람들에겐 하나의 이론적 설명이 될 수 있을 것이다.

또한 앞의 식은 2020년 코로나19 위기 이후 주식에 투자하는 사람들이 주의할 점을 알려준다. 저금리 등 경기부양을 통해 '기업실적'이 개선되면 주가는 유지될 수 있다. 기업이 이익을 내면 앞의 식의 '주주현금흐름'이 늘어나 주가의 상승이 유지되는 것이다. 하지만 기업의 이익이 예상에 못 미치면서 분모, 즉 할인율(금리)만 오르면 주가가 하락할 수 있다는 점도 얘기해주고 있다.

주식시장이 정교해질수록 뛰어난 펀드매니저들의 투자
성과도 낮아지는 게 자연스러운 흐름이다. 이에 따라 코
스피200 등 시장지수 움직임을 추종하는 패시브 펀드나
ETF에 대한 관심이 늘어났다. 2020년 주식시장으로 엄
청난 자금이 들어왔지만 전문 펀드매니저들에게 돈을 맡
기기보다 '직접투자'를 하는 사람이 많았다. 한국 주식투
자들이 펀드매니저들을 불신하는 덴 과거의 잘못된 관
행과 성과부진, 정보 접근성 강화와 같은 시대의 변화가
복합적으로 영향을 미쳤다. 하지만 주식 붐 때문에 투자
를 쉽게 보다가는 큰 피해를 입을 수 있다.

'액티브' 펀드매니저의 몰락과 개인투자자의 전성시대

과거 같은 스타 펀드매니저가
사라진 이유

  테드 윌리엄스는 메이저리그 보스턴의 전설적인 선수다. '야구의
신' 베이브 루스와 견줄 수 있는 위대한 선수로 꼽힌다. 테드 윌리엄
스는 통산 타율 3할 4푼 4리를 기록한 천재타자다. 그는 7번의 타격
왕, 4번의 홈런왕과 타점왕 타이틀을 차지했다. 그가 정상적인 야구
선수 생활을 할 수 있었다면 그는 단연코 더 대단한 기록을 남겼을
것이다.

  이 위대한 선수는 자신의 24~26세 시즌, 32~34세 시즌을 뛰지
못했다. 제2차 세계대전과 한국전쟁에 군인으로 참전했기 때문이다.
군 복무를 하느라고 선수 생활의 1/4을 날리고도 역사에 남는 기록
을 세웠다.

  야구 팬은 누구나 그를 부르는 호칭을 안다. 그는 메이저리그의
'마지막 4할 타자'다. 보스턴 레드삭스의 전설은 1941년에 4할 6리
의 타율을 기록했으며, 이 기록은 80년이 넘도록 깨지지 않았다. 아

마 지금 시스템의 야구가 지속된다면 영원히 깨지지 않을지도 모른다.

백인천, 한국 프로야구 유일의 4할 타자다. 국내 프로야구가 출범하던 1982년 백인천은 감독 겸 선수로서 4할 1푼 2리를 기록해 유일한 4할 타자로 역사에 자리매김했다. 그를 제외하곤 4할을 기록한 선수가 아직까지도 없다.

그런데 왜 요즘 시대엔 4할을 치는 타자가 나타나지 않을까? 야구라는 스포츠가 발전하고 시스템이 워낙 정교해졌기 때문이다. 지금의 타자들은 당시의 타자들보다 더 뛰어나다. 메이저리그엔 시속 160km를 던지는 투수들도 매년 심심치 않게 등장하고 있으며, 타자들은 이 공을 때려낸다. 그러나 이런 환경에선 4할 타자가 등장하지 못한다.

2000년대 주식시장에선 유명한 펀드매니저들이 많았다. 코스피 수익률을 크게 웃돌면서 어마어마한 성과를 내는 펀드매니저들이 적지 않게 있었다. 유명한 펀드매니저들의 이름을 딴 펀드들도 즐비했다. 하지만 어느 순간 스타 펀드매니저들은 급감했다.

미국 역시 마찬가지다. 전설적인 워런 버핏이 있지만, 그는 과거처럼 쉽게 시장을 이기지 못한다. 과거와 비교하면 주식시장은 훨씬 커지고 정교해졌으며, 특정 개인이 빼어난 성과를 내기가 어려워졌다.

과거엔 특정그룹이 정보를 미리 빼내기도 쉬웠으며, 시장을 지배하는 경우도 많았다. 하지만 지금은 내부자 거래를 처벌하는 등 경쟁의 규칙도 예전보다 엄정해지면서 '스타' 펀드매니저의 출현이 어려워졌다.

지금은 펀드매니저가 '주관적 판단'으로 운용하는 '액티브' 펀드 분야에서 특출난 성과를 구경하기가 예전만큼 쉽지 않다. 과거 뛰어난 액티브 펀드매니저는 주식을 적극적으로 사고팔았다. 투자전략도 자주 바꿔가면서 높은 수익률을 기록하곤 했다. 하지만 시장이 정교해지면서 '개인기'를 앞세워 높은 수익을 거두는 펀드매니저는 크게 줄어들었다.

필자는 2000년대 아주 특출한 성과를 거둔 유명 주식펀드매니저들을 인터뷰하면서 그들의 비법을 묻기도 했다. 하지만 어느샌가 이런 뛰어난 매니저들이 사라지기 시작했다. 시장은 변했다.

주식운용도 점점 기계나 프로그램, 알고리즘에 의존하는 시대가 됐다. 인간의 주관적인 판단보다 시스템에 점점 더 의존하는 시대가 된 것이다. 물론 그런 가운데서도 여전히 많은 액티브 매니저들이 매일매일 시장과 전투를 치르고 있다. 하지만 펀드매니저들도 시대가 변했음을 안다.

여의도의 한 자산운용사에서 주식운용팀장으로 일하고 있는 한 후배가 이런 말을 했다.

"좀 씁쓸한 기분이 들어요. 과거 선배 펀드매니저들 중 '날렸던' 사람들이 많았지만, 지금은 시대가 완전히 달라졌어요. 시장을 이기는 일이 더욱 어려워졌습니다. 과거엔 엄청난 고액연봉을 받는 스타 매니저들도 많았지만, 지금은 그런 걸 기대하기 힘든 시대에요. 지금의 여의도 펀드매니저들은 보통의 직장인들보다 좀 더 많은 연봉을 받는 월급쟁이라고나 할까요?"

현대야구에서 더 이상 테드 윌리엄스를 기대할 수 없는 것처럼, 현대 주식시장에서도 시장수익률을 크게 웃돌 수 있는 성과를 꾸준히 내는 펀드매니저를 찾기 어려워졌다.

시장지수를 이기는 것은
결코 쉽지 않다

주식투자를 전문적으로 하는 펀드매니저들에게 아마도 가장 굴욕적인 얘기는 '원숭이와 전문투자자'의 수익률 게임에 관한 얘기일 것이다. 원숭이가 전문가를 이겼다는 식의 얘기는 너무나 유명해서 주식투자를 오랜 기간 해온 사람들은 대부분 들어봤을 것이다.

'원숭이와 펀드매니저의 게임' 얘기를 꺼낸 사람은 자산운용업계의 전설적인 회사인 뱅가드와 보험회사 프루덴셜에서 일했던 버턴 말킬 교수이다. 말킬 교수는 투자업계에서 일하다가 뒤늦게 프린스턴 대학에 입학해서 본격적인 공부를 한 뒤에 교수가 된 투자의 대가다.

말킬은 눈을 가린 원숭이가 다트를 던져서 선정하는 종목이, 전문가가 선정하는 종목보다 높은 수익을 거뒀다는 유명한 일화를 내세워 '랜덤워크' 이론을 제시했다. 열심히 공부한 전문가나 아무것도 모르는 사람(동물)이나 투자의 세계에서 별반 차이가 없다는 주장을 펼친 것이다.

이 얘기에 흥미를 느낀 여러 나라의 많은 사람들이 실제 비슷한 실험을 해보기도 했다. 미국의 매체 〈월스트리트저널〉도 말킬 교수의 주장에 흥미를 느껴 여러차례 같은 실험을 해보았다. 실험 결과 원숭이가 펀드매니저보다 나은 성과를 내고 일반인은 가장 성과가 뒤떨어졌다는 결과가 나오기도 했다. 이 밖에 원숭이 대신 침팬지로 실험을 해서 펀드매니저를 이겼다는 결과나 어린이와 전문 투자분석가를 경쟁시켜 어린이가 이겼다는 일화 등이 알려져 화제를 모은 적도 있다.

이런 얘기들은 뭘 의미하는 것일까? 투자 성과가 '운'에 의해 결정된다는 주장을 뒷받침하는 경험적인 사례로 볼 수 있다.

랜덤워크라는 말은 '어디로 튈지 모른다'는 뜻이다. 아울러 '효율적 시장가설'을 뒷받침하는 강력한 경험적 사례로 꼽힌다. 랜덤워크 이론은 시장 자체가 효율적이기 때문에 과거를 분석하고 미래를 예측해서 시장 평균보다 높은 투자성과를 얻는 건 어렵다는 점을 말해준다.

이런 얘기를 들은 일부 사람들은 '투자에 대해 공부해봐야 아무 소용이 없는 것 아니냐'는 반응을 보인다. 참으로 난감하다. 다만 이 얘기에서 우리가 건져야 할 진실은 투자라는 게 '매우 어렵다'는 점이다.

또한 일시적으로 높은 성과를 거뒀다고 하더라도 자신의 실력이라고 착각하지 말아야 한다는 점을 말해준다. 아울러 일부에서 내세우는 '다시 없는 투자의 기회' '200% 수익률 보장'과 같은 말들이 사실은 허황된 꾐이라는 사실을 알아차려야 한다. 투자론 교과서에 등장하는 효율적 시장가설의 개념에 대해 한번씩 곱씹어볼 필요가 있다.

효율적 시장 이론에 따르면 시장은 '가격에 반영되는 정보'에 따라 약성 효율적 시장, 준강성 효율적 시장, 강성 효율적 시장으로 나누어진다.

우선 약성 효율적 시장은 현재의 주식가격에 과거의 가격 흐름이나 거래량 등 역사적인 정보가 모두 반영돼 있는 시장이다. 따라서 투자자가 기술적 분석 등을 통해 과거의 데이터를 열심히 분석하더라도 시장의 평균적인 수익률 이상을 거둘 수 없다.

준강성 효율적 시장은 투자자들에게 공개되는 모든 정보가 신속하고 정확하게 가격에 반영되는 시장이다. 시장이 이런 식이라면 일반에게 공개된 정보를 분석해봐야 시장을 이길 수 없다. 즉 투자자가 공표되는 손익계산서나 재무상태표 등을 연구해 '기본적 분석'을 하더라도 초과수익을 얻을 수 없다.

강성 효율적 시장은 과거와 현재의 정보뿐만 아니라 '공표되지 않은' 정보까지 신속하게 반영하는 시장이다. 어떤 정보를 활용하더라도 초과이윤을 거둘 수 없는 시장이다.

이런 '효율적 시장 가설'은 투자자가 아무리 노력하더라도 정상이윤을 넘는 이익을 내기가 어렵다는 점을 말해주고 있다. 앞에서 얘기한 원숭이와 펀드매니저의 게임, 랜덤워크 이론 모두 시장이 '효율적'이기 때문에 초과수익을 내는 게 어렵다는 점을 웅변하고 있는 것이다.

랜덤워크 이론이나 효율적 시장 이론은 '인덱스 펀드'나 'ETF'가 성공할 수 있는 토대가 됐다고 볼 수 있다.

인덱스 투자의 지존 '뱅가드 그룹'을 창립한 존 보글은 '지수'를 복제하는 펀드로 대박을 친 인물이다. 인덱스 펀드는 예컨대 한국의 코스피200지수, 미국의 S&P500지수와 같은 지수를 추종하는 펀드다. 말 그대로 주식시장이 5% 상승하면 5%의 수익을 내주는 펀드다. 이 인덱스 펀드를 개별 주식처럼 쉽게 사고팔 수 있도록 한 게 ETF라고 보면 된다.

존 보글은 인덱스 펀드의 성과가 펀드매니저의 주관이 많이 반영되는 액티브 펀드의 성과보다 낮다는 사실을 증명했다. 보글은 시장 전체를 편입하는 것이, 힘들게 종목을 골라 투자하는 것보다 더 유리하다는 점을 웅변했다.

주관을 배제하고 시장을 복제하는 펀드를 '액티브'(active) 펀드와 대비해 '패시브'(passive) 펀드라고 부른다. 패시브 펀드는 수동적으로 운용되기 때문에 거래 비용이 덜 든다는 장점이 있다. 패시브 펀드는 수수료나 세금이 덜 나가기 때문에 실질적인 성과는 '잔머리를 많이 굴린' 액티브 펀드보다 우위에 설 수 있다.

투자자는 늘 겸손해야 한다. 과거의 높은 수익이 미래의 수익을 보증하지 않는다는 점을 인정해야 하는 것이다.

2020년의 주식 붐과
펀드시장 신뢰의 상실

2020년 고객예탁금이 60조 원을 넘나들 때 자산운용사의 한 펀드매니저와 나눈 얘기.

"지금 주식 붐인데, 고객자금들이 좀 많이 들어오나? 코스피가 사상 최고치를 경신하고 너도나도 주식하겠다고 난리인데…"

"그러게요. 주식시장이 화끈하게 달아올랐네요. 근데 펀드는 이미 투자자들의 신뢰를 많이 잃은 것 같네요. 생각만큼 펀드로 자금이 안 들어와요. 아마도 개인투자자들이 펀드매니저란 사람이 별것 아니란 사실을 알아차린 것 아닐까요?"

사람들은 간접투자 대신 직접투자에 열을 올리고 있었다. 간접투자는 펀드상품에 가입하는 것을 말한다. 2000년대 주식펀드 붐 때는 미래에셋의 디스커버리니, 인디펜던스니 하는 펀드에 많은 사람들이 가입하기도 했다. 하지만 주식펀드의 전성기는 2007~2008년에 고점을 찍고 하락했다. 2020년 유례없는 주식 붐이 도래했지만 간접투자시장은 생각처럼 달아오르지 않았다.

펀드시장이 주식 붐 속에서도 상대적으로 '소외'를 받는 이유는 공모펀드에 대한 개인들의 신뢰가 깨졌기 때문이었다. 사실 2000년대 중반 개인들의 자금이 펀드시장에 들어오면서 펀드는 큰 인기를 누렸다.

당시 펀드 붐의 끝물을 장식한 것이 미래에셋의 인사이트 펀드였다. 당시 이 펀드로 하루에 1조 원이 넘는 돈이 들어오면서 인사이트 펀드는 역사의 한 페이지를 장식했다. 하지만 이후 중국주식의 급락으로 펀드에 대한 인기는 급격히 사그라들었다.

펀드 붐 당시 적립식 투자를 하면 평균 주식매수단가를 낮춰 장기적으로 고수익을 얻을 수 있다는 인식이 시중에 강했다. 하지만 이후 시장의 흐름은 기대를 충족시키지 못했다. 결국 사상 최대의 주식펀드 붐은 2007~2008년 사이에 고점을 찍고 이내 열기가 식었다.

이후 중간중간 짧은 펀드 붐이 일기도 있다. 2008년 글로벌 금융위기 발발 이후인 2009년부터 2011년 상반기 30개월 동안 차화정(자동차, 화학, 정유)이 이끄는 강세장이 나타나기도 했다. 당시 차화정이 이끈 강세장은 한국 주식시장 역사에서 가장 길고도 뜨거운 랠리로 각인돼 있다.

간접투자(펀드)시장은 이런 기회들을 잘 살리지 못했다. 이후 몇몇 자산운용사나 투자자문사의 유명 매니저들이 주도하는 짧은 펀드 붐들이 일어나기도 했다. 그러나 1년 고수익을 낸 뒤 다음 해엔 투자 수익률이 박살나는 경우들이 속출했다.

일부 유명 펀드들이 단기간의 높은 성과를 내면서 연기금 등 기관투자자들의 자금을 끌어들이기도 했다. 그렇지만 투자성과는 들쭉날쭉하기 일쑤였다. 결국 '전문가'라는 타이틀을 단 사람들에게 믿고 맡겼던 돈들이 수익은커녕 손실을 보는 일들이 발생하면서 간접투자시장은 사람들의 신뢰를 잃어버렸다. 자산운용사 펀드매니저들도 이런 점들을 안타까워한다. 한 자산운용사 팀장은 이런 말을 했다.

"1990년대 말 바이코리아 열풍부터 시작해서 펀드 붐의 말로가 모두 안 좋았습니다. 문재인 정부 들어서는 초기에 정부가 코스닥을 띄우면서 코스닥지수 900을 훌쩍 넘었다가 2018년부터 결국 꼬라박았죠. 이후엔 정권 실세가 개입된 것으로 의심을 받는 라임, 옵티머스 펀드 사태와 같은 사모펀드 사기 사건이 일어나면서 펀드에 대한 인식 전체가 나빠졌습니다. 이런 일들이 겹쳐서 2020년 주식투자 붐에도 불구하고 펀드는 투자자들의 관심을 받지 못했습니다."

공모펀드는 일반 대중이 가입하는 펀드인 반면, 사모펀드는 돈이 많은 소수의 투자자들로부터 자금을 받아서 운용하는 펀드다. 하지만 사모펀드 사기 사건이 공모시장에까지 민폐를 끼쳐 전체적으로 간접투자시장의 물을 흐렸다고 평가했다.

과거 국내 간접투자시장에서 신상품이 출시되면, 초기에 많은 자금들이 모여들지만, 결국 다수 투자자가 피해를 입는 경우가 많았다. 인기 펀드가 남기는 후유증이 문제였다. 펀드매니저들의 전문성 혹은 직업의식의 부재를 문제로 꼽는 시각도 있다.

예컨대 2010년대 중후반 주식시장이 뜨거웠을 때 상당수 잘나가는 젊은 펀드매니저들은 제도권을 떠나 재야에서 돈을 벌겠다는 호기를 부리기도 했다. 인센티브로 받은 돈을 밑천으로 큰돈을 벌겠다고 자신하기도 했다. 하지만 그들 중 상당수는 2018년 주식시장이 고꾸라질 때 힘들어했다. 그 중엔 1년 만에 제도권으로 컴백해 '펀드매니저' 타이틀을 달고 다시 일을 하는 경우도 허다했다.

당시 주식시장에 '용대리(용감한 대리 펀드매니저), 용과장, 매미(매니저 출신 개미)' 등의 말들이 유행했다. 하지만 주식시장이라는 곳은 만만한 곳이 아니다. 전문가라는 사람들도 주식 사이클을 잘못 만나면 개털이 되는 곳이 이 바닥이다.

국내 주식펀드시장이 건전한 투자처가 되지 못한 데엔 '바뀐 시대'의 영향도 적지 않았다. 개인투자자들은 과거보다 훨씬 높아진 정보에 대한 접근성을 바탕으로 펀드매니저보다 수익률 경쟁을 할 수 있다는 자신감을 보인다. 조금만 노력하면 빌린 돈으로 주식투자를 통해 고수익을 얻을 수 있다고 믿는 사람들도 늘어났다.

자산운용사나 기관투자자들이 제시하는 목표수익률보다 더 나은 수익을 원하는 사람도 많다. 이와 함께 미국시장 등 해외시장이 국내 주식시장의 대체재 역할을 한 것도 국내 펀드시장의 인기를 떨어뜨린 원인이 됐다.

사람들은 더 이상 '박스피(박스권을 벗어나지 못하는 코스피에 대한 자조 섞인 말)'에서 맴도는 국내시장에만 목매지 않게 됐다. 이런 식으로 자금이 빠져나가면서 공모펀드시장에 대한 관심이 떨어졌다. 얼마 전만 하더라도 해외주식투자가 어려웠지만, 사람들은 서서히 미국 주식에 투자하는 것이 그다지 어렵지 않다는 사실을 알아차렸다. 돈이 있는 사람들은 테슬라, 애플, 구글 등 유명업체들의 주식을 샀다.

자산운용사의 큰 고객인 국내 연기금 등 기관들도 해외투자로 눈을 돌렸다. 국민연금 등 연기금은 해외주식투자 비중이나 해외대체투자(부동산 등에 투자하는 것을 말한다)를 늘렸다. 그런 과정에서 펀드시장은 경쟁력을 더욱 잃어버렸다. 제도권 펀드매니저들에 대한 신뢰상실, 개인투자자들의 직접투자 도전, 국내시장 메리트 저하와 해외투자 활성화 등이 맞물린 결과였다.

이런 분위기 속에서 주가가 올라 펀드의 기준가가 올라오거나 원금을 회복하면 투자자들은 환매를 하기 일쑤였다. 2020년 주식투자 붐은 역으로 한국 펀드시장의 침체를 되돌아보는 계기가 된 것이다. 물론 유동성이 끌어올리는 장세 때문에 '주식투자가 쉽다'고 느낀 개인투자자들 역시 미래에 다가올 큰 고난의 시간을 각오해야 할 것이다.

"주식을 쉽게 보는 개인들의 공동묘지가 만들어질 것이다"라는 경고

앞서 얘기한 것처럼 개인투자자들은 제도권 펀드매니저들을 신뢰하지 않는다. 사회 여러 분야에서 각자도생해야 하는 시대가 된 만큼 주식투자 역시 펀드에 맡기는 것보다 각자가 알아서 해야 한다는 인식도 강해졌다.

상황이 이렇게 된 데는 인기 있는 펀드상품을 파는 데만 혈안이 됐던 증권사와 은행, 안정적인 수익 대신 들쑥날쑥한 수익을 내면서 실력을 의심받았던 자산운용사의 펀드매니저 모두에게 책임이 있다. 2020년 주식 붐과 함께 11월 코스피지수가 신고점(역사상 최고치)을 경신한 뒤 오히려 자금이 빠지는 펀드도 적지 않다.

증권사 애널리스트를 거친 뒤 한 자산운용사에서 펀드매니저로 활약하고 있는 A씨는 개인투자자들이 주식을 쉽게 보는 세태를 걱정했다. A씨는 20년 넘게 증권시장의 밥을 먹으면서 산전수전 다 겪은 사람이다. 그는 2020년의 주식 붐에 대해 씁쓸해 했다. 우선 그 자신이 몸 담고 있는 펀드시장에 대한 안타까움을 토로했다.

"2020년 주가가 급등할 때 펀드시장으로 신규자금이 들어오는 것보다 오히려 펀드에서 자금이 빠져나가는 게 더 눈에 띄었습니다. 가입한 펀드 기준가가 올라오고 순자산가치(NAV)가 회복하면서 고객들은 빠져나갈 준비를 했습니다. 원금을 회복하니 펀드를 환매하는 사람들이 의외로 많았던 것이죠. 주가가 올라 주식펀드 평가이익만 늘어났지, 실제론 돈을 뺀 사람들이 더 많았습니다."

기준가는 펀드의 가격을 말한다. 주식의 단위인 주(株)에 해당하는 개념이 펀드의 좌(座)이며, 1좌의 가격은 1원이다. 하지만 1좌라는 단위는 너무 작아 보통 수익증권의 가치를 1천좌 단위로 나타내고, 이것이 기준가가 된다. 즉 기준가 1천 원에 펀드에 가입한 뒤 이 기준가가 1,200원이 됐다면 투자수익률은 20%가 되는 것이다. 또한 펀드의 결산 이후엔 기준가가 원점으로 되돌려지는데, 이를 재투자라고 한다. 펀드가 수익을 냈다면 당연히 재투자 시엔 좌수가 수익만큼 늘어나게 된다.

아무튼 펀드투자자들, 즉 간접투자자들은 주가급등으로 기준가가 회복되는 모습을 보면서 돈을 빼는 경우가 많았던 것이다. 이 베테랑 펀드매니저는 펀드에 소중한 자금을 맡긴 투자자들이 상당기간 손실을 보고 있다가 수익이 나는 때를 빠져나갈 시점으로 삼았다면서 씁쓸해했다.

"개인들도 여기서(펀드) 굴려봐야 재미없다는 사실을 압니다. 아무리 전문가들이라고 해도 수익을 내는 게 만만치 않으니까요. 여기에 운용보수나 판매보수와 같은 수수료도 아까워했습니다. 실력도 시원찮은데 각종 보수까지 떼니 개인들이 더 펀드를 기피했죠."

사실 펀드 수수료는 많이 싸졌다. 2천 년대만 해도 수수료 3%가 넘는 펀드들도 많았지만 지금은 그때와 비교가 안 될 정도로 낮아졌다. 물론 그 당시보다 금리가 워낙 낮으니 이는 당연한 측면도 있다. 수수료가 높은 시절에 설정된 뒤 장수하는 펀드들은 자산운용사 입장에선 보배 같은 존재다. 하지만 이 펀드매니저는 대체로 펀드시장의 '비관적인' 측면을 부각하면서 넋두리를 토해냈다.

"분명 주식시장은 커졌는데, 공모펀드에선 자금이 빠졌습니다. 여기 여의도 바닥에 있는 많은 운용사들이 쉽지 않은 상황에 직면해 있습니다."

그러면서 이 베테랑 매니저는 주식을 쉽게 생각하는 개인투자자들의 '낙관적 접근'을 경계했다. 금융정책이 기분에 따라 오락가락하는 세태를 개탄하기도 했다. 많은 개인투자자들이 공매도에 대해 문제제기를 했고, 2020년 코로나19 사태 이후 공매도가 제한됐다. 이 매니저는 공매도 제한이 인위적으로 주가하락을 막는 역할을 하고, 그만큼 주가가 '정상 수준'을 벗어나게 하는 악영향도 크다고 본다.

"공매도는 일시적으로 제한할 수 있지만 영원히 제한하지는 못해요. 선진국들을 보세요. 공매도 없는 나라가 어디 있습니까. 그런데 금융정책이 포퓰리즘에 물들어버렸죠. 개인투자자들은 청와대 청원 사이트를 이용해 집단행동을 하죠. 결국 이런 일들이 일상화되면 악화가 양화를 구축하게 됩니다."

이 펀드매니저는 여전히 '공모펀드시장 활성화'와 바람직한 투자 문화를 위해 금융당국이 발 벗고 나서야 한다고 본다. 예컨대 주식 펀드에 장기간 가입하는 투자자 등에게 제도적 인센티브나 세제혜택을 주면서 건전한 투자문화를 만들어야 한다고 본다.

그러면서 2020년 봄부터 시작된 주가급등의 후폭풍이 개인들을 덮칠 것이라고 자신했다. 주식을 잘 모르는 개인들이 과도하게 '직접' 금융시장에 뛰어든 데 따른 대가를 치를 것이라고도 했다. 동시에 유튜브를 보면서 단편적 지식을 얻어 주식에 대해 잘 아는 양 착각하는 자들은 큰코다칠 수 있다고 경고했다.

"주식 붐이 결국 부메랑이 되어서 개인들을 무너뜨릴 겁니다. 일반 개인투자자들이 유튜브 방송을 보고 들으면서 주식에 자신감을 갖는 것을 보고 피식 웃음이 나왔죠. 애널리스트들 역시 기업 탐방과 치열한 보고서로 승부하기보다는 유튜브 인기 프로그램에 나와서 인지도를 올리는 데만 몰두하고 있습니다. 자기 발등을 찍는 짓입니다. 게다가 주식 리딩방 같은 데서 개인들에게 '이 주식 사라, 마라'는 얘기들을 쉽게 하고 있어요. 매우 위험하고 잘못된 문화입니다. 반드시 후폭풍이 있을 겁니다."

이 펀드매니저는 애널리스트들이 대중적 인기를 좇으면서 비즈니스 모델을 스스로 망가뜨리고 있으며, 일부 인기 유튜버들은 시장의 일시적인 쏠림을 심화시키고 있다고 했다. 그는 2020년을 '유튜버가 주식시장에 침투한 원년'으로 규정했다.

"주식시장이 항상 오르지는 않습니다. 시장이 망가지고 추천 종목들이 박살 나면 반드시 균열이 생기고 신뢰가 깨집니다. 개인투자자들은 주식방송으로 인기를 모으는 유튜버들이 실제로는 스스로 투자를 해서 돈을 벌 능력이 부족한 사람이라는 사실을 알아야 합니다. 남의 지식에만 의존하는 개인투자자들은 이 바닥에서 절대 살아남지 못합니다."

다양한 정보채널은 개인투자자들의 정보에 대한 문턱을 낮춘 측면이 있다. 하지만 2020년에 넘치는 유동성에 의해 형성된 뜨거운 열기가 식을 때 즈음 '정반대 성격의 자금 쏠림'이 나타날 것이라고 확신했다. 그가 주식 밥을 먹고 산 20년이 넘는 시간 동안 반복된 패턴이라고 했다.

그러면서 여전히 일반인들이 믿고 돈을 맡길 수 있는 '공모펀드시장'이 중요하다고 웅변했다. 운용사, 증권사, 은행 등이 투자문화를 망쳤지만, 이를 다시 바로 세워야 한다는 것이다.

"자금이 어떻게든 공모펀드시장으로 오게 하는 게 중요합니다. 하지만 판매사(펀드를 파는 증권사나 은행)들이 라임이니, 옵티머스니 하는 사모펀드를 팔다가 대형 사고를 치지 않았습니까. 사실 공모펀드는 규제와 안전성이 우선이니, 판매사 입장에선 그것만 지키면 쉽게 팔 수 있었습니다. 사모펀드보다 공모펀드의 규제가 까다롭지만 법적으로 뒷구멍이 없고 상대적으로 훨씬 안정적이죠."

이 펀드매니저는 무슨 일이든 '쏠림'이 가장 위험하다고 했다. 그는 문재인 정부 출범 이후 아파트값이 사상 유례없이 폭등하자, 이를 통해 돈을 벌지 못한 사람들이 당황해서 주식시장에서 '위험한 베팅'을 한 성격도 강했다고 풀이했다.

2020년 고객예탁금이 60조 원을 넘나들고, 증권사에서 돈을 빌린 신용융자가 20조 원에 달하는 등 유동성으로 밀어붙일 수 있는 시장 상황이 천년만년 지속되지 않을 것이라고 경고했다. 주식시장에 거대한 '개인들의 무덤'이 생긴 뒤 투자자들이 자성하게 될 것이라고도 했다.

그는 금리가 본격적으로 오르기 시작하면 주식시장에 거대한 공동묘지가 생겨날 것이라고 확신했다. 모두가 'GO'를 외치고 있을 때는 항상 위험을 생각해야 한다. 주식 바닥은 결코 자비롭지도, 만만하지도 않다.

코스피지수 등 주식시장의 지수만큼 움직이는 ETF를 개별종목처럼 거래할 수 있다. 개별종목 분석에 자신이 없고 시장 움직임만큼 투자수익을 변동시키고 싶을 때는 ETF를 사면 된다. 주식형 ETF는 최소 10종목 이상으로 구성돼 있기 때문에 그 자체로 분산투자된 상품이다. 섹터 ETF, 스타일 ETF, 각종 테마 ETF 등 여러 종류의 ETF가 출시돼 있기 때문에 지금은 ETF만으로 주식 포트폴리오를 구성할 수 있으며, 다양한 전략도 구사할 수 있다. ETF가 활성화되면서 해외주식투자도 보다 쉬워졌다. 레버리지 인덱스나 곱버스처럼 주가지수의 '배수'로 움직이는 ETF들은 위험도 그만큼 큰 상품이며, 변동성이 큰 시장에선 예상과 다른 수익률을 낼 수 있기 때문에 주의가 필요하다. 개인투자자들도 ETF를 통해 '코어-새터라이트' 전략을 활용하면서 포트폴리오 관리를 할 수 있는 시대다.

트렌드 6 ↗

종목을 안 보는 투자자들,
오직 ETF로
승부를 건다

ETF에 투자해
시장을 산다

2020년 3월 19일, 코스피지수가 1457.64로 거래를 마쳤다. 한 달 전만 해도 2200선을 웃돌던 코스피지수가 말 그대로 급전직하했다. 그해 1월 20일 국내에 처음 코로나19 확진자가 나오고 3월 들어서 본격적으로 주식시장이 흔들리더니 주가지수는 이 날 그야말로 폭락했다. 한 달 사이에 주가지수가 30% 넘게 떨어진 것이다.

당시 1억 원 정도를 주식에 투자하고 있던 친한 후배는 한 달 사이에 3천만~4천만 원을 깨먹었다면서 울상을 지었다. 코로나19가 급속히 확산되면서 세계 주식시장이 폭락하자 많은 주식투자자들이 패닉에 빠졌다.

하지만 금융권에서 일하는 이 후배는 미국 중앙은행 연준과 국내 중앙은행인 한국은행의 금리인하와 유동성 공급 등 정책적 대응, 그리고 주가가 지나치게 단기급락한 데 따른 가격 메리트 등을 근거로 내세우면서 '저가매수' 타이밍을 잡을 것이라고 했다. 머리칼이 곤

두설 정도로 긴장하고 있었지만, 2008년 글로벌 금융위기를 경험한 각국 중앙은행들이 더 적극적으로 나올 것을 확신하면서 기회를 포착하고 있었다.

당시 코스피지수가 3월 하순에 접어들면서 더 이상 추락하지 않고 올라오자 후배는 '주가지수의 바닥형성'에 대한 확신과 함께 여유자금을 모두 주식에 태웠다. 당시 코스피지수는 1700대를 기록하고 있었다.

코로나19 사태로 주식시장에 상장된 거의 모든 종목이 폭락했기 때문에 후배는 종목을 고를 여유가 없었다. 아니, 그럴 필요를 느끼지 않았다. 후배는 시장이 전체적으로 반등할 것이라고 자신했다.

후배는 코스피지수를 추종하는 ETF를 샀다. 이젠 많은 사람들이 자연스럽게 ETF에 투자한다. 코스피나 코스닥 지수를 추종하는 ETF를 사는 것은 '시장을 사는 것'을 의미한다. 주가지수가 오른 만큼 ETF 가격이 오르는 것이다.

코스피지수는 5월 하순 2천선을 회복했고 11월엔 2600선을 넘어서면서 사상 최고치를 경신했다. '마이너스' 성장률이 당연시되는 등 경기는 여전히 좋지 않았지만 연말로 가면서 주가지수는 더 뛰었다.

2020년 3월 후배는 1억 원의 투자금이 순식간에 6천만 원대로 쪼그라드는 경험을 하면서 당황해 했다. 하지만 그 주식들은 그 해 연말 시점에 1억 2천만 원을 넘어섰다. 결국 손실을 극복하고 20% 넘는 수익을 기록했다.

ETF 상품목록표의 예

순위	종목명	현재가	대비	등락률	거래량(천주)	거래대금(백만)	비중(%)	시총(십억)	매도	매수
1	KODEX 200선물인버스2X	2,405 ▲ 25		1.05	2,132,971	5,811,014	41.83	1,938	2,405	2,400
2	KODEX 레버리지	24,635 ▼ 195		-0.79	557,481	12,272,552	10.93	1,433	24,635	24,630
3	KODEX 코스닥150선물인버스	4,425 ▲ 45		1.03	521,813	2,343,476	10.23	485	4,425	4,420
4	KODEX 인버스	4,165 ▲ 20		0.48	418,107	1,839,448	8.20	913	4,170	4,165
5	KODEX 코스닥150 레버리지	16,720 ▼ 250		-1.47	338,748	5,542,708	6.64	1,257	16,720	16,715
6	KODEX 200	40,395 ▼ 145		-0.36	117,174	4,462,326	2.30	5,519	40,400	40,395
7	삼성 레버리지 WTI원유 선물 ETN	420 ▼ 25		-5.62	101,940	43,555	2.00	211	420	415
8	신한 레버리지 WTI원유 선물 ETN(H)	370 ▼ 25		-6.33	96,550	36,084	1.89	214	370	365
9	KODEX 코스닥 150	15,260 ▼ 140		-0.91	93,247	1,406,530	1.83	508	15,265	15,260
10	TIGER 200선물인버스2X	2,485 ▲ 25		1.02	41,929	117,296	0.82	116	2,490	2,480
11	KODEX 2차전지산업	17,105 ▼ 45		-0.26	37,020	579,246	0.73	407	17,105	17,100
12	TIGER 차이나CSI300레버리지(합성)	32,210 ▲ 445		1.40	36,907	1,094,440	0.72	190	32,210	32,185
13	TIGER 200선물레버리지	18,455 ▼ 170		-0.91	36,298	614,196	0.71	140	18,460	18,455
14	삼성 인버스 2X WTI원유 선물 ETN	1,310 ▲ 100		8.26	21,406	28,173	0.42	39	1,310	1,305
15	KODEX MSCI Korea TR	13,035 ▼ 65		-0.50	21,242	256,539	0.42	1,737	13,070	13,015
16	TIGER 2차전지테마	15,810 ▼ 20		-0.13	19,742	288,242	0.39	420	15,810	15,800
17	TIGER 코스닥150 레버리지	17,670 ▼ 315		-1.75	18,975	334,493	0.37	166	17,710	17,685
18	TIGER 200	40,385 ▼ 115		-0.28	16,571	635,816	0.32	2,946	40,385	40,375
19	KODEX WTI원유선물(H)	7,180 ▼ 260		-3.49	16,021	116,049	0.31	426	7,180	7,175
20	TIGER 코스닥150	15,315 ▼ 150		-0.97	14,332	219,262	0.28	329	15,330	15,320
21	TIGER TOP10	14,090 ▼ 80		-0.56	12,116	162,626	0.24	545	14,090	14,080
22	TIGER 200 IT	37,260 ▼ 390		-1.04	11,757	402,365	0.23	379	37,270	37,230
23	KODEX 은선물(H)	5,700 ▲ 20		0.35	11,641	64,225	0.23	143	5,700	5,695
24	KBSTAR ESG사회책임투자	13,070 ▼ 35		-0.27	11,567	144,330	0.23	109	13,070	13,030
25	TIGER KRX2차전지K-뉴딜	15,410 ▲ 55		0.36	10,753	152,552	0.21	297	15,415	15,410
26	TIGER KRX BBIG K-뉴딜	12,210 ▼ 10		-0.08	9,706	114,973	0.19	362	12,225	12,210
27	TIGER 원유선물Enhanced(H)	2,150 ▼ 75		-3.37	9,190	19,926	0.18	111	2,150	2,145
28	HANARO Fn K-뉴딜디지털플러스	12,490 ▼ 45		-0.36	8,734	106,372	0.17	171	12,495	12,470
29	KBSTAR 단기통안채	104,205 ▲ 15		0.01	8,124	846,361	0.16	160	104,205	104,200
30	KODEX 200TR	12,975 ▼ 75		-0.57	7,823	95,598	0.15	1,529	12,975	12,970
31	QV 레버리지 WTI원유 선물 ETN(H)	350 ▼ 35		-9.09	7,792	2,784	0.15	7	355	350
32	KODEX 차이나항셍테크	10,250 ▼ 45		-0.44	7,670	77,803	0.15	56	10,255	10,250
33	신한 인버스 2X WTI원유 선물 ETN(H)	1,430 ▲ 100		7.52	7,454	10,559	0.15	35	1,435	1,430
34	TIGER 차이나CSI300	11,685 ▲ 75		0.65	7,436	84,825	0.15	343	11,685	11,680
35	신한 레버리지 천연가스 선물 ETN	4,030 ▼ 45		-1.10	7,107	26,765	0.14	80	4,035	4,030

이게 전부가 아니었다. 그해 3월 주가지수가 폭락한 뒤 반등하던 시점, 즉 지수 1700선에 들어간 ETF가 짭짤한 큰 수익을 내줬다. 후배는 지수 1700대에서 5천만 원가량을 투자했기 때문에 그의 투자 성과는 더욱 컸다.

2020년 연말에 코스피지수가 2800선을 향해 올라가면서 후배의 ETF는 시장지수만큼의 수익을 올려줬다. 즉 코스피지수가 진입시점 대비 60%가량의 수익을 올렸기 때문에 후배가 투자한 ETF에선 3천만 원(5천만 원×0.6) 정도의 수익이 났다.

후배가 연초부터 들고 있던 주식 규모 1억 원, 그리고 4월초 ETF에 투자한 5천만 원은 2020년 12월에 5천만 원이 넘는 이익으로 돌아왔다. 후배의 주식 포지션이 2억 원 이상으로 커진 것이다.

이 사례에서 우리는 ETF가 시장과 같이 움직인다는 사실을 알아차렸다. 2020년 3월은 2008년 글로벌 금융위기 시절 이후 처음 경험하는 급격한 주식 폭락장이 펼쳐졌다. 하지만 주식시장은 예상보다 빠르게 반등했으며, 후배는 기존 포지션을 유지하면서 ETF까지 추가로 질러 큰 이익을 냈다.

ETF의 미덕은 시장과 같이 움직인다는 점이다. 종목분석을 할 필요없이 시장의 '큰 방향'에 베팅하고 싶을 때는 ETF를 활용하면 된다. 이미 주식시장의 ETF는 많은 개인투자자들이 가장 애용하는 상품이 됐다.

ETF는 그 자체로
분산투자된 상품이다

옛날 방식(종목 중심)의 주식투자에 익숙한 사람이나 펀드투자(간접투자)를 해본 사람들 중 아직 ETF를 낯설어 하는 사람도 많다. 펀드의 한 종류인데 주식처럼 사고팔 수 있는 ETF는 과연 뭘까?

요즘은 개별주식은 손대지 않고 오로지 ETF에만 투자하는 사람도 많다. 요즘 같은 세상에 주식투자를 한다면서 ETF를 모른다는 건 뭔가 시대에 뒤떨어진 느낌도 난다. 사실 ETF는 대중화된 지 오래됐다. 국내에선 2002년 4개의 ETF가 첫 선을 보인 뒤 2020년 현재 450개가량의 ETF가 상장돼 있다.

ETF는 인덱스펀드의 한 종류다. 인덱스펀드가 뭔가? 지수(인덱스)를 추종하는 펀드다. 코스피200을 추종하는 인덱스펀드는 코스피200을 복제한 상품이다.

ETF는 Exchange Traded Funds라는 이름에서 알 수 있듯 펀드의 한 종류다. 거래소에 상장돼 '주식처럼' 거래되는 펀드다. 특정 인덱스를 추종해서 움직이기 때문에 ETF를 사면 지수를 구성하는 종목 전체를 사는 것과 같은 효과가 나타난다. 즉 코스피200을 추종하는 ETF를 사면 코스피200을 구성하는 200개 종목을 모두 사는 것과 같은 효과가 나타나는 것이다. 따라서 이는 ETF 한 종목을 사더라도 삼성전자, SK하이닉스, NAVER, LG화학 등 코스피200 구성종목 모두를 사는 것과 같다는 뜻이 된다.

주식시장을 아주 좋게 보고 있는데 어떤 종목에 투자해야 하는지 모른다고 해보자. 그런데 개별종목을 고르는 일은 어렵다. 내가 투자한 회사의 실적이 미래에 좋아진다는 확신을 갖기도 어렵다. 이때 가장 쉽고 단순한 방법은 주식시장을 '추종하는' ETF를 개별종목 사듯이 사면 된다. ETF는 그 종류도 아주 다양하기 때문에 주식시장이 안 좋을 것이란 데 베팅하고 싶으면 인버스 ETF를 사면 된다. 인버스 ETF는 주가지수가 빠질 때 수익이 나는 상품이다. 그러면 우선 ETF의 장점들을 알아보자.

주식형 ETF는 최소 10종목 이상으로 구성돼 있다. 따라서 자체적으로 분산투자가 된다. 분산투자가 돼 있다는 의미는 개별기업이 갖고 있는 '고유한' 위험을 회피할 수 있다는 뜻이다. 투자에서의 위험은 '체계적 위험'과 '비체계적 위험'으로 나뉜다.

체계적 위험은 금리위험, 경기위험 등을 말하는 것으로 분산투자를 하더라도 회피할 수 없는 위험이다. 예컨대 금리가 인상되거나 경기전망이 암울해질 때는 대부분의 주식가격이 흔들릴 수 있다. 삼성전자와 현대차 주가가 동시에 빠질 수 있다는 말이다. 하지만 분산투자를 하게 되면 그 회사가 지닌 고유한 위험은 상당 부분 회피할 수 있다. 왜냐하면 다른 종목들을 같이 투자하고 있기 때문이다.

거래가 편리한 데다 거래비용이 많이 들지 않는다는 점 또한 빼놓을 수 없는 ETF의 장점이다. ETF는 각 증권사의 HTS나 MTS를 깔아서 온라인상에서 주식처럼 사고팔 수 있다. 펀드매니저의 주관적 판단이 많이 반영되는 액티브펀드의 경우 보수가 1~2% 수준인 데 반해 ETF의 경우 0.1~0.3% 정도로 비용이 저렴하다. 국내 거래소에 상장된 ETF는 수익증권(펀드가 운용수익을 나눠주는 증권)이며, 증권거래세가 부과되지 않는다. 물론 배당소득에 대해선 당연히 과세가 된다.

우리는 주식 개별종목을 거래할 때 매매차익과 함께 배당소득을 얻을 수 있다. ETF에선 주식의 배당금에 해당하는 개념이 분배금이다. 분배금에 대해선 주식처럼 세금이 부과된다. 따라서 주식투자 시에 배당락이 나타나는 것처럼 ETF에선 분배락이 나타난다.

ETF 투자는 언제든 ETF 구성 종목들을 알 수 있다는 장점도 있다. 내가 매입한 펀드(ETF)가 어떤 종목에 투자하고 있는지 쉽게 알 수 있다. 과거 전통적인 펀드의 경우 분기별로 운용보고서를 작성해 고객들에게 알려줬지만, ETF의 경우 이를 운용하는 회사의 홈페이지 등을 통해 쉽게 투자종목정보(PDF)를 확인할 수 있다.

ETF를 거래할 때는 유동성을 살펴보는 게 중요하다. ETF 시장엔 유동성공급자(LP) 제도가 있다. 자산운용사와 계약을 맺은 증권사가 매수호가와 매도호가를 내면서 유동성을 뒷받침해준다. ETF의 시장 가격과 순자산가치(NAV)가 큰 괴리를 보이는 상품은 정상적인 ETF 라고 하기 어렵다. LP들의 유동성 공급으로 개인투자자들도 손 쉽게 사고팔 수 있는 것이다.

ETF의 NAV는 자산에서 부채를 뺀 값을 ETF 총 좌수로 나눈 값을 말한다. NAV는 ETF가 지닌 본질적인 가치다. 전통적인 펀드에선 기준가를 통해서 펀드의 가치가 얼마나 올랐는지 살펴보지만, ETF에 선 통상 NAV를 통해 가치를 확인할 수 있다. 물론 ETF의 가격은 개별종목의 주가처럼 실시간으로 변하며, 투자자들은 이 가격을 기준으로 거래를 한다.

ETF가 NAV와 큰 괴리를 보이면 이는 문제가 있는 상품이라는 의미다. HTS를 가동해서 투자하려는 ETF 화면을 띄워보면 iNAV(indicative Net Asset Value)를 확인할 수 있다. 이는 실시간으로 추정한 순자산 가치다. 이를 통해 가격과 순자산가치의 괴리율(차이 나는 정도)을 알 수 있다.

ETF는 인덱스펀드의 한 종류이기 때문에 기초지수를 잘 따라가는 게 중요하다. 예컨대 코스피200지수가 5% 올랐다면 이를 추종하는 ETF 가격과 NAV도 5% 올라가는 게 상식이다. 하지만 NAV가 기초지수를 따라가지 못할 때 '추적오차'가 발생한다.

추적오차가 발생하는 이유는 지수를 복제하는 데 돈이 들기 때문이다. 운용보수나 지수를 복제하는 방법, 배당금이나 이자 등에 따라 추적오차가 나타난다. 따라서 추적오차가 적을수록 뛰어난 ETF인 것은 당연하다.

자, 이제 ETF를 정리해보자. ETF는 펀드의 한 종류지만 펀드를 '주식처럼' 만들어서 편하게 1주씩 거래할 수 있게 만든 투자상품이라고 볼 수 있다. 전통적인 펀드투자 시 우리는 목돈이나 매달 일정액의 투자금과 수수료를 내고 펀드매니저가 잘 운용해주기를 바랐다. 이후 주식시장이 마감되면 펀드의 가격(기준가)을 확인하면서 내가 투자한 펀드의 성과를 체크하곤 했다.

하지만 ETF는 시장 가격대로 사고팔 수 있다. 또한 전통적인 펀드와 달리 환매수수료도 없이 자유롭게 팔 수도 있다. 주식처럼 거래되다 보니 주변엔 ETF가 펀드의 한 종류인 줄 모르는 사람도 많다. 예컨대 펀드에 '가입'해서 '기준가격'을 확인하고 '환매'하는 대신 ETF를 '사고', '현재가'를 확인하고 '파는' 것이다. 즉 ETF는 주식화된 펀드라고 볼 수 있다.

너무나 다양한 ETF,
주식투자는 ETF만 해도 된다

    필자의 지인 중에서 오로지 ETF로만 주식투자를 하는 사람이 있다. 이 사람은 개별주식을 거래할 필요를 거의 느끼지 못한다. 개별주식이 아닌 ETF만 이용해도 충분히 주식 포트폴리오를 짤 수 있기 때문이다.

    ETF는 자산운용사별로 그 브랜드가 있다. 예컨대 삼성자산운용의 브랜드는 KODEX이고, 미래에셋자산운용의 브랜드는 TIGER다. 코스피200을 추종하는 삼성자산의 ETF는 KODEX200이다. 투자자는 TIGER200을 사서 '주식시장의 대형주 200개' 종목을 모두 살 수도 있고, KB자산운용의 KBSTAR200을 사서 대형주 200개를 모두 살 수도 있다.

    코스피200이나 코스닥150 등 국내 주식시장의 대표지수를 추종하는 ETF는 여전히 ETF의 대표주자라고 할 수 있다. 그런데 시간이 흐르면서 매우 다양한 ETF가 생겨났다. 지수가 하락하는 데 베팅하는 인버스ETF도 생겨났으며, 특정 업종을 대표하는 ETF들도 다양해졌다.

    예컨대 한 투자자가 반도체 관련 종목을 유망하게 보고 있다면 '반도체 ETF'를 살 수도 있고, 경기방어주에 투자하고 싶다면 '경기방어주 ETF'를 살 수도 있다. 이처럼 투자자는 자신이 유망하게 보는 특정업종 혹은 섹터 ETF에 투자할 수 있다.

주식시장에서 잘나가는 업종 혹은 섹터는 돌고 돈다. 이는 경기가 순환하기 때문에 당연한 일처럼 여겨지기도 한다. ETF를 활용하면 경기나 산업의 분위기에 따른 다이나믹한 투자도 쉬워진다. 일반적으로 경기가 좋을 때는 '경기민감업종'이 잘나간다. 예컨대 경기가 좋을 때는 한때 한국경제를 대표했던 업종들인 철강, 조선, 화학, 건설기계와 같은 섹터가 양호한 모습을 보인다. 게임이나 통신, 에너지 등도 경기확장기에 유리할 수 있다.

반면 경기가 좋지 않을 때는 필수소비재 업종이 상대적으로 강하다. 왜냐하면 경기가 좋지 않아도 반드시 써야 하는 물건들이 있기 때문이다. 경기가 수축될 때는 이런 필수소비재와 음식료, 유틸리티, 금융, IT, 제약이나 바이오, 헬스케어 등이 상대적으로 두드러진 모습을 나타내는 경향이 있다.

이런 사실들을 감안한 '섹터 로테이션'을 활용하는 것도 ETF에 투자하는 한 방법이다. 예컨대 반도체가 활황기에 접어들기 전에 반도체 ETF의 매입 비중을 높이는 식이다.

또한 특정시대에는 특정분야가 각광을 받기 때문에 이를 감안한 투자전략도 생각해볼 수 있다. 문재인 정부 들어서는 정부가 특정 산업을 지원하는 일이 많았다. 이에 따라 미리 '한국판 뉴딜(디지털 뉴딜+그린 뉴딜)'과 관련된 ETF들이 뜨기도 했다.

2020년 코로나19 사태가 터진 뒤엔 '언택트' 관련주가 큰 각광을 받았다. 전염병 위험 속에 비대면이 '미덕'이 된 시대가 펼쳐졌던 만큼 재택근무, 헬스케어, 게임, 클라우드, 빅데이터, AI 등에 무게를 두는 ETF를 고를 수 있는 것이다.

이런 일들은 더 오래 전에도 있었다. 2015년엔 바이오와 헬스케어가 주목을 받았으며, 2010년대 초엔 차화정(자동차, 화학, 정유)이 뜨거웠다. 2014년엔 유가가 빠지자 운송 업종들이 각광을 받기도 했다. 이 같은 시대의 흐름을 읽어 관련 ETF에 투자한다면 수익을 높일 수 있다.

업종 ETF 외에 스타일 ETF도 다양하다. 시가총액이 작은 소형주에 투자하고 싶은 사람은 소형주 ETF를 살 수도 있고, 가치주에 투자하고 싶은 사람은 가치주 ETF를 사면 된다. 물론 배당을 목적으로 주식에 투자하는 사람은 고배당주 ETF를 살 수도 있다. 이밖에도 주가 변동성이 큰 종목들로 만든 고변동성 ETF도 있는 등, 스타일 ETF도 그 종류가 다양하다.

특정업종을 더 세분화해 시대상을 반영한 ETF들도 있다. 예컨대 태양광이나 2차전지에 투자하고 싶은 사람이 늘어나면서 2차전지 ETF 같은 것도 출현했다.

ETF는 주식으로만 만들 수 있는 것도 아니다. 채권 ETF들도 다양해지고 있다. 금리가 하락(채권가격 상승)할 것으로 예상하는 사람들은 채권 ETF를 살 수도 있다. 국고채 ETF, 통안채 ETF, 국채선물 ETF 등 채권과 관련된 상품들도 많다.

원자재를 기초자산으로 해서 만든 ETF들도 예전에 비해 다양해졌다. 원유, 금, 구리, 농산물 등을 기초자산으로 해서 만든 ETF도 많아졌다.

해외주식투자도
ETF로 할 수 있다

ETF 시장에선 해외지수를 추종하는 ETF들이 점점 더 많아지고 있다. 한국주식이나 한국채권으로만 만든 ETF만으론 투자자들의 다양한 욕구를 충족시킬 수 없기 때문이다.

2010년대 한국 코스피지수는 박스권을 벗어나지 못하자 '박스피'라는 조롱을 받기도 했다. 반면 2008년 글로벌 금융위기 이후 미국의 주식은 꾸준히 올랐다. 이에 따라 해외주식투자에 대한 욕구도 커졌고, 그런 욕구에 맞춘 상품들도 계속 늘어났다.

만약 한국의 투자자가 점점 둔화되는 한국경제의 성장 모멘텀에 불안을 느낀다고 해보자. 안타까운 일이지만, 한국경제의 암울한 미래를 예상하는 금융시장 사람들도 많다. 이럴 경우 해외주식에 분산투자를 하는 것도 좋은 방법이다.

세계최고의 기업들이 모여 있는 미국, 빠른 속도로 성장하는 동남아시아 등에 투자하고 싶다면 간단히 국내시장에 상장돼 있는 다양한 해외 ETF에 관심을 가질 수 있다. 세계적인 투자자들은 세계 각국에 다양하게 투자하고 있고, 개인투자자들 역시 이를 흉내낼 수 있는 환경이 마련된 것이다. 코로나19 사태 이후 해외에 나가기 어려워졌지만 세계 각국에 투자할 수 있는 길은 더욱 쉬워지고 있다.

해외 ETF에 투자할 때는 반드시 환율문제에 신경을 쓸 수밖에 없다. 해외 ETF는 크게 2가지로 나눠진다. 환헤지를 한 상품과 그렇지 않은 상품이 있다. 환헤지를 한 상품의 경우 그 투자한 나라의 통화가치가 한국 돈(원화)에 비해 떨어질 우려를 덜 수 있는 장점이 있다. 하지만 헤지비용을 물어야 한다.

해외주식에 투자하는 ETF는 이름 뒤에 헤지여부를 표시한다. 예를 들어 KODEX S&P500선물(H)는 미국의 대표적인 주가지수인 S&P500 선물가격을 추종하는 ETF다. 그런데 이름 뒤에 표기된 (H)는 이 상품이 '환 위험을 헤지(제거)했다'는 사실을 알려준다. 따라서 기초자산 가격은 달러로 표시되지만, 국내투자자들이 확인하는 순자산가치는 원화로 표기된다.

그렇다고 헤지를 한 ETF가 반드시 좋은 것은 아니다. 내가 투자한 해외 ETF의 가격도 오르고 그 나라의 통화가치도 강해진다면 2가지 면에서 모두 수익을 얻을 수 있다. 사실 경제상황이 좋아지는 나라의 경우 그 나라 통화가치도 강해지는 경향이 있다. 이런 경우 환헤지 없이 해외 ETF에 가입하는 것도 좋은 방법이다. 다만 판단이 잘못된 최악의 경우에는 주가와 환율에서 손실이 이중으로 발생할 수도 있다.

그런데 미국의 달러화는 '경기역행적' 성격을 지닌다. 글로벌 경기가 모두 좋지 않거나 금융위기 혹은 경제위기가 닥치면 달러화가 강해지는 경향을 보이기 때문이다. 2020년 3월 코로나19 사태로 금융시장이 큰 충격에 빠졌을 때 전 세계 모든 나라의 주가가 폭락했다. 이때 원/달러환율은 크게 올랐다. 즉 원화가치가 달러가치에 비해 급락한 것이다. 이때 한국인이 투자한 미국주식과 한국주식이 똑

같은 폭으로 빠졌다면, 미국주식투자의 손실이 더 적었을 것이다. 원화가치가 더 큰 폭으로 떨어졌기 때문이다. 즉 두 나라 주가가 모두 빠졌지만 미국주식의 경우 '환투자'에서 이익이 나게 된다.

곱버스와 레버리지 인덱스, 2배로 움직이지 않는다

필자의 한 후배는 2020년 3월 코로나19로 주가가 급락했을 때 저가매수를 해서 큰 재미를 봤다. 하지만 오랜 시간 뒤인 연말 시즌에 만났던 후배의 표정은 어두웠다. 후배는 주가가 폭락한 뒤 너무 빠른 속도로 올라 인버스 ETF에 투자해 벌었던 돈을 모두 날려버렸다. 그는 얼굴을 찡그리면서 말했다.

"4월에 이어 11월에도 주가반등이 과도하다 생각했어요. 코스피 지수가 1400대까지 미끄러졌을 때는 잘 들어갔지만, 주가 상승세가 너무 빠르다고 판단한 게 패착이었네요. 11월에도 주가가 너무 올랐다고 생각해서 곱버스를 샀다가 또다시 손해를 봤어요. 주가급등이 과도하다고 봤는데, 결국 번 돈까지 모두 까먹고 손실이 났어요."

후배는 금융회사에서 투자 관련 일을 10년 넘게 하고 있었다. 하지만 경험이 오히려 독이 된 듯했다. 후배는 과거 2008년 글로벌 금융위기 이후의 상황 등과 비교해볼 때 주가지수 반등폭이 지나치다고 판단해 주가가 빠질 것으로 예상했다. 그런 뒤 인버스, 그 중에서도 주가가 빠지면 하락폭의 2배 수익이 나는 인버스 ETF를 산 뒤 큰 손해를 보고 있었다.

주가가 오를 때 레버리지 ETF는 오른 폭의 2배 이익이 나고, '곱버스'라고 불리는 2배짜리 인버스 ETF는 2배의 손실이 난다. 그런데 많은 개인투자자들이 주가가 크게 오를 때 인버스를 매수해서 손실을 봤다.

2020년 11월부터 개인은 코스피를 1.4조 원 순매도했다. 그런데 개인들이 많이 산 종목 중엔 삼성전자 우선주가 1위, KODEX 200 선물인버스2X(곱버스)가 2위였다. 개인은 KODEX 200 선물인버스2X를 1달간 8,500억 원 이상 순매수해 삼성전자 우선주 1조 2천억 원 다음으로 많이 샀다. 그 다음으로 많이 산 종목 중엔 KODEX인버스(1배짜리)가 있었다.

주가가 단기간에 급등해 사상 최고치를 경신하면서 주가하락에 베팅하는 개인투자자가 크게 늘었던 것이다. 2020년 11월 코스피지수는 14.3% 급등해 코스피 월간 수익률 중 2001년 11월 이래 최고였다. 근 20년 만에 가장 두드러진 상승세를 보인 때에 '시장과 반대로 가는' ETF를 사서 손해를 본 것이다.

2020년 4월에도 코로나19 사태로 주가가 급락한 후 빠르게 반등하면서 개인의 인버스2X 투자가 급증한 바 있다. 당시 이 ETF는 한 달 누적 25% 이상의 손실을 개인들에게 안겨준 바 있다.

그런데 '2배짜리 ETF' 상품들은 장기투자를 하기엔 부적합하다. 상품구조상 위험이 큰 데다가 변동성이 클수록 불리하게 작용할 수 있기 때문이다.

KODEX200선물인버스2X는 기초자산 KOSPI200선물지수의 일일변동률의 음(-)의 2배수로 추적하는 ETF이기 때문에 보유기간 동안 주가지수가 하락하더라도 그 동안 변동성이 크다면, 누적수익률에서 레버리지 효과는 작아질 수 있다. SK증권이 예로 든 사례를 살펴보자.

KOSPI200선물지수가 '100 → 90(-10%) → 108(+20%) → 97.2(-10%) → 106.9(+10%) → 96.23(-10%)'로 움직였을 때 지수는 3.8% 하락한다. 이때 KODEX200 선물인버스2X는 '100 → 120(+20%) → 72(-40%) → 86.4(+20%) → 69.12(-20%) → 82.94(+20%)'로 누적수익률이 -17.1%를 기록한다. 주가지수가 빠졌는데 '곱버스'에서 큰 손실이 초래된 것이다.

단순히 접근하면 레버리지 ETF는 주가지수가 오를 경우 2배 수익, 인버스2X는 주가가 하락했을 때 하락분의 2배 이익이 난다고 생각할 수 있다. 하지만 위의 사례에서 보듯이 반드시 그렇지 않다는 점이 드러난다.

지수의 '배'로 움직이는 ETF의 경우 수익률이 어디로 튈지 모르기 때문에 상당히 주의를 해야 한다. 이런 일이 발생하는 이유는 '복리효과' 때문이다. 복리효과는 긍정적일 수도 부정적일 수도 있다.

또한 주식시장의 방향과 별개로, 인버스 ETF의 경우 선물을 기초자산으로 사용하기 때문에 3개월마다 찾아오는 선물만기 때마다 롤오버 효과가 수익률에 영향을 준다. 인버스 ETF의 경우, 근월물보다 원월물이 가격이 낮은 백워데이션 상태에서 스프레드만큼 롤오버 '비용'이 발생한다. 레버리지일 경우 비용이 2배나 더 든다. 만기 전까지 매도 포지션으로 잡았던 최근월물을 매수하고, 차근월물을 매도하는 포지션을 잡아야 하는데 최근월물보다 차근월물의 가격이 더 낮다면, 상대적으로 고평가인 최근월물을 사고 저평가인 차근월물을 매도해서 손실이 발생하기 때문이다.

2020년에 많은 개인투자자들이 주가지수가 많이 올랐다고 판단해 곱버스에 투자했다. 하지만 이 상품은 장기보유가 불리하고 위험도가 높다는 사실을 잘 알려줬다.

주가지수의 2배를 추종하는 레버리지 ETF의 경우도 기대만큼 이익이 안 나는 경우가 많다. 특히 레버리지 ETF는 주가지수가 깔끔하게 상승하지 못하고 위, 아래로 출렁이면서 움직일 때는 지수상승분의 2배를 달성하기 어렵다. 이는 '마이너스' 복리효과가 작용하기 때문이다.

예를 들어 레버리지 ETF가 1,000원에서 다음날 900원으로, 그 다음날 810원으로 이틀 연속 10%씩 빠진 뒤 4일째엔 30% 급등해 1,053원이 됐다고 해보자. 지수는 5.3% 오른 상태다. 그러면 레버리지 ETF는 10.6% 올랐을까? 레버리지 ETF는 지수의 2배를 반영한다. 따라서 수익률은 '$1,000 \times (1-0.2) \times (1-0.2) \times (1+0.6)$'이다. 이를 계산하면 1,024원이 나온다. 10%는커녕 1배짜리 ETF에도 못 미치는 2.4% 오른 것이다.

결국 레버리지든 곱버스든 2배짜리 상품은 '실제로는' 2배짜리 이익 상품이라고 하기 어렵다. 주가가 어떤 등락을 보이느냐에 따라 예상과 크게 다른 수익률이 나올 수 있다는 점을 감안하고 이 위험한 상품에 접근해야 한다. 관심이 있는 독자분들은 스스로 MS 엑셀 시트에서 지수 움직임과 이를 2배로 늘린 레버리지 ETF의 움직임을 비교해보기 바란다.

한편 레버리지 ETF는 구조적으로도 비용이 많이 드는 편이다. 코스피200을 추종하는 레버리지 ETF는 일단 삼성전자, SK하이닉스 등 200개의 대형 종목들을 편입해서 지수를 복제한다. 여기에 코스피200 주가지수 선물 등 파생상품을 이용해 추가로 지수를 복제한다. 지수 움직임의 2배로 움직여야 하기 때문에 예컨대 1,000원짜리 레버리지 ETF는 2,000원어치의 주식을 보유하고 있어야 하는 것이다. 매일 변하는 주가 움직임에 맞춰 레버리지 펀드를 조정하기 위해선 당연히 비용이 많이 들 수밖에 없다.

ETF로
포트폴리오 짜기

2008년 1월.

세계에서 가장 유명한 주식투자자 워런 버핏과 헤지펀드 회사 프로티지 파트너스의 테드 사이즈가 세간의 이목을 집중시킨 내기를 한다. 향후 10년간 인덱스펀드와 헤지펀드 중 어디가 더 높은 수익을 내는지를 놓고 세기의 대결을 벌인 것이다. 워런 버핏은 패시브 펀드의 대표이자 S&P500을 추종하는 '인덱스펀드'에, 헤지펀드 회사 프로티지 파트너스는 액티브 방식의 '헤지펀드'에 걸었다.

결과는 버핏의 완승이었다. 버핏이 건 S&P500 인덱스펀드는 연 7.1%에 해당하는 수익을 낸 반면 헤지펀드의 수익률은 연 2.2%에 그쳤다. 그냥 '특별한 전력을 사용하지 않고' 시장을 따라가는 인덱스펀드가 '온갖 신묘한 기술로 무장한' 헤지펀드보다 성과가 더 나았던 것이다.

두 사람의 내기는 마치 원숭이와 펀드매니저의 수익률 게임을 떠올리게 했다. 인덱스펀드는 그냥 '시장지수의 수익률'을 복제하는 것을 목표로 하기 때문에 투자자 입장에선 큰 신경을 쓸 필요가 없다. 따라서 누구나 그냥 펀드에 가입하고 지켜만 보면 되는 것이다. 반면 헤지펀드의 운용엔 다양한 기술이 필요할 것으로 예상됐다. 결과는 인덱스펀드의 완승이었다.

다만 이 헤지펀드의 운용 성과가 형편없었던 것인지에 대해선 의문도 든다. 당시 프로티지 파트너스가 지목한 헤지펀드에선 연 3%가 넘는 펀드 수수료가 발생했다. 매년 3% 정도의 수수료가 쌓이면 시장을 이기기가 어렵다. 시장이 정교해지면 정교해질수록 기술은 잘 먹히지 않는다. 투자자들이 똑똑해지기 때문에 예전의 수법이 먹히지 않는 것이다. 게다가 헤지펀드의 경우 다양하고 잦은 거래를 하느라고 수수료가 많이 나간다. 수수료와 거래비용이 장기간 쌓이면 시장의 평균성과를 이기기 어려워진다.

사실 워런 버핏은 인덱스펀드의 팬이다. '자신이 죽으면 자산의 90%를 S&P500 인덱스에 투자하라'고 말할 정도였다. 나머지 10%는 국채에 투자하라고 했다. 버핏은 왜 이렇게 '시장을 사는 것'을 추천할까? 경제성장에 대한 낙관론, 그리고 시장 전체를 사면 '비체계적 위험(기업 고유의 위험)'을 헤지할 수 있다는 점 등을 감안할 수 있을 것이다.

주가는 부침이 있다. 오를 때가 있으면 내려갈 때도 있다. 하지만 경제가 꾸준히 성장한다면 전체 주가지수는 최고점을 경신해나갈 가능성이 높다. 따라서 시기에 관계없이 꾸준히 '시장을 사면' 장기적으로 괜찮은 성과를 낼 수 있다.

시간이 지나면 S&P500에 편입된 500개의 기업 중 어떤 기업은 크게 성장할 것이고, 어떤 기업은 망할 것이다. 이런 상황에서 모든 기업을 산다면, 특정 회사들이 망하더라도 전체적으론 타격이 제한될 것이다.

이 인덱스펀드의 가장 대중화된 형태가 ETF다. 우리는 시기에 관계없이 일정금액을 시장을 추종하는 ETF에 투자할 수도 있을 것이다. 예컨대 주가가 오르거나 내리거나 상관없이 급여일에 급여의 20% 정도를 꾸준히 시장을 추종하는 ETF를 사모으는 데 쓸 수도 있다. 만약 한국경제의 미래를 어둡게 보는 사람이라면, 한국과 미국의 대표지수를 추종하는 ETF에 비중을 나눠서 투자하는 것도 나쁘지 않은 방법이다.

금융권에서도 ETF를 놓고 치열한 경쟁이 이뤄지고 있다. 뱅가드나 iShares와 같은 세계적인 '패시브' 펀드 운용사도 경쟁을 벌이고 있으며, 국내에서는 ETF 시장을 놓고 운용사들이 더 나은 상품을 개발하기 위해 노력중이다.

운용업계에선 '스마트 베타' ETF 출시 경쟁을 벌이기도 했다. 인덱스펀드(ETF)의 기본은 시장을 그대로 따라가는 것이다. 시장을 따라가되 추가적인 이익 '알파'를 얻는 전략을 스마트 베타 전략이라고 보면 된다. 즉 패시브펀드에 액티브펀드 성격을 가미한 것이다.

사실 스마트 베타가 신기한 개념은 아니다. 과거 ETF가 나오기 전 인덱스펀드에선 시장보다 조금 더 나은 수익을 내는 '인핸스드(enhanced)' 인덱스펀드가 큰 인기를 얻기도 했다. 이 인핸스드 펀드와 비슷한 개념이라고 보면 된다.

투자에서 '베타'는 시장을 뜻한다. 즉 시장 수익률이다. 반면 '알파'는 펀드매니저가 자신만의 종목선택이나 매매 타이밍 등으로 '추가'로 얻는 수익률이다. 스마트 베타 ETF는 시장수익을 기본으로 하되 좀 더 수익을 얹어보겠다는 운용업계 내 경쟁의 산물인 셈이다.

일반인들의 경우 워런 버핏이 조언하듯이 혼자서 대박이 날 종목을 찾는 것보다 '주식시장을 사는 것'이 나쁘지 않은 접근법이다. 시장을 추종하는 ETF를 사되, 자신의 판단을 가미하고 싶은 사람은 '코어-새터라이트(Core-Satellite)'를 통해 주식시장에 접근할 수 있을 것이다.

코어-새터라이트 전략은 우리말로 '핵심-위성' 전략으로 번역되는데, 전통적으로 펀드매니저 등 투자 전문가들에게 익숙한 접근법이다. 코어, 즉 중심엔 '시장'이 차지하고, 새터라이트, 즉 위성엔 전략적으로 높은 성과가 예상되는 개별종목을 배치할 수 있다. 시장 전체를 편입하는 코어(코스피 추종 ETF)에 70~80% 정도의 비중을 두고 위성에는 전략종목을 배치하는 것이다. 투자에 자신이 있는 사람이라면, 코어의 비중을 줄이고 위성에 좀 더 무게를 둘 수도 있다.

아울러 한국의 경우 세계적 경쟁력을 가진 삼성전자가 있으니 삼성전자를 '코어'에 놓고(비중을 높이고), 나머지 종목이나 ETF를 위성으로 배치하는 전략을 취할 수도 있다.

ETF만으로도 쉽게 코어-새터라이트 전략이 가능하다. 시장지수를 주종하는 ETF를 중심에 놓고, 나머지 위성엔 유망하다고 판단되는 섹터(예컨대 반도체, 2차전지 등) ETF, 원자재 ETF, 미국주식 추종 ETF 등을 배치하는 것도 하나의 방법이다.

물론 세계적 기업이 모여 있는 미국 S&P500을 추종하는 ETF 등 해외 ETF를 중심에 놓을 수도 있는 등 ETF는 투자자가 자신의 판단에 따라 다양하게 포트폴리오를 구성할 수 있게 도와준다.

가치주는 '현재'에, 성장주는 '미래'에 비중을 두기 때문에 가치주의 PER은 낮고 성장주의 PER은 높은 특징을 보인다. 2020년 코로나19 사태 이후 성장주들의 주가가 급등한 것은 '성장이 귀한 시대'이기 때문이었다. FAANG 등 미국 IT를 선도하는 기업들은 코로나19 사태 이전부터 급등하면서 전통적인 주식가치 평가법을 무력화시켰고, 고평가 논란에 휩싸였다. 가치주 투자자든, 성장주 투자자든 중요한 것은 '이익의 성장률'이다. PEG를 활용해 기업이익의 성장을 가늠해볼 수 있다.

성장주 시대의
도래와
가치주의 기회

가치투자 전도사의 은퇴와
코로나19 이후 펼쳐진 성장주 전성시대

2020년 연말 '한국 가치투자의 산 증인'으로 불리는 이채원 한국 투자밸류자산운용 대표의 은퇴 소식이 전해졌다. 이채원은 '가치투자 1세대'를 상징하는 대표적인 인물이다. 지난 1990년대 가치투자란 말조차 낯설던 시대에 이채원은 가치투자라는 개념을 대중화시켰다.

2020년 코로나19 사태 이후 BBIG(배터리, 바이오, 인터넷, 게임)로 상징되는 성장주들의 주가가 급등했지만, 상대적으로 가치주들은 맥을 추지 못했다. 시장을 따라가는 것도 버거워했다.

2020년 '가치주 펀드'라는 이름을 단 펀드들의 성과는 코스피지수 상승률의 절반에도 못 미치는 초라한 성적표를 냈다. 물론 2020년 한 해 동안 주가가 급등했기 때문에 가치주 펀드들도 성과를 냈으나 2010년대 후반부터 성과가 초라했던 건 사실이다. 2020년이 끝나는 시점만 하더라도 3년간 투자수익률이 '마이너스'에 머무는 펀드들도 적지 않았다.

　이채원 펀드매니저의 은퇴소식에 안타까워하는 사람들도 많았다. 워런 버핏이 나이 90세에도 건재하지만, 아직 60세도 되지 않은 한국의 대표 매니저가 은퇴한다는 게 못내 아쉽다는 목소리도 들렸다. 필자는 오래 전 그와 인터뷰를 하면서 썼던 글을 찾아봤다. 그리고 펀드매니저 이채원을 떠올렸다.

　그는 1998년 12월 '동원밸류이채원'이란 이름으로 업계에서 처음으로 가치투자 펀드를 내걸었다. 이듬해 전통 가치주들이 부각되면서 9월말에 펀드 수익률이 130%에 달했다. 엄청난 가치주 전성시대였다. 하지만 1999년 10월부터 상황은 180도 바뀌었으며, 사상 유례없는 '닷컴버블'이 찾아와 가치주들은 순식간에 몰락했다. 이채원 펀드 역시 고전을 면치 못했고, 그 자신 역시 2000년 2월에 23일간의 장기휴가를 떠나야 할 정도로 망가지기도 했다.

　그런 그는 닷컴의 전성시대에 기술주를 1주도 사지 않고 버텨냈으며, 이후 가치투자의 대명사가 됐다. 2000년 4월 700억 원의 자금을 받아 주식운용을 시작한 뒤 6년간 435%에 달하는 놀라운 성과를 거두기도 했다. 당시 코스피지수가 56% 정도 올랐으니 그의 성과가 얼마나 뛰어났는지 알 수 있다.

　하지만 가치투자자 이채원은 2020년이 채 끝나기도 전에 은퇴를 선언했다. 그의 가치주 펀드들은 3년간 죽을 쒔으며, 그 역시 후학들에게 길을 내주기 위해 결국 업계를 떠나기로 했다. 이처럼 최고의 펀드매니저도 시대를 잘못 만나면 고전하기 일쑤다. 주식투자는 대단한 능력과 함께 '운'이라는 요소가 받쳐주지 않으면 성공하기 어려운 것이다.

그러면 가치주는 무엇이고, 성장주는 또 무엇일까? 그 정의도 무척 다양하지만, 예전부터 많은 사람들이 동감을 표시해온 일반적인 정의는 다음과 같다.

가치주는 흔히 기업가치가 실제 가치보다 저평가된 주식을 말한다. 주당순이익 등을 감안할 때 주가가 싸다고 평가되는 주식이다. 보통 주가수익비율(PER)이나 주가순자산비율(PBR) 등이 낮은 특징을 보인다. 음식료, 은행 등 내수중심 산업과 관련된 종목들 가운데 가치주가 많다.

이에 반해 미래성장에 대한 기대로 현재의 가치보다 높은 가격에 거래되는 주식을 성장주라고 부른다. 수출위주의 정보기술(IT) 기업의 주식들, 바이오나 2차전지 등 미래산업과 관계된 주식들이 주축을 이룬다. 이런 종목들의 주가엔 미래의 성과에 대한 기대감이 반영된다. 따라서 PER이 높은 게 특징이며, 심지어 이익이 거의 나지 않는데도 주가는 고공행진을 벌이는 경우도 있다.

2020년 코로나19 사태 이후 유독 성장주가 부각된 이유는 무엇일까? 2020년 한국을 포함해 전 세계 주요국들의 경제성장률이 '마이너스'를 기록하면서 글로벌 경기는 죽을 쒔다. 하지만 주식은 고공행진을 벌였고, 그 가운데서도 '언택트'를 필두로 한 4차 산업혁명 관련 종목들이 큰 각광을 받았다.

성장이 귀한 시대이니
성장주가 각광받는다

"경기가 안 좋아야 주가와 부동산이 오른다."

2020년 심심찮게 하던 말이다. 통상 경기가 좋아야 주가도 오르고 집값도 상승한다고 생각하지만, 반드시 그렇지 않다는 사실을 여실히 보여준 해가 2020년이었다. 낮아진 금리에 따른 풍부한 유동성이 자산가격 상승을 뒷받침했다.

금리가 너무 낮아지게 되면 사람들은 더 이상 채권이나 은행예금으로 자산을 형성할 수 없다는 사실을 깨닫고 좀 더 큰 위험을 부담하는 결정을 내릴 수밖에 없다. 저금리 상황에선 미래 현금흐름의 현재가치가 커질 수밖에 없으며, 이런 점이 주가에 반영된다.

통상 경기가 좋지 않을 때 내수주와 같은 경기방어주 등이 상대적으로 나은 성과를 보여준다는 말들을 한다. 하지만 경기가 크게 안좋을 때는 성장주들이 주식시장의 미래를 짊어지게 된다. 2020년 주가상승을 주도한 종목들은 성장주들이었다. 초저금리와 풍부한 유동성을 바탕으로 미래의 경제를 이끌 수 있는 종목들이 각광을 받았다.

저금리 시대란 경제성장률이 높지 않은 시기다. 이런 시기엔 돈을 빌리기가 쉬워진다. 당장 영업이익 등 실적이 좋지 않더라도 금리가 싸니 과감하게 신사업을 해볼 여지도 있다. 무엇보다 성장이 힘든 시대엔 상대적으로 잘나갈 수 있는 산업, 그리고 그 산업에 속한 가장 경쟁력 있는 기업들이 주목을 받는다.

'희소성의 원칙'에 의해서 귀한 것의 값어치는 올라간다. 2020년 3월 코로나19 팬데믹 상황이 연출되면서 주가가 폭락한 뒤 주가는 가파른 회복세를 나타냈다. 이 시기 주가상승을 주도한 종목들은 성장주들이었다. 특히 코로나19 관련주나 코로나19가 끝난 뒤 새로운 경제 패러다임을 이끌 수 있는 종목들의 약진이 두드러졌다.

언택트(비대면) 관련 종목들인 플랫폼, 소프트웨어, 게임, 디지털 경제, 건강관리 등과 관련된 종목들의 주가가 급반등했다. 특히 흔히 가치투자자들이 꺼리는 고PER주의 등장과 이런 주식들의 추가 상승이 눈길을 끌었다.

기본적으로 코로나19는 전염병 위기였던 만큼 언택트 관련주들과 바이오, 2차전지 등과 관련된 종목들의 선전이 두드러졌고, 성장이 힘들어진 만큼 성장주들이 더욱 주목을 받은 것이다. 주식시장 고평가 논란도 지속됐다.

그도 그럴 것이 PER이 글로벌 금융위기 이후 최고수준인 13배 수준 근처로 올라가면서 투자자들 사이에선 '비싸다'는 목소리도 연일 나왔다. 하지만 이를 정당화하는 목소리도 나오면서 논란이 사그라들지 않았다.

주가의 급반등을 정당화하는 목소리엔 우선 풍부한 유동성이 꼽혔다. 갈 곳 없는 돈들이 주식시장으로 모여들고 있기 때문에 주가가 고평가되더라도 어쩔 수 없다는 것이었다.

아울러 산업의 패러다임이 급격하게 바뀌는 상황에서 신기술, 신사업과 관련된 기술주들의 상승을 정당화하는 주장도 많았다. 향후 전기차, 2차전지, 바이오 등이 산업의 지형을 바꿀 수 있는 만큼 이와 관련된 종목들이 각광을 받는 것은 당연하다는 논리도 쏟아졌다.

사실 경기가 좋아졌을 때는 가격이 싼 가치주들도 같이 묻어갈 수 있다. 경기가 좋아지면 웬만한 기업들의 장사도 잘 되기 때문이다. 결론적으로 2020년 코로나19 사태 발발 후 '성장'이 어느 때보다 귀해진 만큼 주식시장을 이끈 주체는 성장주들이었다.

물론 성장주들은 미래에 자신이 '진짜' 성장주였음을 실적으로 증명해야 한다. 그러지 못하는 순간 기대감으로 올랐던 주가가 고꾸라질 수 있다.

IT 기술의 선도자들인 FAANG, 주식시장을 지배하다

미국, 아니 세계 IT업계를 선도하는 기업들인 FAANG [페이스북, 아마존, 애플, 넷플릭스, 알파벳(구글)]에 대해선 다들 한 번씩 들어봤을 것이다. 이 종목들은 코로나19 사태가 터지기 전부터 급등하면서 미국 주식시장을 주도해왔다.

이 주식들의 주가는 2014년부터 2017년까지 180%나 뛰었다. 후발주자인 넷플릭스를 제외한 4개 종목과 마이크로소프트는 이 기간 세계에서 가장 비싼 주식(시가총액 기준 상위 5위)으로 군림했다.

2010년 이후 FAANG 일부 종목의 주가 추이

출처: 코스콤 CHECK

이 종목들은 2018년 들어 흔들리면서 '드디어 고평가에서 벗어나 제값을 찾는 듯했으나' 2019년부터 다시 날아올랐다. 특히 2020년 코로나19 사태 이후엔 상승폭을 더욱 키우는 모습을 보였다. 마치 이 종목들의 상승세엔 끝이 없어 보이는 듯했다.

월가에서도 심심찮게 "FAANG의 비중을 줄여야 한다"는 경고의 목소리가 나왔으나 거품 논란에도 불구하고 이들은 오히려 더 상승 했다. 더 나아가 2000년 전후의 '닷컴버블'이 재연될 수 있다는 목소 리까지 나왔지만, 세계 주식시장의 핫한 아이템들의 인기는 쉽게 식 지 않았다.

코로나19로 주가가 잠시 폭락한 뒤 주가지수의 반등세는 무서웠으며, 이를 주도한 게 또 FAANG이었다. 나스닥은 2020년 3월 23일 6860포인트까지 급락했으나 당시의 저점에서 2배 가량인 1만 2천 대까지 올라가는 데 몇 달이 채 걸리지 않았다. 나스닥은 9월 2일 놀랍게도 12056포인트를 기록했다. 이 같은 주식시장 급등을 진두지휘한 게 바로 FAANG이었다.

2020년 명목금리가 역사적 저점수준을 기록했으며, 물가를 뺀 실질금리는 '마이너스'였다. 실질금리가 마이너스라는 사실은 중요하다. 예금금리나 채권금리가 물가 상승률보다 낮을 때는 사실상 이런 데 투자하면 손해를 보는 셈이다.

이럴 때 많은 사람들은 위험자산(주식) 쪽을 쳐다본다. 안정적인 투자처라고 알려져 있는 채권이나 예금을 하면 실질적인 재산이 줄어들 판이라면, 차라리 모험을 하겠다는 사람이 많아지는 것이다.

FAANG의 급등세는 전통적인 주식 밸류에이션 지표들마저 무력화시켰다. PER이 10이라면, 10년치 이익을 모은 게 지금의 주가라는 말이 된다. 주가가 20년치의 이익과 같다면 PER은 20으로 고평가된다. 하지만 유명 기술주들의 PER이 20, 30배가 아니라 50배 이상으로 넘어가는 경우도 허다했다.

밸류에이션으로 주식을 평가하는 사람들에게는 참으로 난감한 일이 발생한 것이다. 당장 당기순익을 내지 못하거나 이익이 미미하지만, 미래에 큰 이익을 낼 것으로 예상되는 종목의 가치를 평가할 때는 PSR(주가를 매출액으로 나눈 비율)을 쓰기도 한다. 과거 IT붐 때 우리도 코스닥 종목들의 적정주가를 평가할 때 이 방법을 많이 썼다.

하지만 PER로 접근하든, PSR로 접근하든 주가가 고평가라는 인식은 강했다. 오랜 기간 주식시장을 봐온 사람들 역시 당황하는 경우가 많았다. 결국 이런 주가가 정당화되기 위해선 미래에 이익이 '아주 빠르게' 늘어나야 한다.

2020년 많은 유명 펀드매니저들이 끝없이 거품을 경고했지만, 주가는 그래도 계속 올랐다. 주식시장엔 늘 상반된 2개의 주장이 공존하지만 2020년의 열기는 주식시장 역사에도 흔치 않은 사례로 남을 게 자명했다.

애플의 시가총액은 2019년 국내 코스피지수를 전부 더한 것보다 커졌으며, 미국 내 소기업 2,000개를 모아 만든 지수인 러셀2000을 넘기도 했다. FAANG으로 대표되는 기술주 몇 종목에 대한 쏠림은 주가에 대한 전통적인 밸류에이션을 비웃었고, 오랜 기간 주식에 투자한 사람들의 당혹감도 그만큼 컸다.

하지만 주식시장의 역사를 볼 때 '기술주 버블'의 기간은 상당히 짧았다는 점을 인지할 필요가 있다. 100년간의 미국 주식시장을 둘러볼 때 성장주가 가치주를 크게 웃돈 때는 '위기 직후'였음을 알아둘 필요가 있다.

예컨대 대공황 직후, 1990년대 말 IT버블, 2010년대 중반 이후와 2020년 코로나19 사태 정도이다. '평온한' 시대엔 가치주가 기술주를 앞서는 경우가 많았다. 주식가치 평가의 중심이 '이익'이 아닌 '꿈'으로 옮아갔다는 사실은 '경험적으로 볼 때' 상당한 위험을 내포하고 있다고 볼 수 있는 것이다.

영국 성장주 투자의 지존,
짐 슬레이터의 투자법

영국 투자자들의 스승으로 불리는 짐 슬레이터는 어느 날 아내가 〈리더스 다이제스트〉에서 읽은 몇 페이지짜리 기사를 읽고 아프리카의 용맹한 부족인 줄루족에 대해 술술 얘기하는 것을 듣고는 중대한 깨우침을 얻는다. 아내가 줄루족에 대해 얘기하는 모습을 보고선 마치 아내가 그 분야 전문가인 것처럼 느낀다. 그는 만약 아내가 지역도서관에서 줄루족에 대한 자료를 조금 더 읽는다면 영국 최고의 줄루족 전문가가 될 것이라고 생각했다.

줄루족은 재래식 무기만으로 현대식 무기로 무장한 영국군을 물리친 적이 있는 아프리카의 용맹한 부족이다. 하지만 슬레이터가 말하는 '줄루 투자법'은 용맹함과 상관이 없다. 아내가 적은 노력으로 '줄루족 전문가'가 됐듯이 일반인도 적은 노력으로 투자 전문가가 될 수 있다는 '엉뚱한' 생각을 한 것이다. 일반인도 '좁은 분야'에서 노력하면 경쟁력을 가질 수 있다는 관점이다. 슬레이터는 아내의 얘기를 통해 '많은 것을 알려고 하지 말고, 작은 것을 제대로 아는 게 중요하다'는 사실을 깨닫는다.

즉 일반 투자자들은 자신이 잘 아는 회사 혹은 산업에 대해 집중적으로 분석하는 게 낫다는 생각을 하게 되었다. 대형주의 경우 무수한 애널리스트들이 분석해놓은 자료가 있고 각종 재료들도 주가에 반영돼 있어 일반인이 초과수익을 얻기 어렵다고 봤다. 대신 작은 주식, 즉 소형주를 집중적으로 분석하면 그 회사에 대해 잘 알게 되고, 주식투자를 통해서도 괜찮은 성과를 낼 수 있다는 점을 설파했다. 그는 소형주, 그 중에서도 성장할 수 있는 주식에 대해 많은 관심을 나타냈다.

사실 개인투자자들은 전문 투자자들에 비해 유리한 면도 있다. 개인투자자들이 투자할 수 있는 주식은 무궁무진하다. 기관투자자들의 경우 '작은 주식'을 담아봐야 흔히 말하는 것처럼 간에 기별도 가지 않는 경우가 많다. 큰 자금을 굴려야 하는 기관투자자들은 규모가 작은 주식에 투자할 필요성을 느끼기 어렵다.

개인투자자들이 10개 종목 안쪽에 투자한다고 할 때 특정 소형주를 집중적으로 분석해서 시장을 이길 수 있다는 게 슬레이터의 지론이다. 그는 장님들의 나라에선 외눈박이가 왕이 된다면서 개인투자자들이 자신들의 장점을 최대한 활용할 것을 주문했다.

슬레이터는 성장주 투자를 권하는 사람이다. 사실 성장주와 가치주에 대한 개념 정의는 사람들마다 차이가 난다. 그가 말하는 성장주는 특정 IT 관련 종목을 말하는 게 아니라 말 그대로 '이익 증가전망'이 우수한 기업을 말한다. 매년 이익이 늘어나면 '복리효과'를 누릴 수 있다고 강조한다. 즉 주당순이익(EPS)이 매년 평균 이상의 비율로 증가하는 기업에 투자해야 한다는 것이다. 슬레이터는 매년 EPS가 15% 이상 늘어나는 종목들을 좋아했다.

성장주 투자자든, 가치주 투자자든 중요한 점은 주식을 싸게 사서 비싸게 팔아야 돈을 벌 수 있다는 것이다. 예컨대 성장주 투자자라고 무조건 주가수익비율(PER)이 높은 주식을 찾지 않는다. 슬레이터는 동종업종의 유사기업들과 이익증가율은 비슷한데 PER이 낮다면 당연히 이런 주식을 사야 한다고 말한다. 같은 성능의 차를 산다면 당연히 가격이 싼 차를 사는 것과 동일한 원리다.

슬레이터가 강조하는 것은 주가이익증가비율(PEG, Price-Earning Growth Factor) 지표다. PEG는 1969년 마리오 화리나가 맨 처음 제안한 투자법으로, 짐 슬레이터를 포함해 피터 린치 등이 애용한 지표로도 유명하다.

PEG는 예상 주가수익비율(PER)을 예상 주당순이익(EPS) 증가율로 나눈 것이다. PER이 EPS의 몇 배인지를 따지는 지표다. PER이 10이라는 말은 주가가 10년치 이익을 반영하고 있다는 뜻이다.

슬레이터는 '보수적이고 안전한' 성장주 투자법을 제시했다. 예컨대 예상 PER이 10이고 주당순이익 증가율이 10%라면 PEG는 1이다. PER이 변함이 없는 가운데 EPS 증가율이 20%로 늘어난다면 PEG는 0.5가 된다. 그는 'PEG가 0.75 이하인 주식에 주목하라'는 말을 여러 차례 했다.

물론 PER이나 EPS, PEG의 적정수준에 대한 판단은 각국의 주식시장 분위기에 따라서 다르다. 한국의 PER은 다른 주요국보다 늘 낮은 특징을 보여왔다. 아무튼 그 시장의 다른 주식들에 비해 PEG가 낮은 종목을 고르면 승산이 높아진다는 게 슬레이터의 조언이다. 그가 2011년에 출간한 『줄루 원칙을 넘어서(Beyond the Zulu Principle)』라는 책에서 제시한 사례를 살펴보자.

"매수 당시 주당순이익이 10펜스이고 PER이 12라면 주가(=EPS × PER)는 120펜스죠. 이때 주당순이익 증가율이 24%를 기록하면 주당순이익은 10펜스에서 12.4펜스로 상승합니다. PER이 12를 유지하면 주가는 24% 뛰어서 148.8펜스[=12(PER)×12.4(EPS)]가 됩니다. 그런데 시장은 주식이 저평가됐다는 사실을 알게 되고 투자자들은 PER을 높일 가능성이 커집니다. 이 경우 실적발표 몇 주 만에 예컨대 PER이 18까지 쉽게 오를 수 있으며, 여전히 주가는 이익증가율에 비해 싼 상태가 됩니다. PER이 18이 되면 주가가 223.2펜스 [=18(PER)×12.4(EPS)]로 상승하게 되고, 최초 매수가 120펜스에 대해 103.2펜스의 수익을 얻습니다. 흥미로운 건 주당 103.2펜스의 수익 중 28.8펜스[=12(PER)×2.4(주당순이익 증가분)]만 주당순이익 증가로 발생했습니다. 나머지 74.4펜스의 수익은 PER의 '지위 변화'로 발생했습니다."

슬레이트 말의 요지는 주당순이익이 늘어나는 속도가 빠를 때 PER이 올라오면 주가가 급등할 수 있다는 사실이다. 다만 현실적으로 어떤 기업이든 주당순이익을 장기적으로 연 50%씩 늘릴 수는 없다. 그는 낮은 PEG는 PER이 12~20 사이일 때, 그리고 주당순이익 증가율이 15~25% 사이일 때 최고의 효과를 낸다고 조언한다. 영국과 한국의 차이가 있을 테지만, 슬레이터가 말하는 단순한 PEG 활용법을 통해 성장주 투자에서 기회를 노려볼 수 있는 것이다.

슬레이터는 PER을 1차원적인 지표로 봤다. 중요한 것은 기업의 '성장'이었다. 따라서 이익 '증가율'을 감안해서 진정한 성장주를 찾아보라고 조언한다. 그는 다만 이익의 '질'에 주의하라고 한다. 때문에 그는 5년간 주당현금흐름이 주당순이익보다 낮은 주식은 걸러낸다. 장부상 이익이 났는데 현금으로 잘 돌아오지 않는 주식이라면 그 이익의 질이 좋다고 보기 어렵기 때문이다.

그는 또 현재 시대에 '잘나가는' 산업 중 최고의 브랜드 등 경쟁우위를 가진 주식, 진입장벽이 있는 주식 등도 눈여겨볼 필요가 있다고 본다.

슬레이터의 성장주 투자 기준을 중요도 순서로 정리하면 '1) 낮은 PEG 2) 20 이하의 예상 PER 3) 강력한 현금흐름 4) 낮은 부채비율(예컨대 50% 이하) 5) 높은 상대적 주가실적 6) 다른 업체에 대한 경쟁우위 7) 이사진의 주식매수' 등이다.

그는 시가총액이 작은 종목들 가운데 이런 요소들을 '많이' 충족시키는 종목을 자신의 방식으로 선정할 수 있는 스킬을 기르라고 조언했다. 아울러 낮은 PSR(주가를 주당매출액으로 나눈 지표), 낮은 PRR(Price to Research Ratio) 등도 관심을 가졌다. 결국 핵심은 이익이나 향후 이익증가로 이어질 매출, 그리고 이익증가로 이어질 연구개발 비중 등을 중시한 것이다.

다만 현실세계에선 슬레이터가 조언한 낮은 PEG와 어울리지 않는 '성장주'들이 계속 오르는 경우도 적지 않다. 예컨대 2020년엔 미국의 잘나가는 기술주 가운데엔 PEG가 4, 5에 이르는 경우들도 많았다. 또한 테슬라 같은 경우 PER이 1,000에 달하는 등 믿기 어려운 모습을 보이기도 했다. 이런 주식들은 미래에 엄청난 이익을 낼 것이란 기대를 받고 있다고 볼 수 있다. 이러다 보니 2020년 미국 기술주 급등 시 일부 펀드매니저는 '나라면 공매도를 하겠다'고 하는 사람도 많았다.

슬레이터의 방법론은 '안전하게' 성장주를 찾는 방법 중 하나다. 지금의 인기 있는 주식들이 너무 비싸다고 판단이 들면 사람들에게 인기 있는 종목을 과감히 버리고 다른 종목을 찾는 게 나을 수 있다. 굳이 고평가 논란에 휩싸인 종목들로 뒤늦게 포트폴리오를 채우다가 포트폴리오가 위험에 처할 수 있기 때문이다.

일부 투자자들 가운데엔 경기민감주를 성장주와 동일시하는 경우도 엿볼 수 있지만, 성격이 다르다. 금리가 낮아질 때 경기주들도 고개를 드는 경우가 많다. 이는 저금리가 경기를 자극할 수 있기 때문이다. 자동차, 철강, 화학, 조선, 건설 등 경기주들은 저금리에 따라 경기가 회복되기 시작할 때 성장주들보다 더 두드러진 모습을 보이기도 하지만, 경기악화 신호등이 켜지면 급락하기도 한다. 이에 반해 강력한 이익 모멘텀을 확보한 성장주라면 경기상황이 안 좋을 때 더욱 진가를 발휘할 수 있다.

또한 흔히 가치주 투자자들의 경우 무턱대고 PER이 낮은 주식을 찾는 경우들도 있다. 하지만 PER이 낮다는 것은 그만큼 그 주식에 문제가 있다는 뜻일 수 있다. 즉 미래에 이익이 늘어날 가능성이 크지 않다는 의미도 될 수 있는 만큼 PER이 낮다는 사실을 무조건 '싸다'고 이해해서는 안 된다.

실제 많은 가치투자자들은 '성장'을 중시한다. 미래이익이 증가할 것으로 예상될 때는 꽤 높은 PER을 용인하는 경우도 많다. 주식은 미래의 꿈에 대한 투자다. 또한 굳이 성장주와 가치주를 나눌 필요가 있는지 의문을 제기하는 사람들도 적지 않다.

한편 과거에 피터 린치는 투자대상을 찾을 때 "PEG 1 이하 기업은 투자 적격 대상, 0.5 이하 주식은 적극 매수대상"이라고 밝혀 큰 주목을 받기도 했다.

2020년 코로나19 사태 이후 사상 최대의 공모주 투자붐
이 일어난 이유는 풍부한 유동성과 낮은 금리, 코로나 이
후 성장산업에 대한 기대감 등이 복합적으로 작용한 결
과다. 공모주는 싸게 나오기 때문에 가격 메리트가 있으
나 너무 많은 청약자금이 몰리면 배정받는 주식이 줄어
이익을 내는 데 한계가 있다. 공모주 투자시엔 의무보유
확약 신청내역, 보호예수 등 수급 관련 내용과 가격 메
리트, 공모하는 회사의 투자내역 등을 모두 확인해야 한
다. 공모주는 상장 직후 변동성이 크기 때문에 뒤늦게 매
수했다가 큰 피해를 줄 수도 있다. 공모주 투자를 즐기는
사람들 사이엔 상장 후 주가급등시 매도 타이밍을 잡아
'적정한' 이익을 얻고 만족하는 경우가 많다.

트렌드 8 ↗

공모주 시대,
이젠
빅트렌드가 되다

공모주 투자 사상
최대의 돈이 몰리다

2020년 코스피지수가 사상 처음 2800선을 넘어서자 주식투자 열기가 화끈 달아올랐다. 이런 분위기는 공모주 투자붐으로 이어졌다. 2020년은 공모주의 해이기도 했다. 기업공개(IPO) 시장 내 공모금액이 2019년보다 무려 50% 넘게 급증했다.

2020년 연말에 기업설명(IR) 전문 컨설팅 기업 IR큐더스가 집계한 데이터를 보면 2020년 신규 상장기업(스팩 제외)은 76개사로 이들이 끌어모은 공모금액은 5조 7,889억 원으로 집계됐다. 2019년의 3조 8,109억 원 대비 52%나 급증한 수치였다.

스팩(SPAC)은 기업인수목적회사(Special Purpose Acquisition Company)의 약자로 비상장기업과 합병하기 위해 설립한 서류상 회사다. 스팩은 합병을 위한 비상장회사를 찾는 일을 하는 서류상 회사이기 때문에 공모주 통계에서 빼고 볼 필요가 있다.

유가증권시장(코스피시장)에서는 3조 3,453억 원, 코스닥 시장에서는 2조 4,435억 원의 공모 자금이 모였다. 공모 금액이 1천억 원 이상인 상장기업은 8곳이었다.

수요예측 경쟁률과 일반청약 경쟁률이 모두 역대 최고치를 갈아치울 정도로 주식공모 열기가 뜨거웠다. 수요예측 경쟁률이 가장 높았던 곳은 2020년 9월 코스피시장에 상장한 카카오게임즈로 1,478.53대 1을 기록했다. 일반 청약 경쟁률 1위는 2020년 8월 코스닥시장에 상장한 이루다(3,039.55 대 1)로 집계됐다.

신규상장한 기업 가운데 전체의 절반이 넘는 40개사(57%)가 1,000대 1 이상의 높은 수요예측 경쟁률을 기록했다. 일반청약 경쟁률이 1,000대 1을 넘는 곳은 총 33개사(47%)였다.

공모밴드 상단 이상을 달성한 기업은 56개에 달했다. 공모밴드 초과 기업은 위세아이텍, 제이앤티씨, 플레이디, 엠브레인, 티에스아이, 한국파마, 비나텍, 명신산업, 에프앤가이드 등 9곳이나 됐다.

유동성 홍수 속에 시중에 풀린 많은 돈들이 주식시장에 새롭게 데뷔하는 기업들로 간 것이다. 공모주 투자자들도 큰 재미를 봤다.

상장 당일에 '시초가 더블'을 기록한 곳이 26곳이나 됐다. 시쳇말로 '따상(시초가 더블+상한가)'을 기록한 곳도 10개사에 달했다. 엘이티, SK바이오팜, 에이프로, 카카오게임즈, 소룩스, 하나기술, 명신산업, 알체라, 프리시전바이오, 석경에이티 등이 따상을 기록했다. 2019년 따상을 기록한 기업이 단 2곳에 불과했던 것과 비교하면 2020년 공모주 시장이 얼마나 뜨거웠는지 알 수 있다.

투자자들은 비대면 관련 업종과 4차산업 관련 업종 등 '시대의 트렌드'를 반영한 기업들에 적극적으로 돈을 맡겼다. 예컨대 게임, 소프트웨어·인공지능(AI) 등 비대면 관련 업종, 코로나 진단 관련 업종, 2차전지, 정부가 육성을 천명한 소재·부품·장비 업종 등에 투자했다.

신규 상장기업들의 성과도 좋았다. 이들은 공모가에 비해 60%를 훌쩍 넘는 엄청난 수익률을 기록했다. 박셀바이오나 명신산업 같은 종목은 600%가 넘는 어마어마한 수익을 안겨주기도 했다.

시중에 풀린 돈은 많고, 이 돈들이 주식시장에 데뷔하는 기업들에 흘러 들어간 것이다. 공모주 시장이 활성화된다는 것은 무슨 의미일까?

우선 시중에 돈이 많다는 뜻이다. 시중에 풀린 돈들이 투자할 곳을 찾다가 주식시장으로 몰렸다. 주식시장이 계속 오를 것이란 기대감도 컸다는 얘기가 된다. 실물경기가 좋아지고 주가가 더 오를 것이란 기대감이 클 때 돈이 모여들 수 있기 때문이다. 뒤집어 생각하면 시장의 '버블'을 우려할 수 있다는 말도 된다.

2020년엔 공모주 투자와 관련한 큰 제도변화도 발표됐다. 주식시장에서 개인투자자들의 목소리가 커진 영향이다. 개인투자자들의 압력으로 금융위원회는 2020년 11월 개인투자자들의 공모주에 대한 참여기회를 확대한다고 발표했다. 공모주 중 일부를 균등배정방식으로 바꿔 증거금 규모와 상관없이 개인투자자에게 고루 나눠주는 식으로 바꿨다.

개인투자자에게 배정된 공모주 물량 가운데 50%는 증거금 규모와 관계없이 청약에 참여한 개인투자자 모두에게 같은 수량을 나눠주는 식으로 바뀌었다. 나머지 50%는 증거금 규모에 따라 차등해서 지급한다. 개인에게 배정하는 공모물량 자체도 확대했다. IPO시장에서 개인에게 배정되는 물량은 20%지만, 이를 30%까지 확대한다는 내용이었다.

아울러 우리사주조합에 배정되는 공모청약 물량 중 미달이 발생하는 경우 그동안은 기관투자자들이 가져갔으나 이 미달물량 중 최대 5%를 개인투자자에게 주겠다는 내용도 담았다.

그간 인기 있는 공모주의 경우 개인투자자가 수천만 원의 증거금을 내더라도 1주 혹은 2주밖에 못 받는 경우들이 있었다. 하지만 균등배정방식의 도입으로 고액자산가에게 절대적으로 유리한 공모주 투자에 소액의 개인투자자도 희망을 가지게 됐다. 요약하면 개인들에게 배정되는 절대물량이 커지는 가운데 그 일부는 개인들에게도 균등히 배정되는 식으로 제도에 변화가 온 것이다.

다만 공모주 투자가 안전을 담보하는 것은 아니다. 신규 상장기업의 주가 변동성이 큰 경우가 많아 공모주 배정만 받았다고 무조건 돈을 번다고 생각해선 안 된다. 이 밖에 많은 사람들이 달려들면 '먹을 게 없어지는' 현상이나 거품 가능성도 감안해야 한다.

2020년 3분기엔 공모주식수와 비교한 개인투자자들의 청약주식수 비중이 450배에 달해 10년래 최고치를 기록하기도 했다. 이는 전년의 100~200배 수준을 크게 웃도는 것이었다. 어떤 투자를 하든 분위기가 과열되면 반드시 후폭풍이 뒤따른다는 점도 생각해볼 필요가 있다.

빅히트는 '히트'쳤지만
뒤늦게 산 개인들은 히트치지 못했다

2020년 여름. 주식에 큰 관심이 없던 일반인들이 공모주라는 '물건'에 대해 관심을 갖게 되는 사건이 발생한다. 누군가가 큰돈을 벌었다는 소문만큼 관심을 높이는 사건은 없다.

그해 6월 상장한 엘이티와 7월 상장한 SK바이오팜, 카카오게임즈가 '따상'을 기록하면서 공모주 시장이 후끈 달아올랐다. 2020년엔 '따상'이라는 말이 유행할 정도였다. 따상은 공모가 2배에서 시초가가 형성된 뒤 상한가에 성공하는 것을 말한다.

특히 SK바이오팜은 2020년 여름을 그야말로 뜨겁게 달궜다. 이 종목은 따상을 뛰어넘어 '공모가 더블 → 상한가 → 상한가'라는 엄청난 기록을 세우면서 주식에 전혀 관심 없던 사람들의 눈길마저 사로잡았다.

예컨대 어떤 주식의 공모가 1만 원이면 시초가가 2만 원에서 출발하고 여기서 상한가인 30%씩 오른 것이다. 이를 수식으로 써보면 '1만 원×(1+1)×(1+0.3)×(1+0.3)=3만 3,800원'이 된다. 즉 1만 원짜리 주식이 무려 3만 3,800원이 돼, 단 3일 만에 238%의 수익률이 난 것이다.

SK바이오팜은 경쟁률 323대 1, 청약증거금 30조 9천억 원을 기록하면서 공모주 시장에 불을 지폈다.

SK바이오팜이 사람들의 '주식 공모주'에 대한 관심을 한껏 끌어

SK바이오팜과 빅히트의 상장 후 주가흐름

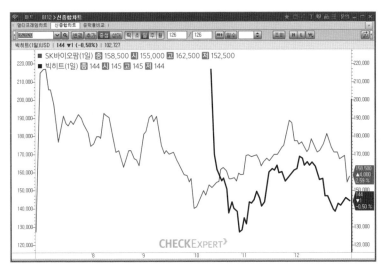

출처: 코스콤 CHECK

올린 뒤 IPO시장에선 세계적인 아이돌 그룹인 방탄소년단(BTS)을 보유한 빅히트가 마침내 상장대열에 합류한다는 소식이 큰 관심을 끌었다.

SK바이오팜이 안겨준 충격적인 수익률 등 주변 분위기 때문에 빅히트 공모에 많은 자금이 몰렸다. 빅히트 경쟁률은 예상보다는 다소 낮았지만, 많은 자금이 모였다. 빅히트는 공모주 청약에서 통합 경쟁률 606.97대 1을 기록했고 청약 증거금으로는 무려 68조 4,236억 원을 당겼다.

코스닥에 상장한 카카오게임즈는 경쟁률이 1,524.85대 1에 달했고 증거금으로 58조 5,542억 원을 모아 2020년의 공모주 흥행은 그칠 줄 몰랐다.

하지만 '빅히트'는 대박과 거리가 멀었다. 빅히트의 주가는 상장 첫날 '따상'에 성공하더니 계속 미끄러졌다. 공모가 13만 5,000원에서 출발한 빅히트는 33만 1,000원까지 급등하다가 첫 거래일에 16만 2,000원으로 떨어졌다. 빅히트 공모에 참여하지 못해 거래 첫날 이 주식을 매수한 사람이라면 큰 손실을 입을 수밖에 없었다.

빅히트의 사례는 개인투자자가 누군가의 의견을 절대적으로 믿어선 안 된다는 사실도 잘 알려줬다. 각종 증권사들이 빅히트에 대해 내놓은 주가전망은 대부분 20만 원을 넘었고, 하나금융투자는 38만 원까지 제시하기도 했다.

공모주 시장이 마치 투기판처럼 흘러가면서 '모 아니면 도'식의 투자가 기승을 부렸다. 주변 사람들이 공모주 투자를 통해 돈을 버는 모습을 보면 좀이 쑤시는 것이 당연하다. 하지만 빅히트 사례에서 보듯이 상장된 뒤에 섣불리 뛰어들어서는 곤란하다는 사실도 알 수 있다.

물론 빅히트의 경우에도 상한가가 풀릴 때 바로 매도했으면, 큰 이익을 챙기고 나올 수 있었을 것이다. 그래서 공모주에 투자하는 개인들 중엔 상장 직후 '적당히 먹고' 나오는 것을 철칙으로 삼는 경우도 많다. 쏠림이 그만큼 심할 수 있기 때문에 지나친 욕심을 부리지 않는 것이다.

공모주는 무엇이고
왜 투자하나

회사가 성장하면 기존 주주들의 자금으로 회사를 키우는 데 한계가 있다. 이때 주식회사는 주식을 발행해 사업자금을 더 끌어모을 필요성을 느끼게 된다. 주식회사가 주식을 발행해 기관투자자와 개인투자자들로부터 자금을 모으는 행위를 공모라고 한다.

우리는 창업할 때 자본금을 조성한다. 통상 자본금은 창업자가 자신의 친구나 친지 등 몇몇 개인들로부터 구한다. 따라서 주주구성은 상당히 폐쇄적일 수밖에 없다. 하지만 사업을 통해 회사의 규모가 커지면 자본금을 늘려야 한다. 사업을 확장하기 위해선 더 많은 돈이 필요하게 되고, 자본금을 늘리기 위해선 주식을 더 발행해야 한다. 주식을 더 발행해 자본금을 늘리는 게 흔히 말하는 '증자'다. 증자엔 사모 방식과 공모 방식이 있다.

사모 방식은 소수의 사람들로부터 돈을 더 모으는 것을 말한다. 회사 관계자나 일부의 개인 그리고 기관투자가 등 소수로부터 돈을 모으는 게 사모다. 사모 방식을 통해 돈을 모을 때 새롭게 발행되는 주식은 기존 주주나 소수의 새로운 투자자들이 산다.

반면 공모는 새로 발행되는 주식을 불특정 다수에게 넘기는 방식이다. 이렇게 하면 당연히 큰돈을 조달할 수 있다. 많은 투자자들에게 기업을 '공개'해서 자본금을 확충하는 방식이 공모인 것이다. 공모는 '공개모집'이다. 법률은 50인 이상의 불특정 다수로부터 돈을 모으는 것을 공모라고 한다. 이런 공모방식을 통해 회사의 주식은 우리가 아는 코스피시장 혹은 코스닥시장에 상장된다.

따라서 기업이 주식시장에 상장하기 위해 외부에 기업을 공개하고 투자자들에게 돈을 받고 나눠주는 주식이 공모주다. 투자자 입장에서 공모하는 주식을 사겠다고 의사를 표시하는 행위가 '청약'이다. 이는 회사 입장에서 볼 때 '기업공개'를 하는 것이다. 기업공개가 흔히 얘기하는 IPO(Initial Public Offering)다.

공모를 통해 회사가 개인과 기관투자자에게 발행주식을 나눠주면, 이 주식은 우리가 아는 유가증권시장(코스피시장)이나 코스닥시장에 상장돼 자유롭게 거래가 이뤄진다.

투자자는 그러면 과연 어떤 회사가 IPO를 할 때 관심을 가져야 할까? 우량한 비상장기업이 자본금을 확충할 때 주주로 참여하고 싶다는 생각을 할 수 있을 것이다. 우량 비상장기업의 주식이 발행된다면 여기에 투자해서 돈을 벌 수 있기 때문이다.

그런데 공모주에 관심을 가져야 할 이유는 이런 주식들이 '싸게' 나오는 경우가 많기 때문이라고 이해하면 된다. 백화점 신상품이 할인해서 나오는 것과 비슷하다고 보면 된다.

기업의 입장에선 싸게 공모하지 않으면 투자자들이 참여하지 않아 원하는 만큼 돈을 모을 수 없는 위험이 있다. 따라서 자금조달을 원활히 하기 위해선 비슷한 기업들의 주가와 비교해 '할인'해서 주식을 발행한다.

기업공개와 관련해 구주매출과 신주모집이라는 말을 들어본 적이 있을 것이다. 구주매출은 회사의 기존 주주가 갖고 있는 주식(구주)을 새로운 공모주 투자자에게 파는 것이고, 신주모집은 새로운 투자자에게 돈을 받고 주식(신주)을 발행하는 것이다. 기업의 입장에선 구주매출과 신주모집을 동시에 진행하기도 한다.

그런데 구주매출의 경우 회사에 새롭게 들어오는 돈이 없다. 기존 주주가 자신이 보유한 주식을 다른 사람에게 내놓는 것이기 때문에 돈은 모두 기존 주주의 호주머니로 들어간다. 신주모집은 새롭게 주식을 발행해서 투자자들로부터 돈을 받기 때문에 당연히 회사에 돈이 들어온다. 아무튼 새로운 투자자가 돈을 태우게 되면 기존 주주의 지분율은 줄어든다.

공모주 투자,
한 번 해보면 감이 잡힌다

2020년 공모주 투자붐이 불 때 일각에선 '공모주'가 도대체 뭐냐면서 다급한 모습을 보이기도 했다. 남들이 공모주 투자를 해서 돈을 벌었다고 하니, 속이 쓰렸던 것이다. 공모주 투자는 한국거래소나 장외주식 사이트 등에 들어가면 일정을 확인할 수 있다.

예컨대 38커뮤니케이션(38.co.kr) 사이트 같은 곳을 가끔씩 들어가보면 주식 공모 관련 정보 등을 구할 수 있다. 이런 사이트에는 공모 일정, 공모가격 밴드, 주관사(주간사) 등과 함께 신규 상장하려는 기업들을 분석한 보고서를 확인할 수 있다. 공모에 참여하기 위해선 몇 가지 조건을 갖춰야 한다.

자신이 청약하는 주식 공모를 주관하는 주관사의 증권계좌를 가지고 있어야 한다. 또한 '청약 마지막일+2일(영업일 기준)'에 청약자금이 환급되기 때문에 돈을 마련할 계획을 잘 세워야 한다. 즉 금요일이 청약 마지막날이면 T+2일에 해당하는 화요일에 돈을 환급받는다.

공모주 청약에 있어서 핵심은 '공모가격이 충분히 메리트가 있느냐'다. 모든 투자가 싸게 사서 비싸게 파는 것인 만큼 가격 메리트를 잘 판단해야 한다. 투자설명서를 읽고 메리트가 있다고 판단되면 청약에 참여할 수 있다. 주관하는 증권사 홈페이지의 청약 메뉴와 금감원 전자공시시스템인 다트(dart.fss.or.kr) 등을 활용해서 투자 메리트와 위험에 대해 판단해야 한다.

증권신고서는 주식을 발행하는 회사가 금융위원회에 제출하는 서류이며, 투자설명서는 투자자를 위한 것이다. 서류가 누구를 위한 것인지 서류의 이름에서 드러나는 것이다. 다만 두 서류의 내용은 거의 비슷하고, 투자설명서는 계속 수정된다.

투자자는 투자설명서를 통해 사업기회와 위험을 체크하는 게 중요하다. 특히 정정신고된 투자설명회를 통해 공모가액을 확인해야한다. 정정신고된 투자설명서에서 '정정전' 모집(매출)가액(예정)과 '정정후' 모집(매출) 확정가액을 비교해봐야 한다.

금감원의 DART에 들어가 공모 당시 엄청난 관심을 모았던 빅히

정 정 신 고 (보고)

2020년 09월 28일

1. 정정대상 공시서류 : 투자설명서

2. 정정대상 공시서류의 최초제출일 : 2020년 09월 24일

3. 정정사유 : 공모가액 확정에 따른 기재사항 정정

4. 정정사항

항 목	정 정 전	정 정 후
공통 정정사항	모집(매출)가액(예정) : 105,000원 ~ 13,5000원 모집(매출)총액(예정) : 748,650,000,000원 ~ 962,550,000,000원	모집 확정가액 : 135,000원 모집 확정총액 : 962,550,000,000원
요약정보	요약정보의 모든 정정사항은 아래 본문의 정정사항을 동일하게 반영하였으므로, 본 정오표에 별도로 기재하지 않았습니다. 요약정보의 정정사항은 아래 본문 정정내용을 참고하시기 바랍니다	
제1부 모집 또는 매출에 관한 사항		
I. 모집 또는 매출에 관한 일반사항		
1. 공모개요	주1)	주1)
2. 공모방법	주2)	주2)
3. 공모가격 결정방법 나. 공모가격 산정 개요	주3)	주3)

출처: 금감원 전자공시시스템(dart)

트가 2020년 9월 28일 '정정신고'한 투자설명서를 살펴보자. 당시 정정전 모집(매출)가액(예정)은 105,000~135,000원이고, 정정후 모집가액은 135,000원임을 알 수 있다. 밴드의 상단에서 공모가격이 결정된 것이다.

정정전 모집가액은 주관사가 가치평가를 해서 산정한 공모가액의 '밴드'다. 이 금액 내에서 공모가가 결정될 수도 있고, 밴드를 벗어나서 더 높게 결정될 수도 있다.

공모가 결정에 있어서는 '기관의 수요예측' 결과가 중요하다. 주식에 대한 매수수요가 얼마나 강한지를 따져서 가격을 결정한다. 주

식을 발행하는 회사와 주식발행을 주관하는 주관사 간의 협의를 통해 공모가를 결정한다는 얘기다.

빅히트처럼 가격이 밴드 상단에서 결정됐다는 얘기는 이 주식에 대한 수요가 상당히 많았음을 의미한다. 동시에 가격이 싸지 않을 수 있다는 뜻도 된다. 사람들이 많이 몰리면 가격이 올라가는 것은 당연지사다. 항상 사물이나 현상을 볼 때 양면성을 동시에 봐야 한다. 주식의 고평가·저평가 여부를 따질 때 PER이 높다는 것은 비싸다는 의미이기도 하지만, 동시에 사람들이 그 주식의 장래성을 높게 본다는 뜻이기도 한 것과 같이 이치다.

앞서 살펴본 투자설명서를 쭉 내려보면 수요예측 결과가 나온다. 국내 기관투자자와 외국 기관투자자의 수요예측 참여내역을 확인할 수 있다.

예컨대 자산운용사나 증권사, 연기금 등 기관들의 참여 건수가 1천 건 이상이면 기관투자자들의 관심이 높았다는 의미로 해석하기도 한다. 아울러 기관들의 경쟁률을 보면서 공모주에 대한 인기 정도를 추론해볼 수 있다.

기관에 배정된 물량이 1천억 원인데 10조 원이 모였다면 기관투자자들의 청약경쟁률은 100대 1이라는 말이 된다. 하지만 단순히 경쟁률만 보고 향후 주가의 흐름을 확신할 수는 없다.

2020년 큰 관심을 끌었던 빅히트와 SK바이오팜의 기관투자자 경쟁률은 각각 1,117.25 대 1, 835.66대 1이었다. 세간의 많은 관심을 끄는 큰 기업의 경우 수백조 원의 자금이 모여든다.

개인투자자 입장에선 특히 확인하면 좋은 게 '의무보유확약 신청내역'이다. 말 그대로 기관투자자가 수요예측에 참여하면서 주식을 배정받으면 '일정 기간' 팔지 않겠다는 락업(lock up)을 거는 것이다. 이 비중이 높을수록 개인투자자들은 마음 편하게 접근할 수 있다. 기관들이 예컨대 6개월, 3개월, 1개월, 15일 동안 배정받은 주식을 팔지 않겠다고 선언하는 것이기 때문에 상장 후 매물 부담에 덜 시달릴 수 있으며, 개인투자자도 언제 차익을 실현할지 계획을 세울 수 있다.

많은 개인투자자들도 재미를 봤던 SK바이오팜의 경우 놀랍게도 기관투자자의 81.15%가 락업을 걸었다. 기관투자자들의 압도적인 다수가 이 주식을 상당기간 팔지 않겠다고 한 것이다. 빅히트의 의무보유확약 수량은 43.85%였다.

SK바이오팜에 대한 기관투자자들의 의무보유확약 수량이 81.15%로 너무 많아 상당히 놀라웠던 가운데, 이는 수급 차원에서 상당한 안전망이라고 볼 수도 있다. 의무보유확약 수량이 많으면 상장 직후 기관의 매도물량이 제한되는 가운데 개인들이 청약한 물량들 위주로 거래가 이뤄지기 때문이다.

이런 물량과 함께 보호예수 물량도 체크할 필요가 있다. 최대주주, 그리고 상장예비심사 신청일 1년 이내에 최대주주로부터 주식을 매수한 사람, 주식상장 전에 투자한 운용사나 벤처캐피탈과 같은 재무적 투자자 등은 상장 후 한동안 매도가 제한된다. 이를 보호예수라고 한다.

만일 보호예수 제도가 없다면 주식이 상장된 직후 기존 주주들의 차익실현 물량이 대거 나와 신규주주들에게 피해를 입힐 수 있다. 공모주 투자자들에겐 당연히 보호예수 물량이 많을수록 유리하다.

의무보유확약 신청내역이나 보호예수 규모를 파악하는 게 수급 차원에서 중요하다면, 가격 차원에선 공모가가 비슷한 업체에 비해 얼마나 할인돼서 나오는지가 중요하다. 모든 투자가 싸게 사서 비싸게 파는 게 핵심인 만큼 할인율이 높아야 투자자들이 이익을 볼 확률이 커진다.

기업 입장에선 공모가를 비싸게 책정해야 당길 수 있는 돈이 많아 유리하다. 상장업무를 주관하는 증권사 역시 공모가가 높아야 받는 수수료가 많아진다. 이는 투자자들의 이해관계와 상반되는 것이다.

공모를 한다는 것은 회사가 돈을 필요로 한다는 얘기다. 기업이 이 돈을 어디에 쓰느냐가 중요하다. 단지 자금이 궁해서, 즉 빚을 갚기 위한 공모라면 투자 측면에서 메리트는 떨어진다. 반면 연구개발을 늘리고 성장궤도에 들어선 사업을 확장하기 위한 목적이라면 얘기가 달라진다.

공모주에 처음 투자하는 사람은 반드시 투자설명서를 다 읽어보길 권한다. 내용이 방대하지만 금감원의 DART 등에서 관심 있는 회사의 투자설명서를 한번은 완독해볼 것을 권한다. 보고서를 읽으면서 자연스럽게 투자에 대해 많은 것을 알 수 있기 때문이다. 투자설명서를 읽어보는 것 자체가 주식에 대한 좋은 공부이기도 하고, 한번 완독해보면 다음 공모주 투자 시 좀 더 감이 잡히기 때문이다.

일시 투자할 자금 마련하기와
털고 나오기

5천만 원을 증권계좌에 입금하고 1억 원어치의 주식을 청약했다고 해보자. 이 주식의 공모가액이 1만 원이고 청약경쟁률이 100대 1이라면 100주, 즉 100만 원어치의 주식을 배정받을 수 있다. 그 나머지인 4,900만 원은 '청약일+2일'에 내 증권계좌로 환급된다. 주말이 끼면 돈이 묶이는 시간이 길어진다.

청약 마지막 날이 목요일이나 금요일이라면, 'T+2일', 즉 월요일이나 화요일에 환급이 되는 게 원칙이다. 따라서 대출을 받으면 4일간의 이자를 물어야 한다. 주식 청약이 몸에 배인 투자자들 가운데엔 대출금리와 비교해서 수익을 따지는 모습을 보이기도 한다

마이너스 통장을 활용하든, 대출을 이용하든 이자와 예상수익을 따져서 접근하는 꼼꼼함을 보이기도 한다. 저금리 시대가 지속되다 보니 은행 애용자 중엔 금리 0.1%포인트 차이에도 민감한 경우가 있다. 청약 역시 대출금리와 예상되는 수익률 등을 따져서 접근할 필요가 있다.

화요일이 청약 마감일인데, 수요일이 휴일이라고 해보자. 그러면 자금은 금요일에 환급 받는다. 즉 돈이 3일간 묶이는 경우다. 앞의 예에서 투자자가 1억 원어치의 주식을 청약하기 위한 5천만 원 규모의 대출금리가 3%라고 해보자. 그러면 이자는 얼마일까?

이 투자자가 청약한 규모는 1만 원짜리 주식 1억 원어치, 즉 1만

주다. 청약 증거금률 50%를 적용하면 5천만 원이 필요했다. 청약규모는 1인당 한도 내에서라고 하자. 이 경우 이자비용은 '1만 원×1만 주×50%(증거금율)×3%×3/365'다. 즉 5천만 원 대출의 3일치 이자는 1만 2,300원 남짓이다.

이 같은 이자비용과 청약수수료를 감안해서 청약의 메리트를 따져볼 수 있다. 실제 청약과열이 나타나는 경우 경쟁률이 높아 배정받는 주식 물량이 적을 경우 이자비용과 비교할 때 별로 남는 것이 없는 경우도 적지 않다.

큰 기업이 공모할 경우 주관사가 여러 증권사인 경우가 많아 청약 신청자들 사이에 눈치작전이 벌어지기도 한다. 이틀 간 진행되는 청약의 두 번째 날에 가장 경쟁률이 낮을 것 같은 증권사에 청약하는 것이 유리하기 때문이다.

예컨대 A증권사가 100대 1이고, B증권사가 150대 1 수준으로 예상되면 A증권사에 청약할 경우 더 많은 주식을 배정받을 수 있다. 청약을 위해서라면 미리 관련 증권사 계좌를 만들어놓아야 한다.

이제 주식을 배정받고 나머지 청약 증거금을 되돌려 받는 날, 즉 납입기일에서 일주일이 지나 해당 주식이 상장돼 거래된다고 해보자.

주식시장에서 거래를 시작하는 시초가는 공모가의 90~200%다. 공모가 1만 원짜리 주식은 9천 원에서 2만 원 사이에 거래를 시작하는 것이다. 2020년 세간의 관심을 끌었던 '따상'은 공모가의 더블(2만 원)과 30%의 상한가(2만 6천 원)을 실현하는 경우, 즉 상장일 첫날에 160%의 수익이 나는 경우를 말한다.

공모주의 경우 상장 후 변동성이 크기 때문에 급등과 급락이 반복되는 경우가 많다. 따라서 공모주 투자자는 자신만의 원칙을 가지고 있어야 한다.

공모주 청약에 참여하지 못한 사람들이 주식상장 후 뛰어들어 가격을 더 끌어올리는 경우도 많다. 하지만 어떤 물건이든 급등이 일어나면 급락할 가능성도 높아진다. 또한 주가가 급등한 뒤 불편한 마음을 추스르기 위해 뒤늦게 뛰어든 사람이 양호한 투자수익을 거두는 경우도 드물다. 공모주가 상장된 뒤 주가가 급등한다면 매도 타이밍을 잡아 이익을 실현하는 것이 나을 수도 있다. 이미 청약과정에서 확보한 짭짤한 이익에 만족하는 태도도 필요하다.

2020년 코로나19 사태 이후 한국 개인투자자들은 고평가 논란이 있지만 '꿈'이 있는 테슬라의 미래에 투자했다. 투자자들이 국내 주식시장과 함께 미국 주식시장에도 자연스럽게 투자하는 시대가 도래했다. 미국은 전 세계 주식시장 시가총액의 절반을 차지하는 곳으로, 기술기업들의 산실이기도 하다. 미국주식에 투자할 땐 환율과 세금 문제가 개입된다는 점을 알고 있어야 한다. 미국주식에 대한 가치 평가법도 국내와 특별히 다르지 않지만, 세계를 지배하는 기술기업이 많다는 점이 매력으로 꼽힌다.

서학개미,
미국주식투자 붐에
올라타다

'테슬라의 꿈을 산다', 한국 주식투자자들의 지독한 사랑

기술력으로 완성차 업계의 신흥강자로 부상한 테슬라. 2020년 테슬라 주가는 그야말로 무섭게 치고 올라갔다. 그해 8월 마지막 거래일(31일) 테슬라 주가는 498달러까지 오르면서 500달러를 눈앞에 뒀다.

주가가 고점을 찍은 날의 1년 전 8월 마지막 거래일(30일) 테슬라 주가는 45달러에 불과했다. 테슬라가 1년 사이에 '10루타' 종목으로 변신한 것이다. 2020년초 80달러대에서 거래를 시작한 테슬라는 1월에 이미 100달러를 넘어선 뒤 2월 하순엔 180달러를 넘어서는 모습을 보였다. 연초에 이미 테슬라는 2배 이상 오르면서 투자자들의 각광을 받았다.

하지만 코로나19 사태로 주식시장이 패닉에 휩싸이면서 3월 18일 72달러선까지 폭락했다. 이후 테슬라의 무서운 재반격이 시작됐다. 3월말 100달러를 넘어서더니 6월 10일 200달러를 돌파했다.

2000년 이후 한국 코스피지수와 S&P500 추이

출처: 코스콤 CHECK

7월 10일 300달러, 8월 20일 400달러를 뚫고 올라갔다. 8월말 500달러선을 눈앞에 뒀으나 9월 들어 무너졌다.

하지만 2020년 테슬라의 상승세엔 거침이 없었다. 그해 12월 13일 테슬라는 드디어 700달러를 코앞에 둔 695달러까지 올랐다. 온갖 고평가 논란에 휩싸이면서 급락하는 모습을 보이기도 했지만, 오뚝이처럼 일어나 계속 오르는 게 테슬라의 2020년이었다. 당시 필자와 친한 한 베테랑 펀드매니저는 테슬라에 대해 이런 말을 했다.

"마음 같아선 전 재산을 걸고 테슬라를 공매도 치고 싶어."

공매도는 내가 보유하지 않은 종목을 빌려서 파는 것을 말한다.

따라서 주가가 하락하면 돈을 벌 수 있다. 만약 친구가 공매도를 했으면 그는 큰 피해를 봤을 것이다.

아무튼 이 펀드매니저가 볼 때 테슬라 주가는 '말도 안 되는' 것이었다. 테슬라는 PER이 1천 배를 넘어가는 주식이었다. 전통적인 주식가치평가법으로 접근할 때 전혀 납득이 되지 않았다. 지금의 이익을 1천 년간 벌어야 정당화될 수 있는 주가 수준이다.

그러거나 말거나 2020년 테슬라는 거침없이 상승했다. 많은 사람들이 테슬라의 미래를 낙관적으로 봤다. 지금으로선 상상도 하기 어려운 엄청난 이익을 낼 것으로 보는 것이다. 전 세계 기술주와 성장주의 '산실'인 미국의 성장주는 이처럼 무섭게 상승했다.

2020년 한국에선 동학개미와 다른 '서학개미'도 유행했다. 주식시장에 뛰어든 개인투자자들을 동학개미라고 불렀으나, 개인투자자들 가운데 상당수는 미국 주식시장에 투자했다. 한국인 특유의 쏠림 '근성'까지 결합돼 특정종목을 집중적으로 사들였다. 그 중심에 바로 테슬라가 있었다.

2020년 10월말 한국예탁결제원이 발표한 3분기 데이터를 보면 한국인들이 얼마나 테슬라에 '올인'하고 있는지 알 수 있었다. 외화주식 중 결제금액 1위인 테슬라 결제금액은 105.0억 달러로 직전 분기(25.3억 달러) 대비 315.0%나 증가했다. 이는 미국 주식시장의 다른 종목들과 비교할 때 압도적이었다. 나머지 상위 결제종목은 애플(49.8억 달러), 아마존(27.8억 달러), 엔비디아(21.5억 달러), 마이크로소프트(16.9억 달러) 순으로 모두 테슬라의 절반이 되지 않았다.

당시 테슬라는 관리금액에서도 외화종목 중 압도적 1위로 올라섰다. 2분기 외화주식 관리금액에서 테슬라는 9억 6,500만 달러로 3위였으나 3분기엔 38억 2,600만 달러를 기록해 압도적인 1위가 됐다. 한국인이 테슬라를 4조 원 넘게 보유하게 된 것이다. 상당수 투자자들이 테슬라를 사고판 것으로 나왔지만, 전체적으로 테슬라 보유금액이 크게 늘어 많은 투자자들이 테슬라 투자로 큰 재미를 본 듯했다.

2020년 3월 코로나19 사태로 주가가 폭락한 뒤 국내 큰손 개미들의 미국주식에 대한 관심이 급증했다. 그간 미국주식을 못 샀던 자산가들이 장이 조정을 보일 때 상당부분 들어갔으며, 그 중심에 테슬라가 있었던 것이다.

한 증권사 주식 세일즈맨인 후배는 2020년을 이렇게 평가했다.

"2018년 해외주식투자 붐이 한 단계 업그레이드되는 분위기였으나 코로나19가 터진 뒤 미국주식이 싸지자 돈깨나 있다는 사람들이 그야말로 미친 듯이 달려들었어요."

국내 자산가들의 자금을 관리해주는 후배는 돈이 많은 국내 큰손 투자자들의 달러헤지 욕구, 그리고 달러예금 이상의 수익률에 대한 갈증 등도 미국주식투자 붐에 기여했다고 평가했다.

물론 '물 들어올 때 노 젓는' 후배와 같은 증권사 세일즈맨은 더욱 미국주식을 홍보했다. 코로나19 사태 이후 대규모로 풀린 달러 유동성 때문에 달러가치는 하락했지만, 이를 크게 웃도는 주가상승률 때문에 미국주식투자에 많은 사람들이 큰 재미를 본 것이었다.

국내 증권가에서도 테슬라 주가수준을 놓고 논박이 지속됐다. 테슬라 주가를 놓고는 '터무니 없다'는 시각과 '미래를 바꾸는 선두주자여서 지금 방식의 밸류에이션은 의미 없다'는 시각이 경합했다. 1990년대 말, 2000년대 초 IT붐 당시의 버블붕괴를 경험한 '베테랑'들 사이에 고평가 인식이 강했다.

일부 주식시장 관계자들은 국내 투자자들의 테슬라 등 미국 기술주에 대한 투자가 2020년 급격히 늘어난 것을 크게 우려했다. 국내 주식시장 경험도 없으면서 무조건 미국주식투자가 좋다는 말만 듣고 달려드는 사람도 있다며 걱정하기도 했다. 2020년 전후 테슬라는 세계에서 가장 유명한 '10루타(주가가 10배 오른 주식)' 종목이 됐다.

한국 주식시장의 반전과
미국주식에 관심을 가지는 이유

2008년 리먼 브라더스의 파산으로 글로벌 금융위기가 본격화된 뒤 미국 중앙은행 연준은 제로금리와 양적완화를 통해 시중에 유동성 공급을 급격히 늘렸다. 완화적 통화정책 분위기 속에 미국의 주가지수는 지속적으로 올랐다.

미국의 경기 상승세는 2020년 코로나19 사태로 글로벌 경제가 폭삭 주저앉을 때까지 지속됐다. 이 기간 동안 미국의 주가지수는 지속적으로 상승했다. 하지만 전 세계 주가지수가 모두 미국처럼 오른 것은 아니었다.

2010년대 미국 주가지수가 꾸준히 오를 때 국내 코스피지수는 박스권에서 오르내릴 때가 많았다. 이에 따라 주식을 장기간 투자하기 쉽지 않은 환경이 만들어졌다. 사람들은 차트를 보면서 단기투자에 열을 올리거나 박스권 매매에 익숙해졌다. 그런데 2020년 한국 주식시장이 드디어 미국과 동행하기 시작했다.

2020년 코로나19 사태 이후 미국의 기준금리가 다시 '제로'로 회귀하고 사상 유례없는 양적완화가 시작됐다. 미국 주가지수는 기술주들을 중심으로 급등하면서 3월에 급락한 낙폭을 모두 만회하고 올라갔다.

국내 코스피지수도 급등하면서 '미국과 동행'하는 모습을 보여줬다. 개인투자자들이 사상 유례없는 규모의 주식투자에 나섰다. 세계 각지의 개인투자자들이 대거 주식 붐에 편승했다. 한국의 동학개미, 미국의 로빈후드, 일본의 닌자개미 등 일반인들이 주식시장에 대거 자금을 집어넣었다.

국내 주식시장엔 10여 년 만에 '본격적으로' 의미 있는 자금이 들어왔다. 2000년대 중반 주식펀드 붐 시절 엄청난 자금이 주식시장으로 몰려든 뒤 가장 눈에 띄는 흐름이었다. 당시는 간접투자(펀드)가 붐이었지만, 코로나19 사태 이후엔 개인들의 직접투자가 두드러졌다. 이미 개인투자자들은 '전문가'라는 펀드매니저에 맡기기보다 스스로 투자를 하는 게 낫다고 판단한 듯했다.

주식시장 주변에 모여든 돈은 역대 어느 시기보다 많았다. 비교 자체가 불가능할 정도로 주식투자를 위한 자금이 많았다. 2020년말 기준으로 고객예탁금이 60조 원을 넘었으며, 증권사에서 빌린 신용잔고가 20조 원 수준에 달했다.

고객예탁금은 증권회사가 유가증권 매매거래와 관련해 고객으로부터 받아 일시 보관중인 예수금(Deposit received)이다. 증권계좌에 들어 있는 현금으로 주식을 매수할 수 있는 돈이다. 신용잔고는 투자자가 증권사로부터 빌린 매매대금이다.

언제든 주식시장으로 들어올 수 있는 단기자금이 머무는 곳인 머니마켓펀드(MMF) 잔고는 150조 원을 넘어갔다. 간접투자인 주식형 펀드는 50조 원대 중반 수준이었다. 이 넷을 모두 합치면 300조 원에 가까운 자금들이 주식시장 근처를 배회했다.

이전 주식시장 주변 자금이 많았을 때는 2009년 3월이었다. 당시 고객예탁금이 13조 원 수준, 신용융자 잔고가 2조 원 남짓, MMF가 118조 원 정도였다. 주식형 펀드는 85조 원으로 2020년 주식 붐 때보다 더 많았다. 이 4가지 자금을 더한 금액은 219조 원이었다.

고객예탁금은 2019년말 20조 원을 약간 넘는 수준이었지만, 2020년 들어 거의 3배 가량 늘었다. 신용융자는 역대 최고치를 넘어 결국 더 이상 증권사들이 돈을 빌려주지 못하도록 금융당국이 나서 경고 사인을 보내야 할 정도로 늘었다. '본격적인' 투자처를 못 찾는 MMF 잔고도 2009년 수준을 크게 넘어선 상태다. 다만 간접투자에 대한 '불신'으로 주식형 펀드 자금만 2009년보다 쪼그라든 상태였다.

2020년 주식투자 열기는 증권업계에서 오랜 기간 일했던 모든 사람들을 놀라게 했다. 거대한 유동성 규모에 놀랐고, 사람들의 적극적인 주식투자 의지에 또 한 번 놀랐다.

다만 2020년 코로나19 사태 이후 지속된 상승장 탓에 주식투자를 '쉽게' 생각하는 것 아니냐는 우려의 목소리도 많았다. 특히 개인투자자들의 단타매매를 걱정하는 시각이 많았다. 회전율은 거래대금을 시가총액으로 나누거나, 거래주식수를 상장주식수로 나눠서 계산한다. 그런데 연말로 가면서 주식수를 기준으로 일평균 회전율이 3%대로 급증하는 일이 벌어지면서 잦은 매매에 대한 우려의 목소리도 커졌다.

코스피시장보다 변동성이 크고 좀 더 위험한 코스닥시장에선 회전율이 5%에 달하기도 했다. 일평균 회전율이 5%라면 하루에 상장주식의 5%가 거래된다는 것이니, 한 달이면 상장주식 전부의 주인이 바뀔 수 있다는 것 아니냐면서 우려하는 목소리도 나왔다.

주식투자 붐이 개인들의 직접투자로 바뀌고, 이 중 상당수가 단기매매에 치중하고 있어서 논란이 됐던 것이다. 현실적으로 아주 뛰어난 감각을 지닌 소수를 제외하면 잦은 매매로 돈을 번다는 것은 쉽지 않다.

지난 2006년을 전후한 시점에 주식시장으로 자금이 몰려 들었을 때는 주식형 펀드로 돈이 유입됐다. 2006년 1월에 30조 원 수준이던 주식형 펀드 자금은 2009년 3월 85조 원 수준으로 크게 늘어난 바 있다. 하지만 이때를 제외하면 펀드로 대규모 자금이 몰린 적이 없었다.

이후 2008년 글로벌 금융위기 여파, 전문가들이 운용한다는 주식형 펀드들의 낮은 운용성과, 장기간 박스권을 벗어나지 못한 국내 주가지수 흐름 등으로 펀드에 대한 신뢰는 추락하고 말았다.

한국 주식시장의 붐이 일어난 뒤 그 결말은 계속 안 좋았던 게 진실이다. 1999년 바이코리아 붐은 이익치 현대증권 회장의 불법행위가 드러나는 등 각종 구설수와 IT 버블의 붕괴로 각인돼 있으며, 2000년대 중반의 적립식 투자 붐 역시 결말이 좋지 않았다. 이후 장기간 박스권을 못 벗어나는 '박스피(박스권+코스피)' 장세가 이어졌다. 이런 인식들이 각인되면서 '주식은 위험한 것', 주식은 '집안을 망치는 것'이란 인식이 투자자들의 잠재 의식에 스며들었다. 2020년 주식투자 붐을 건전한 투자문화 활성화로 이어가는 게 중차대한 과제가 됐지만 이를 자신하기는 쉽지 않다는 게 시장을 오랜 기간 지켜본 베테랑들의 우려다.

특히 한국경제의 잠재 성장률이 계속 떨어지고 있는 문제, 세계시장에서 일류만 살아남는 '기업간 양극화' 심화 등의 분위기는 한국시장이라는 좁은 우물에만 머물러서는 안 된다는 인식을 강화시키기 시작했다. 2020년 주식 붐 속에 동학개미가 큰 주목을 받았지만, 주식투자자 일각에선 '서학운동'이 일어나 미국주식에 투자하는 문화가 만들어졌다.

사실 분산투자 관점에서도 모든 자산을 '한국물'에만 투자하는 데 따른 위험성도 감안하는 게 적절해 보인다. IT 기술 발달 등으로 해외주식에 투자하기도 한층 쉬워진 만큼 많은 개인투자자들은 누가 뭐래도 여전히 4차 산업혁명의 중심지인 미국으로 눈을 돌렸다. 불과 몇 년 전만 하더라도 소수 잘나가는 사람들만 하는 것처럼 보였던 미국 주식시장이 눈에 들어오기 시작했다.

젊은 사람들을 중심으로 많은 투자자들은 무엇이든 '직구'하는 시대가 된 마당에 주식투자만 우물 안에 갇혀 있을 이유가 없다고 생각했다. 2020년은 한국인의 미국주식투자 시대가 본격 개막한 원년이라고 부를 만했다.

미국 주식시장은 세계시장의 절반 이상, 좁은 시각에서 벗어나자

미국의 인구는 3억 3천만 명가량이다. 전 세계 인구가 80억 명에 육박하는 상황에서 미국 인구는 세계인구의 4% 남짓한 수준밖에 되지 않는다. 하지만 미국 주식시장은 전 세계 상장기업 시가총액의 절반을 차지한다. 2019년 기준으로 미국이 세계 주식시장에서 차지하는 비중은 53%를 넘는 것으로 나타났다.

혁신적인 아이디어와 제품으로 무장한 기업들이 즐비한 곳, 세계 기술기업들을 키워내는 요람, 그리고 세계경제를 선도하는 나라는 여전히 미국이다. 중국경제가 미국을 뛰어넘을 날이 머지않았다는 분석도 많지만 상당기간 미국은 세계경제를 좌지우지하는 나라로 남을 것이다. 그리고 세계 자본주의를 이끌어가는 곳의 한복판엔 월스트리트가 있다.

2019년말엔 미국을 대표하는 기술기업 애플의 시가총액이 우리 돈 1,400조 원을 넘어 한국 코스피지수 '전체'의 시가총액을 넘어섰다는 소식도 들렸다. 삼성전자의 경쟁자이기도 한 애플 한 곳이 한국 대표기업들이 모여 있는 코스피시장의 시총을 웃돌았다는 사실에 미국 기술기업의 대단함을 칭송하는 사람도 있었고, 한국 주식시장의 상대적 부진을 질타하는 목소리도 있었다.

미국 주식시장이 세계 시장의 시가총액에서 차지하는 비중이 50%를 넘는 반면 한국은 2%도 채 되지 않는다. 2020년말 기준 미국 내 시가총액이 100조 원을 넘는 기업이 200개를 훨씬 넘지만, 한국에선 삼성전자 단 한 곳만이 이 기준을 충족한다.

미국에선 혁신이 지속되고 있다. 우리도 모르는 사이에 거대 기술기업들의 경쟁이 치열하게 이뤄지고 있다. 필자는 2010년대 중후반만 해도 '설마 구글의 크롬이 인터넷 익스플로러의 아성을 무너뜨리겠어?'라는 안일한 생각에 젖어 있었다. 하지만 지금은 필자를 포함해 많은 사람들이 구글의 크롬을 사용한다. 이런 기술기업들은 지속적으로 덩치를 키우고 있다.

특히 미국의 덩치 큰 기술기업들은 단순히 자국에서만 영업을 하는 회사들이 아니다. 이들은 전 세계인의 생활을 지배한다. 이젠 누구나 FAANG(페이스북, 아마존, 애플, 넷플릭스, 구글)이나 MAGA(마이크로소프트, 애플, 구글, 아마존)와 같은 표현에 익숙해졌다. 이들 초대형 기업들은 기술기업이지만 우리의 일상생활을 지배하고 있다.

예컨대 세계의 많은 사람들이 구글의 유튜브에 중독됐고, 구글 드라이브에 자료들을 저장한다. 등장 당시 단순 검색 엔진인 줄 알았던 구글이 이젠 인공지능(AI) 등 미래산업을 주도하고 있다.

2018년부터 격화된 미중 무역분쟁도 실상은 '기술전쟁'이자 차세대 먹거리를 둘러싼 패권다툼이다. 미국은 1980년대 한창 기세를 올렸던 일본을 플라자 합의(일본 엔화의 통화가치를 올려서 일본 수출기업들에게 타격을 입힌 정책)를 통해 눌렀고, 2010년대 후반부터는 '뒤늦게' 중국기업들을 블랙리스트에 올려서 손을 보고 있다. 미중 갈등은 총만 들지 않았을 뿐 미국과 중국이 대판 붙은 기술전쟁이라고 볼 수 있다.

코로나19를 통해 IT나 기술기업의 중요성은 더욱 부각되고 있다. 이제 세계 각국이 미국의 화상회의 솔루션 업체인 줌 커뮤니케이션을 통해 회의를 하고 있을 정도다. IT 분야는 다른 산업들을 연결하면서 생활패턴마저 바꾸고 있다. 이를 주도하는 회사들이 미국에 본사를 두고 있다.

안타깝지만 세계는 미국의 거대기업들이 지배하고 있다고 해도 과언이 아니다. 많은 주식투자자들 역시 이런 미국기업을 자신의 포트폴리오에서 배제하고 투자하는 게 찜찜한 느낌이 들 정도다. 어떤 사람들은 성장 잠재력이 크게 둔화된 한국경제의 미래가 두려워서, 또 어떤 사람들은 미국만큼 '좋은' 기업이 많은 나라는 없다는 냉정한 현실을 직시하는 차원에서 미국주식을 산다.

한 자산운용사에서 해외주식 투자업무를 담당하는 한 30대 펀드매니저는 이런 말을 했다.

"굳이 한국에만 시야를 가둘 필요가 없어요. 매일 전 세계 주식시장을 쳐다보다 보면, 미국기업들의 대단함에 놀랄 수밖에 없습니다. 한국에 비해 PER 같은 게 훨씬 높아 보이는 이유는 미국업체들이 그만큼 확장성이 크다는 얘기도 됩니다. 미국 주식시장을 반드시 공부해야 합니다."

미국주식에 투자할 때 개입되는 환율과 세금의 문제

미국주식에 투자할 땐 환율과 세금 문제를 감안해야 한다. 환율은 자신이 투자하는 나라의 통화가치가 오르면 유리하다. 즉 내가 미국주식이나 미국채권을 산다면 원/달러환율이 오를 때(달러가치 상승)가 낫다. 예컨대 내가 투자한 미국주식에서 10%의 수익이 났지만, 달러가치가 원화에 비해 10% 떨어졌다면 이익이 나지 않는다. 이 경우 투자수익률을 식으로 써보면, '$(1+0.1)\times(1+(-0.1)-1)$'=-0.01, 즉 1% 손실이 난다.

2020년엔 미국의 대대적인 양적완화와 중국·한국경제의 상황이 상대적으로 미국보다 나았던 점 등으로 원/달러환율이 강세를 보여 환율 움직임은 미국주식 투자자들에게 불리하게 작용했다. 특히 원화는 중국의 위안화 가치와 같은 방향으로 움직이는 성질이 있다는 점을 기억할 필요가 있다. 2020년엔 중국경제가 미국보다 상대적으로 견조한 모습을 보인 점, 중국당국의 외국인에 대한 투자개방확대

등으로 위안화 강세가 이어졌다. 전문투자자들의 경우 환율위험에 대해 '헤지'를 하는 게 유리한지, 환을 '오픈'하는 게 유리한지를 판단하고 투자를 한다. 다만 2020년 미국주식은 대체적으로 환 차손을 감안하더라도 크게 올라 미국주식 투자자들이 큰 재미를 봤다.

세금제도도 각 나라별로 다르기 때문에 해외주식에 투자할 때 반드시 확인을 해야 한다. 국내주식에 투자할 때는 대주주 요건에 해당하지 않으면 주식투자로 이익이 났을 때 세금을 물리지 않는다. 하지만 미국은 대주주가 아니더라도 양도차익에 대해 22%의 세금을 부과한다. 한해에 투자한 미국주식 전체의 이익과 손실을 합쳐 250만 원을 초과한 금액에 대해 이 세금을 물린다.

또한 미국회사가 지급하는 배당금에 대해선 15%의 세금을 미국당국이 원천징수한다. 예컨대 투자한 미국회사가 1,000달러의 배당금을 지급한다면 내 계좌로 850달러가 입금되는 것이다. 미국의 배당소득세가 국내보다 약간 높기 때문에 국내 세무당국은 추가로 세금을 물리지 않는다.

예를 들어서 투자수익을 계산해보자. 내가 2000년 4월 테슬라 주식을 100달러에 100주 매수해 그해 11월 500달러에 매도했다고 가정해보자. 계산 편의를 위해 매수대금을 결제한 날 원/달러환율은 1,100원, 매도대금이 입금된 날 환율이 1,000원이라고 하자.

매매차익은 '500달러×100주×1,000원-100달러×100주×1,100원', 즉 3,900만 원이다. 만약 환율이 1,000원으로 변함이 없었으면 매매차익은 4천만 원에 달한다는 사실을 알 수 있다. 달러가 계좌에서 입출금되는 날의 기준환율을 적용한 원화금액으로 양도차익이 계산된다. 거래와 관련한 수수료는 매매차익에서 삭감해주면 되지만, 계산 편의를 위해서 고려하지 않았다. 그런데 여기서 나의 양도차익은 기본공제액 250만 원을 초과한다. 따라서 초과한 양도차익인 3,650만 원(3,900만 원-250만 원)에 대해 22%의 세율을 적용한 803만 원은 국세청에 신고하고 납부해야 한다.

해외주식 양도차익은 금융소득종합과세 대상에 포함되지 않는다. 국내주식의 매매차익이 대상에 포함되지 않는 것과 같은 이치다. 다만 국내처럼 해외주식투자에서 발생하는 배당소득은 금융소득종합과세 대상이다.

야후 파이낸스를 통해
미국주식 분석하기

미국주식에 투자하는 사람들이 가장 쉽게 정보를 찾을 수 있는 사이트는 야후 파이낸스(finance.yahoo.com)다. 이 사이트에 들어가면 종목에 대한 기본적인 정보들을 파악할 수 있다. 야후 파이낸스에서 엔비디아에 대한 간단한 정보를 가져왔다. 엔비디아는 GPU를 창안한 회사로 데스크탑, 워크스테이션, 게임 콘솔 등에 사용되는 그래픽을 제작하는 세계적으로 유명한 기업이다.

엔비디아에 대한 서머리 정보를 보면 회사에 관한 간단한 정보를 알 수 있다. 영어로 돼 있을 뿐 국내종목을 분석할 때 기본적으로 접하는 정보와 차이는 없다. 영어에 아주 취약한 분들을 위해 간단히 중요한 용어 몇 가지를 보자.

- Previous Close: 전날 종가

- Open: 오늘 시가

- Bid: 사자

- Ask: 팔자

- Day's Range: 저가와 고가, 즉 등락범위

- 52 Week Range: 52주 저가와 고가, 즉 최근 1년간 최고가와 최저가

- Volume: 거래량

- Avg. Volume: 평균 거래량

- Fair Value: 적정가치(다음에 나오는 자료에서 엔비디아는 고평가(Overvalued) 상태인 것으로 표시됐다)

- Market Cap: 시가총액(Market Capitalization). 시가총액(시총)은 1주 가격에서 총발행주식수를 곱한 것이다.

- Beta: 주가의 민감도. 베타는 시장평균 대비 해당 종목의 변동성을 측정하는 지표다. 엔비디아는 베타가 1.47이므로 시장 평균(1)보다 변동성이 50% 가까이 크다는 사실을 알 수 있다.

- PE Ratio(TTM): 주가수익비율(PER). PER이 85로 상당히 높아 고평가를 의심해볼 수 있다. 그런데 괄호 안에 쓰인 TTM은 Trailing Twelve Month의 약자다. 즉 PE Ratio(TTM)는 지난 주가를 지난 12개월 동안의 1주당 순이익으

2020년 12월 24일 엔비디아 주가

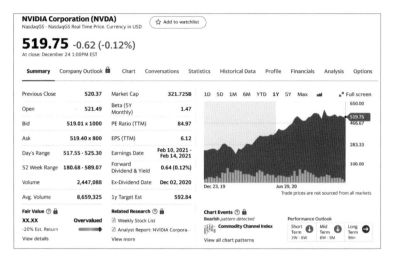

출처: 야후 파이낸스

로 나눈 것임을 알 수 있다. 주가를 예상되는 이익으로 나눈 PER이 포워드 (Forward) PER, 즉 선행 PER이다. 주가는 미래 현금흐름을 반영하기 때문에 통상 선행 PER을 근거로 주가의 비싼 정도를 판단한다.

- EPS(TTM): 1주당 순이익. 순이익을 발행주식수(보통주)로 나누면 주당 순이익이 나온다. 역시 TTM이 있으니 지난 12개월을 기준으로 한 것임을 알 수 있다. 주당순이익이 6.12달러인데, 주가가 500달러를 넘었으니 상당히 비싼 느낌을 준다. 다만 미래에 이익이 급증한다면 PER은 내려오게 된다.

- Earnings Date: 기업실적 발표일. 당연히 기업실적 발표 때는 주가 변동성이 커질 수 있다.

- Forward Dividend & Yield: 다음 배당금과 배당수익률

- Ex-Dividend Date: 배당락일. 배당을 받기 위해선 배당락일 전날까지 주식을 보유하고 있어야 한다.
- 1y Target Est: 향후 1년간 예상 주가 추정치. 이 수치는 20명 내외의 애널리스트들이 내놓은 목표주가의 평균을 낸 값이다. 즉 엔비디아 주가가 고평가로 나오지만, 애널리스트들은 앞으로 1년간 주가가 15% 가까이 더 오를 수 있다는 전망을 하고 있는 것이다.

Summary 옆의 칼럼들을 하나씩 눌러보면 투자하고자 하는 기업들의 다른 정보들도 얻을 수 있다. 투자에 도움이 되는 중요한 정보가 담긴 statistics(통계)를 눌러보면 서머리만으로 부족했던 정보를 확인할 수 있다. 엔비디아의 시가총액, 기업가치(Enterprise Value) 모두 상당히 커졌음을 알 수 있다.

Enterprise Value(EV)는 기업을 실제 인수할 때 지불해야 하는 가격에 대한 추정치다. 시가총액이 투자자들이 기업에 대해 부여하는 가격이라는 점에서 둘은 차이가 있다. EV는 시가총액에서 부채를 더하고 보유한 현금을 빼서 구한다. EV 계산 시 부채가 더해진다는 점을 감안할 때 EV가 시가총액보다 작으면 좋다고 볼 수 있다.

Statistics엔 앞에서 나온 Trailing P/E(PER) 외에 Forward P/E도 나와 있다. 향후 12개월간 예상되는 포워드 PER이 Trailing PER의 절반을 약간 웃도는 수준임을 알 수 있다. 2019년이나 2020년초에 비해선 PER 자체가 상당히 올라간 상황이어서 고평가에 주의해야 한다는 판단을 할 수도 있다.

엔비디아 관련 통계정보

NVIDIA Corporation (NVDA)
NasdaqGS - NasdaqGS Real Time Price. Currency in USD

☆ Add to watchlist

519.75 -0.62 (-0.12%)
At close: December 24 1:00PM EST

Summary   Company Outlook 🔒   Chart   Conversations   **Statistics**   Historical Data   Profile   Financials   Analysis   Options

🔒 Get access to 40+ years of historical data with Yahoo Finance Premium. Learn more

Valuation Measures   🔒 Annual   Quarterly   🔒 Monthly   🔒 Download   Currency in USD

	Current ⓘ	10/31/2020	7/31/2020	4/30/2020	1/31/2020	10/31/2019	
Market Cap (intraday) [5]	321.73B	310.34B	261.97B	179.75B	144.70B	123.02B	🔒 Premium access required. Learn more
Enterprise Value [3]	319.27B	307.06B	253.20B	171.50B	137.47B	117.11B	
Trailing P/E	84.93	91.99	79.36	64.66	60.47	45.38	
Forward P/E [1]	46.08	46.73	53.48	39.53	32.79	28.09	
PEG Ratio (5 yr expected) [1]	2.88	3.13	4.18	3.75	5.10	3.12	
Price/Sales (ttm)	21.97	23.87	22.33	16.54	14.59	12.23	
Price/Book (mrq)	20.98	22.30	20.00	14.73	12.91	11.90	
Enterprise Value/Revenue [3]	21.61	64.97	65.49	55.68	44.28	38.85	
Enterprise Value/EBITDA [6]	63.66	180.62	237.30	154.09	121.12	110.06	

출처: 야후 파이낸스

영국의 투자 귀재 짐 슬레이터가 가장 중시한 PEG 레이쇼도 나와 있다. PER을 이익성장률로 나눈 값이 2.88임을 알 수 있다. 과거와 비교할 때 PEG 수치가 낮아 엔비디아의 이익성장세가 빨라지는 것으로 예상된다는 점을 알 수 있다.

그 다음에 나오는 Price/Sales가 PSR(주가매출액비율)이다. 시가총액을 12개월간(TTM, trailing twelve months) 기록한 매출액으로 나눈 것이다. 주가를 1주당 매출로 나눈 수치와도 같다. 과거 우리도 2020년 전후 벤처 붐 때 이익이 나지 않는 기업이나 벤처기업 등의 적정주가를 평가할 때 이 지표를 자주 쓰곤 했다. 2000년에 필자가 주식시장을 취재할 때 PSR 지표로 주가의 적정성을 논하는 게 의미가 '있다, 없다'를 놓고 논쟁이 뜨거웠던 기억이 난다.

Price/Book은 PBR(주가순자산비율)이다. 시가총액을 가장 최근 분기(MRQ, most recent quarter)의 장부가격으로 나눠서 계산한 값이라는 뜻이다. 장부(book) 가격은 재무상태표의 총자산에서 총부채를 빼서 계산한다. 엔비디아의 PBR은 20.98로 매우 높은 수준임을 알 수 있다. 다만 이 지표는 미래의 이익전망을 제대로 반영할 수 없다는 단점이 있다. 이 데이터들 아래엔 추가적인 정보가 계속된다. 수익성 지표, 경영 효율성 지표, 손익계산서, 재무비율, 주가의 역사적 흐름, 배당 등에 대한 정보를 구할 수 있다.

결과적으로 미국주식투자라고 국내주식투자와 다를 것은 없다. 주식의 고평가 여부를 따지고, 각종 재무제표나 재무비율 등을 분석해 주식을 살지 말지 결정할 수 있는 것이다.

S&P500 기준으로
미국주식 분류하기

필자가 과거에 썼던 기사의 한 대목을 살펴보자.

'다우지수는 114.32포인트(0.38%) 높아진 3만129.83에 장을 마쳤다. S&P500지수는 2.75포인트(0.07%) 오른 3690.01, 나스닥은 36.80포인트(0.29%) 떨어진 1만 2771.11을 기록했다. S&P500을 구성하는 11개 섹터 가운데 8개가 강해졌다. 에너지주가 2.2%, 금융주는 1.6% 올랐다. 반면 부동산주는 1%, 정보기술주는 0.9% 떨어졌다.'

우선 다우지수는 다우존스산업평균지수, S&P500지수는 스탠더드앤푸어스(S&P)500지수, 나스닥지수는 나스닥종합지수를 편의상 줄여서 쓴 것으로 뉴욕 주식시장의 3대 지수다. 이 지수들은 다우, S&P, 나스닥의 대표지수이며 세부적인 지수들도 많다.

다우지수엔 미국을 대표하는 30개 종목이, S&P500엔 500개의 대표종목이 지수를 구성한다. 나스닥엔 기술주가 종목의 80% 가량을 대표한다. 그러면 산업별로 접근할 필요도 있지 않을까. 아무래도 유망한 섹터에 투자하는 게 유리하기 때문에 이를 구분할 필요성을 느낄 수도 있을 것이다.

위의 기사를 보면 'S&P500을 구성하는 11개 섹터'라는 말이 나온다. 이를 알아보면 섹터에 대한 감을 잡을 수 있을 것이다. 우선 섹터에 관한 얘기를 하기 전에 종목을 고르는 2가지 방법을 살펴보자.

개별종목을 고르는 방법엔 탑다운 접근(Top-Down Approach)과 바텀업 접근(Bottom-Up Approach)이 있다. 탑다운은 말 그대로 위에서 아래로 내려오는 방식이다. 경제전체를 살펴보고, 유망산업을 고른 뒤 그 산업 내에서 투자할 종목을 고르는 방식이다.

바텀업은 특정 종목의 내재가치, 해당 종목의 저평가 메리트에 집중해서 종목을 고르는 접근이다. 예컨대 투자자가 판단할 때 이 종목의 가치가 10만 원인데 주가가 5만 원밖에 안 한다면 시장상황과 관계없이 이 종목이 제값을 받을 때까지 사서 보유하는 방식이다.

국내에선 지난 2000년대 한때 '저PER주' 열풍이 불기도 했다. 당시 필자는 템플턴자산운용의 이해균 펀드매니저를 몇 차례 인터뷰한 적이 있다. 그 시절 그는 '신의 영역'이라고 여기는 시장예측은 접어두고 오로지 싼 종목 위주로 접근한다고 말해 큰 주목을 끌었다. 오래 전이지만 가치주 신봉자로서 그가 했던 말은 아직도 기억이 생생하게 난다.

"핵심역량이 강한 회사, 예측 가능성이 큰 종목 위주로 접근합니다. 향후 5년을 기준으로 한 평가모델에 집어넣어 적정주가를 산정합니다. 현재 주가가 적정주가보다 낮으면 저평가됐다고 판단해 포트폴리오에 편입합니다."

미국에서 지내다가 국내에 들어와 가치주 열풍을 불러 일으키기도 했던 이해균 매니저는 미국 본고장의 가치주 투자법을 선보이면서 한때 큰 인기를 끌었던 스타 매니저였다.

가치주는 경기순환주 섹터 주식에 많다. 경기순환주는 주가가 경기상승과 경기하락에 따라 움직이는 성질이 강하다. 반대의 개념이 경기방어주(경기 하락 시 방어적인 성격이 큰 주식)다.

가치주 투자자들은 예컨대 경기 회복기 초입에 주식이 제 가치를 회복하면 차익을 실현하곤 했다. 하지만 주식시장 전반이 강할 때는 상대적으로 수익률이 지조한 편이다. 성장주 투자자들 중엔 이런 가치주 투자자들의 '시간과의 싸움'을 '시간낭비'로 보기도 한다.

성장주는 특히 금리가 낮을 때 빛을 발하면서 미래의 가치를 현재의 주가에 선반영하는 속성을 띤다. 하지만 경기가 고점을 찍고 꺾일 때는 먼저 치명타를 입는 경우가 많다는 점도 감안해야 한다. 아무튼 바텀업 접근을 통해 고른 종목은 언제 제값을 받을지 알 수가 없다는 어려움이 있다.

주식시장에선 늘 각광을 받는 산업이 있다. 따라서 현재의 경제상황을 주도하는 산업을 고른 뒤 그 안에서 유망종목을 고르는 게 좀 더 대중적이고 무난한 접근법이라는 평가가 많은 편이다. 유망산업 분야를 고른 뒤, 골치 아프게 다시 종목을 고를 것 없이 섹터 ETF를 사는 것도 하나의 투자법이다.

스탠다드앤푸어스(S&P)와 모간스탠리캐피탈인터네셔널(MSCI)은 1999년 공동개발한 주식시장 전용 글로벌 산업분류 기준(GICS, Global Industry Classification Standard)을 제시하고 있다. 이에 따라 S&P500에 속한 500여 개 기업은 11개 섹터로 분류된다. 이 분류기준을 살펴보자.

1. 경기소비재(Consumer Discretionary Index)

이름에서 알 수 있듯이 소비재 가운데 경기변동 영향을 많이 받는 종목들이 경기소비재에 속한다. 식료품, 자동차, 호텔, 유통, 의류, 미디어 등이 여기에 속한다.

FAANG에 속하는 아마존도 경기소비재 카테고리에 해당한다. 스타벅스, 홈디포, 제너럴모터스 등이 여기에 속해 있다. 중국 사업가 마윈이 설립한 중국 최대 상거래업체 알리바바 역시 이 카테고리에 해당한다.

2. 필수소비재(Consumer Staples Index)

필수소비재 카테고리에도 식료품이 속한다. 경기에 상관없이 필수적으로 먹어야 하는 식품이 여기에 해당하는 것이다. 경기에 따라서 피웠다, 끊었다 할 수 없는 기호식품인 담배, 생필품 유통업체 등도 이 부류다. 코카콜라, 월마트, 타겟 코퍼레이션, 코스트코, 프락터앤갬블(P&G) 등이 있다.

3. 에너지(Energy Index)

석유나 가스 등 에너지 생산 기업들 그리고 이를 뽑아내거나 정제하는 기업들이 에너지 섹터에 속한다. 에너지 섹터는 유가의 움직임에 민감할 수밖에 없다. 엑슨모빌, 쉐브론, BP 등이 여기에 해당한다.

4. 금융(Financials index)

은행, 증권, 보험, 카드 등 금융업 섹터가 여기에 속한다. JP모건과 같은 은행주, 비자(VISA)와 같은 카드주 등이 여기에 해당한다.

5. 헬스케어(Health Care Index)

의료기기나 제약, 바이오 등이 속한다. 코로나19 사태와 관련해 수혜를 입은 섹터다. 경기를 덜 타기 때문에 경기방어적 성격도 지니고 있다. 존슨앤존슨, 암젠, 인튜이티브 서지컬 등이 여기에 해당한다. 인튜이티브 서지컬은 수술 로봇으로 유명한 다빈치 서지컬 시스템과 관련 기기 등을 만든다.

6. 산업재(Industrials Index)

군수업체, 항공, 기계 등이 여기에 속한다. 3M, 보잉, 제너럴일렉트릭(GE) 등이 이 섹터에 해당한다. 유명 운송업체인 페덱스도 이 섹터에 속해 있다.

7. 정보기술(Information Technology Index)

반도체, 소프트웨어, 하드웨어, 인터넷 등이 포함된다. 2010년대 이후 미국 주식시장을 주도한 업종이며, 4차 산업혁명과 관련해 가장 관심이 큰 업종이다. 마이크로소프트, 애플, 엔비디아, 세일즈포스, 브로드컴 등 우리에게 익숙한 글로벌 기술주들이 여기에 속해 있다.

8. 원자재(Materials Index)

금속, 건설자재, 화학, 광산 등이 포함된다. 다우, 듀퐁, 건축자재 회사인 셔윈-윌리엄스 등이 여기에 해당한다.

9. 부동산(Real Estate Index)

부동산, 그리고 리츠와 관련된 종목들이 모여 있는 섹터다. 저금리 시대에 안정적인 수익을 원하는 투자자들이 좋아하는 섹터다. 리츠 기업들은 수익의 90% 이상을 배당하기 때문에 배당 생활자들이 관심이 많은 산업이기도 하다. 아메리칸타워, 에퀴닉스, 리얼티인컴, 사이먼프라퍼티 등이 여기에 속해 있다.

10. 통신서비스(Communication Service Index)

정보기술 섹터처럼 4차산업과 관련해 각광받는 섹터다. 통신과 방송, 미디어 기업 등이 포함돼 있다. 무엇보다 우리가 아는 소셜 미디어 기업들이 여기에 속해 있다. 구글, 페이스북, 넷플릭스가 모두 이 섹터에 해당한다. 이밖에 월트디즈니, AT&T 등이 있다.

11. 유틸리티(Utilities Index)

유틸리티는 전기, 가스, 수도 등을 공급하는 업체들이 모여있다. 상대적으로 경기와 상관없이 주가가 움직이는 경향이 강하며, 경기 방어주의 성격이 강하다. 듀크에너지, 넥스트라 등의 종목이 여기에 해당한다.

산업별로 구분을 해놓으니 한층 더 시장이 잘 보이는 느낌이 든다. 2010년 이후 10년간 주식 성적표도 산업별로 큰 차이를 나타냈다. 어느 섹터의 성과가 좋았는지는 주식에 관심이 있었던 사람이라면 눈치를 챌 수 있을 것이다.

IT기업이 모여 있는 정보기술주, 구글 등으로 대표되는 통신서비스, 아마존이 버티고 있는 경기소비재의 성과가 좋았다. 반면 에너지 섹터는 장기간 마이너스 성과를 보이는 등 상대적으로 부진했다.

코로나19가 촉매제가 되긴 했지만 시대는 이미 언택트와 온라인 중심으로 바뀌고 있었다. 반도체 강국인 한국의 반도체 업체에겐 4차 산업혁명이 큰 기회이자 도전이다. 한국 반도체 업체들이 '메모리' 영역과 함께 '비메모리'에서 얼마나 경쟁력을 확보하느냐는 미래의 주식가격에 큰 영향을 미칠 수 있다. 미중 갈등의 본질은 '차세대 기술 패권'을 둘러싼 다툼이다. 세계적인 기술기업이나 빅테크들은 영역을 가리지 않고 기술분야에서 경쟁을 벌이고 있다. 4차 산업혁명 시대의 기술들은 상호 '연결'돼 있기 때문에 전체 흐름과 경쟁구도를 이해할 필요가 있다.

트렌드 10 ↗

4차 산업혁명에
주도주가
담겨 있다

코로나19 사태로 인한
오프라인 유통 공룡의 몰락

이미 2010년대 후반부터 소매판매에서 온라인쇼핑이 차지하는 비중이 20%를 넘기 시작했다. 사람들은 더 이상 오프라인 공간에서만 물건을 사지 않는다.

통계청에 따르면 2019년 전체 소매판매액은 473조 원 남짓이었다. 이 가운데 온라인쇼핑 상품 거래액은 101조 원을 차지해 21.4%를 기록했다. 온라인에서 상품을 거래한 금액이 20%를 넘어선 것이다.

코로나19 사태는 이런 구매행태를 더욱 가속화시켰다. 2020년 하반기엔 온라인쇼핑을 통해 상품을 거래한 비중이 20%대 후반까지 치솟았다. 사람들은 이제 스마트폰 등을 이용해 가전과 컴퓨터, 생활용품을 구매한다. 코로나19 사태로 대면접촉이 제한되면서 온라인 판매금액은 더욱 올라갔다.

특히 배달서비스가 활성화되면서 식품구매에서 온라인쇼핑이 차지하는 비중이 50%에 육박하는 모습이 나타나기도 했다. 전염병이 창궐한 상황에서 점점 더 많은 사람들은 엄지손가락과 휴대폰을 이용해 물건을 주문한다. 이미 비중이 늘어나던 온라인 구매가 코로나로 인해 더욱 가속화된 것이다.

이 같은 생활의 변화는 우리 주변에서 이미 일어나고 있었다. 2010년대 후반부터 서울 변두리 식당에서도 키오스크를 들여놓는 일이 부쩍 늘어났다. 인건비 절감 등을 통해 생존을 모색하는 자영업자들의 변화도 시작됐다. 최저임금 인상 등 제도적 압박과 함께 이제는 '기술'을 제대로 이용하지 못하는 사람들은 도태되는 시대가 도래한 것이다.

다른 나라 역시 사정이 비슷하다. 2020년 코로나 방역에 큰 어려움을 겪은 미국에서도 온라인 쇼핑이 전년 같은 기간에 비해 40% 넘게 늘어나고, 소매판매에서 온라인 쇼핑이 차지하는 비중이 15%를 넘어가는 모습을 보였다. 이런 시대변화에 적응하지 못한 전통 오프라인 업체들은 큰 어려움을 겪을 수밖에 없었다.

역사가 120년에 가까운 미국의 유서 깊은 백화점 체인 JC페니는 2020년 5월 15일 법원에 파산보호를 신청해 많은 미국인, 아니 세계의 많은 사람들에게 큰 충격을 줬다. 미국 내 1천 개에 육박하는 매장과 직원 8만 5천 명을 거느리던 유통 공룡이 무너진 것이다.

JC페니는 2016년말만 하더라도 주가가 10달러를 넘었으나 코로나19 타격이 본격화되기 전인 2020년초에 이미 1달러 이하로 폭락한 상태였다. 1달러도 안 되는 '동전주'로 전락한 뒤 주식이 휴지조각이 되다시피 됐다. JC페니의 0.5도 안 되는 '싼' PBR 등을 보고 접근했던 투자자라면 완전히 주식투자에 실패했을 것이다. 정말 그 주식이 싸서 그랬던 것인지, 미래가 암울해서 싼 것인지 분간하지 못하는 투자자는 큰 타격을 입을 수밖에 없었다.

JC페니의 반대편에는 모두가 아는 아마존이 있었다. 아마존 주가는 비슷한 기간 700달러대에서 3천 달러대로 치솟았다. 아마존은 2020년 6월 포워드 PER이 100배를 넘을 정도로 비싸졌다.

여전히 많은 한국 투자자들 중엔 국내주식을 평가할 때 PER이 10을 넘으면 '비싸지 않나' 하고 의심스러워 한다. 하지만 미국 주식시장이 굴러가는 모습을 보면 철저하게 '미래'를 보고 움직이는 느낌도 든다.

생존을 위해 기업들은 자신들의 '주력분야'를 중심으로 IT기술을 결합해야 한다. 그러지 않으면 뒤쳐진다. 아마존은 1994년 제프 베조스가 설립한 전자상거래 업체다. 아마존은 온라인 쇼핑몰을 기본으로 끊임없이 사업을 확장해 사실상 상거래 겸 IT기업으로 변신하는 데 성공했다. 아마존은 클라우드 업계의 최강자로 거듭났다.

전통기업이라면 이 같은 '험악한' 분위기에서 변신하지 않는 한 살아남기 어렵다. JC페니의 몰락 한편에서 일부 대형 유통업체는 잘 버텼다. 미국의 대형 유통업체인 타깃(Target)은 2020년 2분기 수익이 전년 동기보다 무려 80% 증가하는 모습을 보였다. 코로나19의 직격탄을 받은 때에 모두가 놀랄 만한 실적을 발표한 것이다. 비결은 '변신'에 있었다. 타깃의 온라인 매출이 전 분기보다 무려 195%

나 뛰었던 것이다. JC페니처럼 오프라인 매장을 기반으로 하는 타깃이었지만 변신을 통해 살아남는 차원을 넘어 더 도약한 셈이었다.

타깃은 코로나 이전부터 아마존 등 대형 이커머스와 경쟁하기 위해 온라인 서비스를 강화했다. 덕분에 온라인 기반이 갖춰져 있지 않은 JC페니와 전혀 다른 길을 갈 수 있었다. 기업들의 생태계는 이제 IT기술을 결합해 시대변화에 적응한 업체들이 주도하고 있다.

세계는, 그리고 한국은 특정 잘나가는 소수의 기업 위주로 재편되고 있다. 이 흐름을 돌이킬 수 없기 때문에 투자자들이 할 수 있는 일은 '미래에 대한 준비가 철저한' 기업들의 '주주'가 돼 미래를 대비하는 것이다. 국내를 대표하는 백화점 업체인 롯데쇼핑은 2011년 50만 원에 육박했던 주가가 2020년 3월 주식시장이 코로나19 팬데믹에 휩싸였을 때 5만 원대까지 추락하기도 했다. 세상은 마치 기술을 접목하거나 사업 다변화를 꾀하는 데 더딘 기업들을 응징하려는 것처럼 움직이고 있다.

BBIG의 뜀박질과
고평가 논란

2020년 코로나19 사태 이후 이른바 'BBIG'가 주식시장을 주도했다. BBIG는 시장 주도섹터로 떠오른 '바이오, 배터리(2차전지), 인터넷, 게임'의 앞 글자를 따서 만든 약어다.

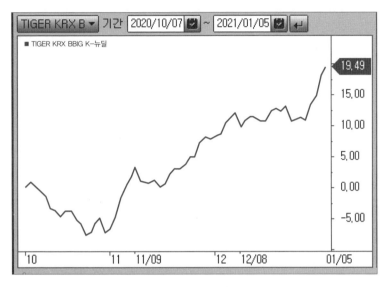

출처: 코스콤 CHECK

코로나19 사태 이후 크게 올랐던 삼성바이오로직스, 셀트리온, LG화학, 삼성SDI, 네이버, 카카오, 엔씨소프트 등을 지칭하는 말이 'BBIG'였다. 한국 주식시장에서도 가장 시가총액이 큰 종목들로 IT, 바이오, 플랫폼 관련 종목들이다. 이 종목들은 4차 산업혁명과 직간접적으로 관련되어 있다.

세계적인 반도체 기업인 삼성전자와 SK하이닉스가 시총 1~2위를 지키고 있다. 반도체는 4차 산업혁명의 '쌀'이라고 불린다. 지금도 우리가 쓰는 전자기기엔 반도체가 중요한 역할을 하지만 앞으로 AI, 클라우드, 전기차 등에서 반도체의 역할은 지대하다.

시가총액 상위 종목 중 '전통적인 주식' 느낌이 나는 종목으로 현대차를 꼽는 사람도 있겠지만 현대차도 전기차, 수소차 등 미래차에 투자하면서 변신하고 있다. 시간이 흐르면서 자연스럽게 내연기관 자동차가 역사 속으로 사라질 것이란 데 공감대가 형성된 상황에서 세계 자동차 업계는 미래차를 놓고 혈투중이다.

배터리 생산업체인 LG화학과 삼성SDI, 플랫폼의 2대 강자인 네이버와 카카오, 바이오업체인 셀트리온과 삼성바이오로직스 모두 코로나19 이후를 이끌 차세대 주자들로 평가받던 종목들이다.

BBIG가 4차 산업혁명 혹은 미래사회와 관련된 종목들인 만큼 2020년 이들 종목의 급등이 단순히 코로나19의 특혜를 입었다고만 말하기는 어려웠다.

특정시대엔 그 시대를 주도하는 종목들이 있는 경우가 적지 않다. 2000년대 이후를 살펴보면 2005~2007년의 중국 관련주인 조선, 철강, 기계 관련 종목들의 상승세가 두드러졌다. 하지만 2010년대 들어 한국경제를 이끌었던 이들 산업은 중국의 약진으로 힘을 잃었고, 관련 종목들이 주식시장에서 차지하는 입지도 초라해졌다. 중국으로 인해 큰 수혜를 입었으나 중국에 뒤처지는 모습을 보이면서 국내 주식시장에서의 영향력이 줄어든 것이다.

2009~2011년은 너무나 유명한 차화정(자동차, 화학, 정유)의 시대였다. 하지만 이 종목들도 10년이 지난 뒤 역시 국내 주식시장에서 차지하는 입지가 크게 줄었다.

2014~2015년엔 중국소비와 내수 관련주들이 각광을 받았다. 건

강관리나 화장품 관련 종목들의 위세가 두드러졌던 때다. 하지만 사드 사태에 따른 중국과의 갈등 등으로 큰 타격을 입었다.

2016~2017년은 다시 반도체의 시대였다. 반도체 사이클의 상승 흐름을 타고 반도체가 다시 한국 주식시장의 운전대를 잡았다.

그 시대의 주도주들은 랠리를 벌이는 동안 250%가 넘는 상승세를 보이면서 시장지수와 비교한 상대수익률이 200%p를 웃돌기도 했다.

하지만 쉬지 않고 달리는 주식은 없다. 2020년 10월부터는 BBIG의 상승세가 크게 꺾이는 모습을 보였다. 코로나19 백신에 대한 기대감이 커지면서 시장에서 소외됐던 '컨택트주'들이 크게 반등하는 양상을 나타냈다.

가치주 등이 포진한 컨택주들은 저평가 메리트, 백신 이후 세계에 대한 기대감으로 기지개를 켰다. 일각에선 BBIG에 비해 너무 소외됐던 데 따른 키 맞추기 현상이라고 해석했다. 이처럼 주식시장의 순환매가 도는 가운데 2020년 연말로 가면서 삼성전자, SK하이닉스와 같은 한국 주식시장의 대장주가 주가지수를 끌어올렸다. 결국 시총 1, 2위가 나서면서 코스피지수는 연말에 2800선을 넘어섰으며, 3천시대 개막에 대한 기대감을 부풀렸다. 과거 주도주들의 랠리가 2년 남짓 이어졌다는 점이나 4차 산업혁명 시대의 도래 등을 감안할 때 BBIG의 상승세가 끝나지 않았다는 지적들은 여전했다.

2020년 하반기에 BBIG의 상승세가 둔화된 이유로는 아무래도 급등에 따른 피로감으로 봐야 한다. 글로벌 금융위기 이후 주가가 반등했을 때 나타난 PER의 고점들을 보면 달리는 말에겐 휴식이 필요하다는 것이다.

PER 고점은 2009년 4월 12.1배, 그 다음 고점은 금융위기 직전인 2007년 7월의 13.0배였다. 따라서 전체 시장이 비싸진 상황에서 말의 기수를 교체해줄 필요성이 있었다. 그 바통을 삼성전자가 이어받으면서 2020년 국내 주식시장은 누구도 예상치 못한 급등장을 연출했다.

세계 각국, 그리고 유명한 투자자들 모두 2020년 내내 주식시장의 고평가 여부를 놓고 논란을 벌였다. 돈의 힘이 주식시장을 들어올렸고, 특정산업은 지나치다 싶을 정도로 잘 나가는 모습을 나타냈다. 결국 과열논란을 피하기 위해선 실적이 관건이지만, 언제나 시대의 트렌드를 읽는 습관은 필요하다.

4차 산업혁명의 쌀인 반도체, 한국의 기회와 도전

2020년 11월 16일.

코스피지수가 2년 반 만에 처음으로 2500선을 넘어섰다. 2020년의 마지막 랠리를 국내 주식시장 시가총액 1, 2위인 삼성전자와 SK하이닉스가 주도했다.

세계적으로 코로나19 재확산이 다시 빨라지던 시점이었지만, 동시에 화이자의 고무적인 코로나 백신실험 결과로 주식시장엔 오히려 기대감이 커졌다.

특히 2020년 11월 들어 외국인이 대대적으로 한국 주식매수에 나서면서 지수는 한 단계 더 업그레이드되는 모습이었다. 삼성전자는 11월 13일 3.61% 급등한 6만 3,200원으로 거래를 마치면서 같은 해 1월에 기록한 사상 최고 기록을 경신했다.

코로나19 이후 BBIG가 주목을 받으면서 한국 주식시장을 이끌었지만 해가 가기 전에 삼성전자가 상승시동을 걸면서 주가지수 전반을 자극했다. 동시에 반도체 호황기의 재도래에 대한 기대감도 커졌다.

특히 삼성전자가 2021년 NAND Flash와 비메모리(시스템LSI+파운드리)에서 경쟁사 성장률을 상회할 것으로 기대감이 나오는 등 삼성전자의 재평가에 대한 기대감이 강해졌다. 다만 삼성전자 주가의 가파른 상승에 대한 경고의 목소리도 지속됐다.

삼성전자는 2003년, 2011년, 2016년 사상 최고치를 경신한 이후 20여일 동안 5~10%대 단기 조정국면을 거쳤다는 점 등으로 삼성전자 주가의 단기급등에 따른 조정 가능성을 거론하는 목소리들도 나왔다.

다만 중장기 상승추세 형성에 대한 기대감은 컸으며, 연말로 진입하면서 삼성전자 주가는 어느새 8만 원을 넘나들었다. 메모리 반도체 업황개선 기대감에 특별배당금 이슈가 더해져 삼성전자의 고공행진이 지속됐다.

코로나19 사태 이후 주식시장에 대거 들어온 개인투자자들은 2020년 한해 동안 삼성전자 보통주를 9조 원, 우선주를 6조 원 가량 순매수하면서 한국 대표주를 적극적으로 담았다.

한국 최고의 기업이자 세계적인 기업으로 성장한 삼성전자는 앞으로도 잘나갈 수 있을까? 사실 삼성전자 주가가 얼마나 오를지는 '하기 나름'이다. 4차 산업혁명이라는 큰 기회와 위험이 동시에 삼성전자 앞에 놓여 있기 때문이다.

삼성전자와 SK하이닉스가 최고의 경쟁력을 가진 분야는 '메모리'다. 세계 D램 시장에서 삼성전자가 40%, SK하이닉스가 30%를 차지할 정도로 한국은 D램의 강자다.

메모리 반도체는 데이터와 정보를 저장하는 용도로 사용된다. 메모리 반도체는 휘발성 메모리(D램, S램)와 비휘발성 메모리(낸드 플래시)로 나뉜다. 낸드 플래시 분야에서는 삼성전자가 30%의 점유율로 압도적인 1위를 달리고 있으며, SK하이닉스는 10% 정도를 점유하고 있다.

사실 반도체는 주기를 타는 경기민감 산업이다. 2000년대 이후 PC 수요에 따라 반도체가 호황을 누린 바 있고, 2010년대엔 스마트폰의 일상화가 다시금 반도체에 호재로 작용했다. 물론 수요증가에 따른 과잉생산이라는 사이클이 도래할 때는 주가도 하락압력을 받았다. 이제 4차 산업혁명이 본격화되고 있다. 메모리 반도체가 더 성장할 환경도 만들어졌다.

미국 최대 IT 컨설팅 회사인 가트너(Gartner)는 2020년 반도체 전망을 통해 PC쪽 메모리 반도체 수요는 위축되지만 클라우드 시대가 본격적으로 열리면서 클라우드 서버 증설에 따른 반도체 수요가 대폭 늘어날 것이라고 예상했다. 클라우드 시장을 놓고는 아마존과 마이크로소프트 등이 경쟁을 벌이고 있다.

전기차나 자율주행차와 관련해서도 반도체가 중요하다는 얘기를 들어봤을 것이다. 미래 자동차엔 다양한 센서와 함께 다양한 반도체가 필요하다.

넷플릭스가 OTT(Over The Top) 시장을 점령하는 모습을 보면서 애플, 월트디즈니 등이 출사표를 던진 점 등도 기회다. OTT는 인터넷을 통해 볼 수 있는 TV 서비스다. 전파나 케이블이 아닌 범용 인터넷망으로 영상 콘텐츠를 제공한다. 역시 대규모 서버 증설에 따라 메모리 반도체 수요가 늘어날 수 있는 분야다.

2010년대 메모리 반도체가 스마트폰 시대의 개막 덕을 톡톡히 봤다면, 이제 4차 산업혁명 시대를 맞아 다시 한 번 도약할 수 있는 것이다. 하지만 한국은 비메모리 쪽이 약하다. 비메모리 시장이 메모리의 2배에 달하는 것으로 분석되지만, 아직 국내기업들은 가야 할 길이 멀다. 삼성전자는 향후 10년 간 130조 원이 넘는 대대적인 투자를 공언하면서 승부수를 던진 상태다.

메모리 반도체가 '기억'이라면, 비메모리 반도체는 '두뇌 활동'이라고 보면 된다. 비메모리, 즉 시스템 반도체 쪽은 디지털화된 정보를 계산하고 처리하는 활동을 한다. 비메모리가 인공지능 시대의 '뉴런' 역할을 하는 것이다.

우리 몸의 감각기관에서 받아들인 정보는 뇌로 전달되고 뇌에서 판단을 한 뒤 명령을 내린다. 이런 일련의 과정은 뉴런이라는 신경 세포를 통해 일어난다. 이것과 비슷한 역할을 시스템 반도체가 한다고 보면 된다. 예컨대 4차 산업혁명 시대엔 인공지능(AI)이 각종 첨단기구에 장착되는데, AI가 제 기능을 하기 위해선 뛰어난 시스템 반도체가 필요하다.

AI는 5G 장비, 자율주행 자동차, 클라우드, 로봇, 사물인터넷(IoT) 등 뜨는 산업뿐만 아니라 우리가 쓰는 휴대폰의 성능향상 등을 위해서도 필요하다.

시스템 반도체는 분야가 다양하다. 반도체 설계를 하는 팹리스 회사, 생산과 개발을 모두 하는 회사, 위탁생산 분야인 파운드리 등으로 다양하게 나눠져 있다. 반도체를 제조하는 회사엔 너무나 유명한 인텔이 있으나 2020년엔 엔비디아가 무섭게 치고 나오면서 반도체 업계 시가총액 1위에 오르는 기염을 토했다.

팹리스 쪽엔 퀄컴, 엔비디아, AMD, 애플 등이 있다. 한국이 메모리 강국이지만, 대만은 비메모리 분야의 강자다. 대만엔 유명한 팹리스 회사 미디어텍이 있지만, 훨씬 더 유명한 회사 TSMC가 있다. TSMC는 세계 1위의 독보적인 파운드리 업체이며, 삼성전자가 2위로 이 회사를 뒤쫓고 있다. 팹리스 회사는 반도체를 설계해 파운드리 회사에 위탁생산을 맡긴다.

4차 산업혁명 시대를 맞아 어떤 회사도 안심할 수 없을 정도로 경쟁이 치열해졌다. 시대변화를 등한시한 사람이라면 여전히 아마존을 온라인 상거래 회사 정도로 알고 있을지 모른다. 하지만 아마존은 세계 최고의 클라우드 서비스 업체가 됐으며, 여기서 더 나아가 반도체 개발까지 나섰다.

경쟁은 이미 돌이킬 수 없을 정도로 치열해졌다. 종합반도체 회사인 한국의 삼성전자, SK하이닉스 등에게 4차 산업혁명은 무궁무진한 기회인 동시에 크나큰 위기이기도 하다. 국내 주식시장이 상승흐름을 이어갈지 여부도 상당부분 한국 주식시장 시가총액 1, 2위 업체들인 삼성과 SK하이닉스가 얼마나 선전하느냐에 달려 있다.

미중 갈등의 본질은
치열한 기술패권 다툼

4차 산업혁명 시대를 맞아 한국이 반도체 강국이라는 사실은 상당히 위로가 된다. 세계 최고의 기술력을 가진 업체들이 즐비한 미국, 그리고 그 미국을 바짝 뒤쫓는 중국, 그 사이에서 제조업 강국 한국은 치열한 경쟁을 벌여야 한다.

과거 한국 재벌의 폐해와 관련해 '문어발식 확장'이 큰 문제로 지적되기도 했다. 하지만 '미래의 기술'과 관련해 문어발식 확장을 하지 않으면 생존이 위협받을 수 있는 상황이 됐다. 소수의 상위기업이 시장과 부(富)의 많은 부분을 가져가버리기 때문이다. 21세기를 지배할 기술을 놓고는 영역을 불문하고 경쟁이 벌어지고 있는 것이다. 이런 일은 국가 간에도 진행되고 있다. 2018년부터 격화된 미중 '무역' 갈등에서 무역은 작은 부분이다. 진짜 핵심은 '기술'이다.

'중국제조2025'라는 말을 들어본 적이 있을 것이다. 이는 중국이 2015년부터 추진하고 있는 '제조업 강국' 도약을 위한 프로그램이다. 2015년 5월 8일 중국 국무원이 '제조업 활성화'를 목표로 발표한 산업 고도화 전략이다.

2025년까지 반도체, 전기차, 첨단 의료기기, 로봇, 통신장비, 첨단 화학제품, 바이오, 의약 기술 및 원료 물질, 항공우주, 해양엔지니어링 등 10개 첨단 제조업 분야에서 대표기업을 육성하는 것을 목표로 한다. 이 프로젝트는 중국의 '기술 자급'을 목표로 했다. 중국은 핵심 기술과 부품·소재를 2020년까지 40%, 2025년까지 70% 자급하겠다는 원대한 목표를 담고 있었다. 늦어도 2050년 이전엔 세계 최대 '기술국가'가 되겠다는 꿈이 담겨 있는 플랜이었다.

하지만 기술이 하늘에서 떨어지는 것은 아니었다. 중국은 제조 2025를 추진하는 과정에서 다른 나라들과 마찰을 불러일으켰다. 자국기업엔 보조금을 지급하고 중국에 진출한 외국기업엔 기술을 내놓으라고 압박했다. 오바마 행정부 8년간 중국이 기술도용을 위해 역량을 집중했다는 사실을 이제는 많은 사람이 알고 있다. 그리고 중국은 미국과 견줄 수 있는 수준 근처까지 성장했다.

미국이 이에 가만히 있을 수 없었다. 중국의 지적재산권 침해가 일상화됐다고 판단한 미국은 중국의 버르장머리를 고쳐놓을 필요성을 느끼는 듯했다.

미국 무역대표부는 2018년 4월 3일 고율 관세부과 대상인 중국산 수입품 1,300개 목록을 발표하면서 중국제조 2025를 정조준했다. 미국은 중국으로부터 수입되는 제품에 대한 전면 관세부과 카드까지 활용하면서 중국을 압박했다.

한국 입장에선 이런 움직임에 촉각을 곤두세울 수밖에 없었다. 미국의 압박으로 중국의 대미 수출이 줄어들면 반도체, 디스플레이 등 한국의 대중 중간재 수출이 타격을 입을 수밖에 없기 때문이다. 하지만 중국이 기술 최강국이 되더라도 한국은 타격을 입을 수 있다. 중국이 제조업 중심의 수출 국가인 한국의 힘을 빌리지 않고 부품자급 등에 나서면 한국의 많은 산업들 역시 위기에 봉착할 수 있기 때문이다. 한국은 '중국이 잘못돼도 문제, 잘되더라도 문제'인 나라가 됐다는 평가가 나올 수밖에 없었다.

2018년 이후 미중 갈등이 격화된 와중에 글로벌 주식시장은 급등락을 반복했으며, 국내 주식시장 역시 이 여파에서 자유롭지 못했다. 2018년초 국내 코스피지수는 2600선으로 오르면서 대망의 3000 시대를 꿈꾸는 듯했으나 미중 갈등이 격화되면서 급락하기도 했다. 특히 2018년초 930선을 뛰어 넘으면서 4자리 지수(1천) 시대에 대한 꿈을 키웠던 기술주 중심의 코스닥 지수는 600선 초반까지 폭락하면서 큰 위기에 몰리기도 했다.

2017년초 트럼프 행정부 출범 이후 피터 나바로와 같은 강경파들이 백악관에 입성했다. 나바로는 중국이 첨단 전투기 등 '국방 분야' 등에서 많은 도적질을 해왔다고 비판하던 인물이었다. 나바로를 앞세워 트럼프는 중국을 손봤다. 중국 대표 기술기업 화웨이와 거래하는 나라에 경고장을 보내는 것은 다반사였으며, 자국기업들도 화웨이와 거래를 끊도록 종용했다.

지난 1980년대에 일본이 미국 GDP의 2/3까지 따라오면서 '엔의 국제화'를 외쳤던 적이 있었다. 여러 국가들에 엔 차관을 빌려주고 동경에 역외거래소까지 만들면서 잔뜩 폼을 잡았다. 그 이후 일본이 어떻게 됐는지는 다들 잘 알고 있다. 미국은 자동차, 반도체 등을 앞세워 미국을 맹추격하던 일본의 통화가치를 강제로 대폭 올려서 일본의 산업기반을 무너뜨려버린다.

플라자 합의 성립 후 1만 6천 달러이던 일본의 1인당 국민소득은 단번에 4만 달러로 뛰었다. 니케이지수는 3만 8천까지 갔고 부동산은 천정부지로 올랐다. 엔화가치가 폭등하자 일본은 미국에 있는 자산을 잔뜩 사들였다. '도쿄 땅을 팔면 미국 전체를 산다'는 말이 있을 정도로 일본의 자산가격은 부풀어 올랐다. 결과적으로 플라자 합의는 일본이 마셔서는 안 되는 독배였다.

미국은 일본이 금융시장을 개방하게 하고, 미국 투자은행들은 '설마 니케이가 내려가겠어'라는 식으로 나오던 일본 기관투자자들에게 풋(put)을 팔게 한 뒤 자신들은 풋을 샀다. 미국 투자자들이 일본의 주가하락에 베팅한 것이다. 미국 투자자들은 1990년 1월 12일부터 주식을 엄청나게 팔아치웠다. 1990년대 중반까지 지수를 1만선까지 끌어내렸다. 일본의 주가는 이후 2만선까지 올라오는 데 무려 27년이 걸렸다. 플라자 합의 여파로 결국 일본 부동산 거품이 꺼지고 일본의 '잃어버린 20년'도 시작됐던 것이다.

국내 금융시장에서도 미중 갈등을 과거의 미일 갈등의 프레임으로 보는 사람이 꽤 많았다. 그러면서 미국이 중국의 외화 부채 버블을 터트린 뒤 부동산을 날려버릴 수 있다고 보는 시각도 있었다.

하지만 중국도 만만한 상대가 아니었다. 미국이 관세를 대폭 올렸으나 중국의 무역흑자가 오히려 늘어나기도 했다. 중국이 미국 GDP의 1/2까지 따라오자 트럼프 정부는 중국을 그냥 두기 어려웠다. 미중 기술 패권다툼은 쉽게 끝날 싸움이 아니었다. 트럼프 행정부는 계속해서 '관세부과, 비관세무역장벽'으로 중국이란 '미래에 미국을 뛰어넘을 기술 강국'을 고사시키는 작전을 펼쳤다.

하지만 2020년 11월 3일 대선에서 트럼프는 바이든에게 패배했다. 바이든 행정부가 상당부분 트럼프 정부의 대중 강경정책을 이어받을 것으로 보는 시각이 강하지만, 트럼프처럼 압박할 수 있을지는 미지수라는 평가들도 많다.

미국에 유명 기술기업들이 즐비하지만 중국 역시 만만치 않다. 조지 소로스와 함께 퀀텀 펀드를 만들어 37세에 은퇴한 유명 투자자 짐 로저스는 앞으로 중국이 미국을 제치고 패권국가가 될 것으로 본다. 미국에 세계적인 IT기업들이 포진해 있음에도 불구하고 미래의 패권은 중국으로 가고 있다고 보는 것이다.

중국 온라인 상거래 기업 알리바바와 세계적인 IT기업 텐센트 등이 이미 많은 주목을 받았지만, 중국의 잠재력은 무수한 기술기업의 출현을 예비하고 있다고 본다. 그리고 주요 기술 대기업은 '자신의 분야'를 가리지 않고 '미래기술'에서 최강이 되기 위해 경쟁중이다.

21세기를 바꿀 혁신 기술 중 하나로 꼽히는 블록체인을 보자. 블록체인 기술은 구글, 아마존, 마이크로소프트 등 미국 대기업이 선점했다. 그런데 중국 쪽에 만만치 않은 강자가 있다. 알리바바는 세계에서 가장 많은 블록체인 특허 기술을 보유하고 있다.

미국이 중국의 네트워크 장비 업체 화웨이를 규제하는 것도 '차이나 포비아'라고 볼 수 있다. 그간 중국이 각국의 주요 기술을 훔쳐온 것은 대부분 알고 있다. 중진국이 선진국을 따라잡는 과정에서 일어나는 '베끼기'는 일상적인 현상이다. 다만 중국의 경우 선진국을 따라잡기 위해 수단과 방법을 가리지 않고 기술을 훔쳐온 것도 사실이다.

미국의 압박에도 불구하고 여전히 중국은 엄청난 잠재력을 갖고 있다. 기술전쟁에선 다수의 우수한 '인재'보다 소수의 '천재'가 중요하다. 중국은 14억의 인구를 거느린 대국이며, 중국 교육 시스템의 경쟁력도 세계적인 수준으로 올라왔다. 평가기관에 따라 다르기도 하지만, 중국 칭화대는 미국 MIT 공대를 제치고 공학분야 세계 최고의 대학으로 선정되기도 했다.

한때 국내에서 '인문학' 열풍이 불기도 했다. 인문학은 교양 차원에서 각자가 배우면 좋다. 하지만 인문학 열풍은 몇몇 인문학으로 돈벌이하는 사람들에게 큰 도움이 됐을 뿐 국가경쟁력을 고양시키는 일과는 크게 관계가 없다. 미래는 기술전쟁에서 승리하는 기업과 국가에게 큰 보상을 할 것이다.

4차 산업혁명과
미래를 바꿀 기술들

사람이나 기업 모두 바뀌는 세상에 적응을 못하면 도태되고 만다. 과거의 '영화'에 젖어서 변화를 꾀하지 않으면 낙오되고 마는 게 세상의 법칙이다. 그래서 필자는 새로운 제품이 나왔을 때 '얼리 어댑터'가 되지는 못하더라도 그 제품이 무엇인지 관심은 가져야 한다는 말을 하곤 한다. 이런 게 몸에 배인 사람일수록 주식투자에서 성공할 확률이 높아진다. 투자의 세계에서도 변화를 읽어내는 힘이 무엇보다 중요하기 때문이다.

우리가 주식투자, 그리고 세상의 변화를 미리 예상할 수 있는 힘을 기르기 위해선 어떤 기술들을 살펴봐야 할까? 반도체는 산업의 쌀이자, 미래기술에서도 쌀의 역할을 할 것이란 얘기를 했다. 반도체 외에도 중요한 기술들이 많다. 먼저 5G 통신이다.

5G는 4차 산업혁명 시대에 다른 기술들이 제대로 기능할 수 있도록 도와주는 기본적인 통신 환경이다. 4차 산업혁명의 중요한 특징은 모든 기술들이 따로 놀지 않는다는 사실이다. 서로 엮여서 다른 기술의 발전을 자극한다.

5G의 가장 큰 특징으로는 우선 초고속 데이터 전송을 들 수 있다. 2019년 5G 상용화에 대한 얘기가 한창일 때 사람들은 LTE(롱텀에볼루션)보다 데이터 전송 속도가 20배나 빨라진다는 사실에 놀라움을 금치 못했다. 예컨대 5G가 LTE보다 최대 20배 빠른 20Gbps(초당 기

가바이트)의 데이터 전송속도를 구현할 수 있다면, 2GB(기가바이트)의 초고화질(HD) 영상을 받는 데 0.8초밖에 걸리지 않는다.

5G는 또 많은 데이터를 처리할 수 있게 도와준다. 4차 산업혁명이 원활하게 진행되기 위해선 많은 데이터를 빠르게 처리해야 한다. 예컨대 VR(가상현실)이나 AR(증강현실) 서비스가 원활해지기 위해선 고용량을 빠르게 처리해야 하는 것이다.

5G의 빠른 속도와 대규모 데이터 처리 능력은 다른 산업들을 연결하게 한다. 즉 5G가 4차 산업혁명을 위한 기본적인 인프라가 되는 것이다. 따라서 4G LTE 시대보다 한 단계 더 업그레이된 5G 환경구축은 필수적이다.

예를 들어 자율주행차는 달리는 와중에도 계속해서 데이터를 주고 받아야 한다. 안전한 자율주행을 위해선 단말기와 디바이스 간 데이터가 0.001초 이상으로 지연이 돼선 안 된다고 한다.

삼성전자, 화웨이, 퀄컴 등 세계적인 업체들은 '5G 통합 칩'을 개발하기 위해 경쟁하고 있다. 삼성전자는 2019년 9월 5세대 이동통신을 지원하는 '5G 통신 모뎀'과 고성능 '모바일 AP(Application Processor)'를 하나로 통합한 5G 모바일 프로세서 '엑시노스(Exynos) 980'을 공개하기도 했다.

인공지능(AI)과 클라우드 서비스 역시 4차 산업혁명 시대의 골격을 이룰 인프라로 평가받는다. 빅데이터들은 AI를 통해 더 가치 있는 정보로 변모할 수 있으며, AI는 머신 러닝을 통해 인간의 삶을 편리하게 바꿀 수 있다.

한국 사람들은 2016년 3월 당시 세계 최고의 바둑기사 이세돌과 알파고의 대결에서 알파고가 4대 1로 쉽게 인간계 최고를 무너뜨린 사건을 보면서 AI의 무궁무진한 가능성을 봤다. 구글의 딥마인드는 이제 그 알파고보다 능력이 훨씬 뛰어나 알파고 정도는 언제 붙어도 이길 수 있는 AI 기사들을 만들어냈다.

이제 AI 기술을 놓고 구글을 비롯해 아마존, 애플, 마이크로소프트, 제너럴 일렉트릭 등 알만한 기술 대기업이 모두 경쟁을 벌이고 있다. 한국의 삼성전자 역시 당연히 AI 연구에 박차를 가하고 있다.

그런데 AI나 빅데이터는 클라우드 서비스와 같이 움직일 수밖에 없다. 클라우드는 5G 통신을 바탕으로 모바일, 컴퓨터, 스마트 공장, 자동차, 로봇 등을 연결하는 역할을 하게 된다. 더 나아가 우리 일상생활의 많은 부분들을 연결하게 될 것이다.

클라우드는 데이터를 모아 온라인 서비스가 제대로 작동하게 하는 공간이다. 아마존, 마이크로소프트, 구글, IBM 등이 클라우드를 놓고 치열한 경쟁을 벌이고 있다. IT기업들이 데이터 센터 확장에 사활을 거는 것도 클라우드의 중요성 때문이다. 한국에선 네이버, 삼성SDS, 더존비즈온 등이 이 사업에 집중 투자하고 있다.

클라우드 시장에선 한 기업이 특정업체의 클라우드 시스템을 구축해놓으면 다른 회사의 서비스로 교체하기가 만만치 않아 시장선점이 중요하다는 평가들이 나온다.

4차 산업혁명 시대엔 인간 육체노동의 강도가 줄어든다. 이와 관련해 쉽게 떠오르는 분야가 로봇이다. 로봇과 관련해선 2011년 3월

후쿠시마 원전사고가 일어났을 때가 떠오른다. 당시 많은 사람들은 일본이 로봇기술에 있어 가장 앞서 있다고 생각했으나 실제 방사능 누출과 관련된 일 처리 과정에서 로봇을 제대로 활용하지 못했다. 인간을 대신해 위험한 공간에서 사고수습을 할 수 있는 로봇이 없었던 것이다.

이후 로봇 분야는 더 발전했다. 로봇 분야는 빅데이터를 기반으로 한 AI역량, 그리고 뻣뻣한 관절의 움직임을 자연스러운 동작으로 업그레이드할 수 있는 하드웨어적 기술이 모두 필요하다. 미국을 포함해 전통적 제조업 강국인 일본, 독일 등이 로봇 분야에서 앞서가고 있다.

4차 산업혁명과 관련해 아마도 사람들이 가장 큰 관심을 가진 분야는 전기차와 수소전기차 분야일 것이다. 자율주행 자동차는 기존의 내연기관 자동차를 역사의 뒤안길로 밀어내고 사람들의 생활패턴을 완전히 바꿀 것으로 기대되고 있다. 미래차에는 IT기술이 대거 접목된다. AI와 빅데이터, 반도체, 5G 등이 모두 미래차와 연관된다.

이미 2010년대부터 세계 자동차 업계에선 전기차가 화두가 됐다. 환경오염을 크게 줄인 전기차에 AI 기술을 입혀 자율주행이 가능한 자동차를 내놓기 위해 경쟁하고 있다. 테슬라는 전기차에 대한 기대감으로 주가가 상상하기 힘든 수준으로 뛰었다.

전기차는 기존 전통 자동차 업계에도 큰 파장을 던질 수밖에 없다. 전통 내연기관 자동차엔 부품이 무려 2만~3만 개 정도 들어가지만 전기차엔 그 절반밖에 들어가지 않는다. 엔진 대신 모터가 사용되고, 첨단 전자부품이 이용된다. 결국 인력 역시 대대적인 구조조정이 불가피한 상황이 된 것이다.

또한 전기차엔 배터리가 중요한 역할을 하게 됨으로써 이 시장을 두고 치열한 혈투가 벌어지고 있다. 2020년 LG화학은 배터리 분야를 별도 법인인 LG에너지솔루션으로 따로 분리시킨다고 발표해 큰 관심을 끌었으며, 주주들의 거센 항의를 받기도 했다. 그만큼 2차전지는 큰 먹거리 분야이기 때문이다. 하지만 세계 완성차 업체들이 배터리 자체 생산을 거론하기도 하는 등 치열한 경쟁이 이어질 수밖에 없다.

우리나라의 현대차는 수소전기차 분야를 선도하겠다는 포부를 밝히기도 했다. 수소차는 충전 후 전기차보다 주행거리가 긴 장점 등이 있다. 미래 자동차에 IT기술이 중요한 만큼 구글이나 애플 등 IT 공룡들 역시 뛰어들었다.

결국 4차 산업혁명 시대엔 기술 기업들이 '분야를 가리지 않고' 뛰어들고 있으며, 경쟁 또한 치열하게 전개될 수밖에 없다. 앞으로 돈이 되는 분야를 선점하기 위한 기업들의 치열한 싸움이 벌어지고 있는 것이다.

아울러 이 기술들은 우리 사회의 문화를 크게 바꿀 수 있다. 예컨대 자율주행차 시대가 열리면 공유경제가 더욱 활성화될 수 있다. 또한 넷플릭스가 큰 재미를 보고 있는 OTT(인터넷을 통한 콘텐츠 서비스) 분야에 다른 IT 업체들이 반격할 준비를 하고 있으며, 관련된 콘텐츠 산업도 더욱 활성화될 것이다. AI와 결합한 가전제품들의 출현으로 각종 센서산업도 각광을 받을 수 있다.

금융산업 역시 많은 변화가 일어날 수 있다. 국내에 K뱅크·카카오뱅크 등 인터넷 은행들이 출범한 상황이지만, 빅데이터나 AI기술로 무장하고 각종 결제 서비스의 편리함을 묶어 엮어 전통적인 은행산업을 위협할 것으로 보인다.

4차 산업혁명은 이처럼 우리 생활의 다양한 분야에 획기적인 변화를 가져올 수 있다. 주식투자라는 행위는 '미래'에 대한 베팅 성격이 강하기 때문에 변화의 흐름에 촉각을 곤두세워야 한다.

코로나19 사태 이후 각국 정부가 나서서 경기부양을 주도했었다. 특히 정부가 국민의 '미래' 세금으로 특정 분야를 선정한 뒤 이를 적극적으로 뒷받침하는 경우가 많다. 코로나19 사태 이후엔 데이터, 네트워크, AI 등 차세대 기술과 관련한 정부투자가 늘어나 주식투자자들도 이런 흐름을 활용할 필요가 있다. 정부가 인위적으로 투자를 늘리면 민간분야가 위축될 수 있으며, 재정정책이 과도해 나라 빚이 크게 늘어날 경우 재정건전성이 위협받을 수도 있다. 코로나19 사태 이후엔 중앙은행과 정부의 공조가 일상화돼 상당히 많은 돈이 풀리면서 주식시장을 띄웠지만, 인위적인 유동성 공급이 가져올 부작용에 대한 우려의 목소리도 적지 않다. MMT 이론은 정부가 무제한으로 빚을 늘리고 중앙은행이 빚을 흡수(채권 매입)하면 된다는 이론으로, 오랜기간 '잠꼬대' 같은 소리라는 평가를 받았지만 경제위기 이후 상당히 세력을 넓혔다.

트렌드 11 ↗

큰 정부 시대의
투자기회와
리스크

문재인 정부의 대대적인 경기부양책,
한국판 뉴딜

2020년 7월.

문재인 정부는 '한국판 뉴딜'이란 이름을 단 대대적인 경기부양 정책을 발표했다. 정부가 앞장서 산업구조 재편을 이뤄내겠다고 했다. 산업생태계 변화에 따라 D.N.A(데이터, 네트워크, AI)나 IT업종 등에 정책역량을 집중하는 것은 당연한 일이지만, 정부가 대규모 투자를 통해 경기를 부양하겠다고 천명했다.

정부는 각종 미사여구를 동원해 장밋빛 청사진을 제시했다. 문재인 대통령은 혁신과 역동성이 확산되는 디지털 중심지로서 글로벌 메가트렌드를 주도하는 똑똑한 나라를 만들겠다고 했다.

탄소중립(Net-zero)을 향한 경제·사회의 녹색전환을 통해 국제사회의 책임을 다하는 그린 선도국가가 되겠다고도 했다. 더 나아가 국민의 삶과 일자리를 지켜주고 실패와 좌절에서 다시 일으켜주는 더 보호받고 더 따뜻한 나라를 만들겠다는 감성적인 언어를 구사하면서 미래비전을 제시했다. 문재인 정부가 제시한 프로젝트는 '22조 원 플러스 알파'라는 거대한 돈이 투입된 이명박 정부의 '4대강 사업'을 웃도는 것이었다.

정부는 2022년까지 총 사업비 67.7조 원(국비 49조 원)을 투자하고 일자리 89만 개를 창출한다는 포부를 밝혔다. 이후 문재인 대통령 임기가 끝난 뒤인 2025년까지 총 사업비 160조 원(국비 114.1조 원)을 투자하고 일자리 190만 개를 창출하겠다고 다짐했다. 160조 원이라는 엄청난 돈을 투입해 한국경제의 근간을 손질하겠다는 원대한 프로젝트였다.

2020년을 '대전환 착수기'로 명명한 뒤 2021~2022년은 '디딤돌 마련기'라고 칭했다. 2021~2022년을 새로운 성장경로 창출을 위한 투자를 확대하는 시기라고 이름을 붙인 뒤 이때까지 누적 총사업비 67.7조 원(국비 49조 원)을 투자하고 일자리 89만 개를 창출하겠다고 다짐했다.

2023~2025년은 '대전환 착근기'라고 명명했다. 새로운 성장경로 안착을 위한 보완과 완성의 시기라는 것이다. 누적 총사업비 160조 원(국비 114.1조 원)을 투자해 일자리 190만 개를 창출하겠다는 비전을 밝혔다.

'3대 분야'별로 보면 우선 '디지털 뉴딜'과 관련해선 총사업비 58.2조 원(국비 44.8조 원)을 투자해 일자리 90.3만 개를 창출하겠다고 선언했다. D.N.A. 생태계(국비 31.9조 원), 비대면 산업 육성(국비 2.1조 원), SOC 디지털화(국비 10조 원) 등에 집중투자한다고 했다.

한국판 뉴딜 개념도

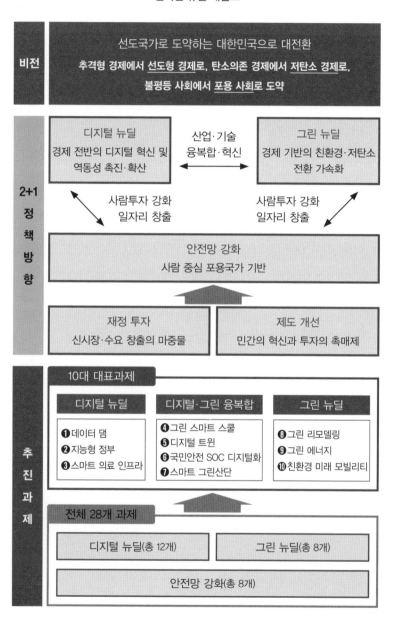

정부는 '그린 뉴딜'과 관련해선 총사업비 73.4조 원(국비 42.7조 원)을 투자해 일자리 65.9만 개를 창출하겠다고 밝혔다. 기후변화 대응 강화, 친환경 경제구현을 위해 녹색 인프라(국비 12.1조 원), 신재생에너지(국비 24.3조 원), 녹색산업 육성(국비 6.3조 원) 등에 집중투자한다고 했다.

이런 가운데 그린 뉴딜과 관련해선 비판도 많았다. 세계 최고의 기술력을 지니고 있었던 '원전 기술'을 왜 더 안전하고 효율적으로 발전시키지 않느냐는 것이었다. 많은 사람들은 향후 4차 산업혁명 시대에 더 많은 '전기'가 필요한 상황에서 환경적으로도 깨끗하고 효율적인 원전과 거리를 두는지 납득하기 어렵다고 비판했다. 아울러 '그린 뉴딜은 일부 시민단체 등의 의견이 많이 반영되면서 급조된 성격이 있다'는 비난도 제기됐다.

정부는 '안전망 강화'와 관련해선 총사업비 28.4조 원(국비 26.6조 원)을 투자해 일자리 33.9만 개를 창출하겠다고 약속했다. 구조전환에 따른 불확실성에 대응해 고용·사회 안정망 확충(국비 22.6조 원), 디지털·그린 인재 양성 등 사람투자 확대(국비 4.0조 원) 등을 제시했다.

정부가 이처럼 대대적인 투자에 나서면 어떤 일이 벌어질까? 당장 2021년 예산안에 22조 원의 뉴딜 지원이 추가된다는 점이 밝혀지자 금융시장에선 '뉴딜 수혜주'에 대한 관심이 커지고 관련 산업의 성장세를 기대하는 시각들이 나타났다.

정부의 재정정책이 단순히 돈을 나눠주는 차원이면, 경제 성장에 기여하는 정도가 적다. 하지만 대대적인 사업을 벌여 관련 산업이 자극을 받게 되면 성장에 대한 기여도도 커진다. 물론 과거 일본의 사례에서 보듯이 사업성 없는 토목공사 등을 벌이면 두고두고 국가 재정에 부담이 되기도 한다.

금융가에선 2021년 22조 원 규모에 달하는 한국판 뉴딜 집행으로 약 30조 원 가량의 GDP 증가가 기대된다는 긍정적 평가가 나왔다. 이 수준이면 2019년 GDP의 1.5~1.6% 수준이다. 뉴딜 사업엔 민간도 참여하기 때문에 10조 원 수준의 민간투자까지 더해질 경우 GDP 제고효과는 더욱 커질 수 있다. 한국판 뉴딜 정책에 따른 경기 모멘텀 강화 효과로 주식시장의 매력이 상승할 것이란 낙관론들도 보였다.

사실 중국의 7대 신인프라 투자정책, 미국·유럽·아시아 국가 등의 ICT 플랫폼 구축 등에서 보듯이 세계는 '주도산업'을 놓고 경쟁 중이다. 한국정부의 능력과 의지를 믿는 사람들이라면, 경기와 주식시장에 대한 낙관론을 펼칠 수 있었다.

정부의 정책방향은 전 산업분야의 디지털화를 가속화하면서 신재생에너지 관련 산업과 기존 산업의 ICT 기능 접목을 통한 시너지 창출을 노리는 방향이었다. 전체적으로 세계가 관심을 갖는 분야에 대한 정부의 적극적인 지원으로 방향이 잡힌 것이었다.

한국판 뉴딜은 5G 중심의 무선통신, AI, 빅데이터, 클라우드 등의 데이터 산업과 2차전지 및 신재생에너지에 초점을 맞추고 있었다. 전체적으로 '미래 먹거리 산업'의 핵심분야가 다 들어 있다. 2020년

3월 코로나19로 주식시장이 폭락한 뒤 빠르게 반등한 데는 정부정책에 대한 기대감도 작용했다. IT(데이터 산업, 2차전지, 신재생 에너지) 주도로 주가가 상승추세를 전개한 데는 '세금으로 지원할' 산업에 대한 기대감이 상당 부분 반영됐던 것이다.

주식투자자는 중앙은행의 통화정책과 함께 정부의 재정정책 모두에 관심을 가져야 한다. 정부가 어떤 분야를 '밀어주는'지를 봐야 한다. 아무래도 맨땅에 헤딩하는 산업보다는 정부까지 나서서 도와주는 분야가 유리하기 때문이다. 코로나19 사태와 산업 생태계의 변화로 2020년부터 전 세계는 '큰 정부' 실험에 돌입했다. 이 때문에 '한국판 뉴딜'로 한국만 유난을 떠는 것은 아니었다.

하지만 세상사 모든 일엔 양면성이 있다. 정부의 정책에 대한 비관적인 시각도 꽤 나왔던 것이다. 한국판 뉴딜이 성공해 한국이 디지털 선도국가로 거듭날 수 있다는 기대감을 제시하는 사람들의 반대쪽에선 '돈만 허투루 쓰고' 재정(나라 살림살이)만 망가뜨리게 될 것이란 비관적인 시각도 보였다.

특히 문재인 정부의 경제정책에 대해 비관적인 쪽에선 '제일 나쁜 건 무능한 정부가 사리분별 못하고 열심히 하려는 것'이라면서 비난하기도 했다. 정부가 주도하는 정책이 재정악화와 국민들에겐 더 높은 세금청구서로 돌아올 것이라고 폄하하기도 했다.

아무튼 정부의 정책은 주식투자자들이 늘 살펴야 하는 중요한 정보다. 정부의 정책이 옳든 그르든 경제가 나아가는 큰 방향을 제시하기 때문이다.

역사 속의 뉴딜,
어떤 메시지를 던져주나?

한 나라의 경제정책은 중앙은행이 수행하는 통화정책과 정부가 실시하는 재정정책으로 크게 나눠서 볼 수 있다.

중앙은행은 금리인상이나 금리인하, 그리고 유동성 공급정책이나 유동성 회수정책을 펼치면서 시중의 통화량을 조절한다. 경기가 좋을 때는 금리를 올리거나 유동성을 거둬들이며, 경기가 좋지 않을 때는 금리를 내리거나 양적완화(QE) 등을 실시해 시중에 돈을 공급한다.

정부의 재정정책은 세금 인상이나 인하, 공공주도 사업의 발주나 복지확대 등을 통해 이뤄진다. 국가는 한 해의 살림살이라고 할 수 있는 예산을 편성해서 각종 사업을 벌인다.

정부가 실물경제에 적극적으로 개입해 경제를 주도하기도 한다. 한국의 국내총생산(GDP)에서 국가부문이 차지하는 비중은 20%를 넘는다. 한해 성장률 3% 달성도 어려워진 상황에서 문재인 정부 출범 이후엔 점점 더 정부가 큰 역할을 하고 있다.

많은 사람들이 미국이 시행했던 대공황 극복 프로젝트, 즉 프랭클린 루즈벨트 대통령의 '뉴딜 정책'을 적극적인 재정정책의 효시라고 보고 있다. 침체된 경기를 정부의 적극적인 재정정책을 통해 극복할 수 있다는 사실을 보여주는 역사적 사례로 평가받기도 한다.

미국의 대공황은 1929년 10월 뉴욕 주식시장의 대폭락을 계기로 본격화됐다. 산업생산이 급감하고 기업들은 파산했으며, 실업률은 25%로 급격히 뛰어올랐다.

주가폭락과 경기침체 이후 후버 대통령(1929~1933년 재임)은 경기를 살리기 위해 애썼으나 상황은 나아지지 않았다. 급기야 1932년엔 국민총생산(당시엔 GDP 대신 GNP가 경제성장률의 기본 통계였다)이 1929년 수준의 50%대까지 추락했고, 실업자가 1,300만 명에 달했을 정도로 급증했다.

이후 1932년 대통령 선거에서 승리한 루즈벨트 대통령은 적극적인 '국가의 개입'을 선언하면서 '잊혀진 사람들을 위한' 뉴딜 정책을 실시한다. 루즈벨트는 '구제(Relief), 경기회복(Recovery), 개혁(Reform)'이라는 3R을 내세워 대대적인 '경제구조 뜯어 고치기'에 돌입한다.

은행을 정부의 감독 아래에 뒀으며, 금과 은을 회수하고 정부의 통화를 발행했다. 미국정부는 또 농업조정법을 통해 농산물의 생산량을 조정하고 농민들의 생활을 보조했다. 즉 농업조정법(AAA)을 제정해 농산물 가격의 하락을 막는 동시에 농산물의 과잉생산을 막기 위해 경작지를 줄이는 농민에게 보상금을 줬던 것이다.

정부는 파산 직전에 몰려있는 회사와 사람에게 신용대출을 장려했다. 전국산업부흥법(NIRA)을 통과시켜 지금으로 치면, 대대적인 창업을 독려하기도 했다.

정부는 노동과 복지에 대한 제도도 정비했다. 와그너 법을 제정해 노동조합을 합법화했고, 노동자의 단결권과 단체교섭권을 인정했다. 지금 많은 국가들이 당연히 채택하고 있는 노동 관련 제도의 틀을 당시에 만들었다.

복지정책 역시 강화했다. 우선 은퇴자를 위한 연금 기금을 조성하는 데 정부도 돈을 내는 사회보장법을 만들었다. 미국도 유럽식 사회보장제도를 흉내내기 시작한 것이었다.

사실 이런 정책들은 정부의 개입을 최소화해야 한다는 미국의 '전통'에 대한 정면 도전이었다. 미국은 개인의 경제적 문제는 스스로 해결해야 한다는 '자립(self-reliance)'을 강조해온 나라였다. 개인의 문제에 정부가 개입하는 것은 '미국식 자유'에 대한 도전이기도 했다.

하지만 루즈벨트는 많은 개인들이 스스로 문제를 해결할 수 없는 상황에서 이런 전통은 설득력을 얻기 어렵다고 봤다. 그러면서 대대적인 국가개입과 경제구조 변화를 선도한 것이다.

이런 변화는 영국 노동당, 프랑스 사회당, 독일 사민당과 같은 사회주의 성향이 강한 정당들이 추진하던 정책이었다. 하지만 루즈벨트를 통해 '정부의 역할'에 대한 미국인들의 생각도 상당히 바뀌게 된다.

뉴딜 정책 가운데 가장 주목을 받는 프로젝트가 있었다. 사람들에게 가장 잘 알려진 사업은 '테네시강 유역 개발사업'이었다. 다목적 댐을 건설로 전력을 생산해 지역 경제를 다시 일으켜 세우겠다는 야심찬 프로젝트였다. 정부가 직접 일자리를 창출하고 경제를 활성화시키기 위해 공공사업(public works)을 추진한 것이다. 댐 건설, 하천정비, 비료 생산에 대한 공공투자로 고용을 이끌어냈다.

하지만 미국의 뉴딜 정책 성과를 놓고 다른 의견도 적지 않다. 미국 뉴딜 정책은 알려진 것과 달리 실패한 정책이었으며, 실제로 미국경제를 구한 것은 2차 세계대전의 발발이었다는 주장도 꽤 많다. 이웃에서 전쟁이 일어나면 그 물자를 제3자에게서 구할 수밖에 없다. 세계대전을 통해 미국경제가 활성화됐다는 분석도 많은 것이다. 마찬가지로 일본이 2차 세계대전 패전 직후에 산업을 재정비할 수 있었던 큰 이유 중 하나는 이웃 나라인 한국에서 한국전쟁이 발발했기 때문이었다.

한국정부는 코로나19 사태를 맞아 대대적인 투자를 공언하면서 '한국판 뉴딜'을 야심차게 내걸었다. 이 정책의 지속성이나 효과에 대한 의문도 많다. 정부의 투자방향은 4차 산업의 핵심 분야에 집중됐을 뿐 큰 방향이나 골격은 과거 루즈벨트가 추진했던 정책과 같다고 볼 수 있다.

큰 정부 시대와 재정건전성의 문제, 일본 사례에서 배워야 한다

정부가 경기상황에 적극적으로 개입하는 문제는 경제학의 오랜 논쟁거리였다. '정부가 하는 게 나으냐, 민간에 맡기는 게 나으냐', 이 문제를 놓고 경제학계는 지루한 말싸움을 했다.

기업가나 금융업계 종사자 등 많은 사람들은 정부는 경제발전을 위한 공정한 경쟁시스템을 만드는 데 주력하고, 민간에 지나치게 간섭해서는 안 된다는 논리를 자주 펼치곤 한다. 특히 정부의 능력부족 혹은 비효율성을 질타하는 사람들은 정부가 다양한 분야에 나서서 '완장질'을 하게 되면, 오히려 경제의 역동성이 떨어지고 재정 건전성만 악화될 수 있다고 경고한다.

정부의 재정정책과 관련해 경제학에선 '구축효과'를 근거로 정부 정책의 과유불급(지나친 것은 모자란 것보다 못하다)의 논리를 펼친다. 구축효과 문제는 사실 간단치 않다. 정부가 정책을 펼칠 때 이 문제를 유념해서 다뤄야 한다.

구축효과는 확대 재정정책이나 재정적자 확대로 이자율이 올라 민간의 소비와 투자가 오히려 위축되는 현상을 뜻한다. 불경기 혹은 불황기 때의 재정정책은 재정지출을 확대하거나 세금을 적게 거둬 총수요를 자극하는 방식으로 이뤄지곤 한다. 재정지출을 확대하는 것은 정부가 경기 살리기의 전면에 나서는 것을 의미하고, 세금을 덜 걷는 것은 민간의 자율적 경제활동을 독려하는 행위다.

정부가 세금을 더 걷지 않고 재정지출을 확대하기 위해선 국채를 발행해서 돈을 빌려야 한다. 하지만 이 경우 민간에서 빌릴 수 있는 자금이 줄어들어 이자율이 오르고 민간의 투자가 감소할 수 있다. 민간투자 감소로 민간의 생산이 감소한다면, 정부의 재정지출로 인한 생산증가 효과가 무력화된다.

재정정책을 확대할지 여부는 경기상황을 봐서 결정해야 한다. 통상 경기가 좋지 않을 때는 민간의 투자수요가 적어 구축효과가 제한

정부의 2019~2021년 국고채 발행과 계획

(단위: 조 원)	'19년 실적	'20년 한도					'21년 한도 (B)	(B-A)	증가율
		본예산	1차	2차	3차	4차 추경(A)			
◇ 총발행	101.7	130.2	140.6	144.1	167.0	174.5	176.4	+1.9	+1.1%
○ 순증	44.5	70.9	81.3	84.8	107.7	115.2	113.2	△2.0	△1.7%
- 적자국채	34.3	60.3	68.3	77.1	97.1	104.0	93.5	△10.5	△10.1%
○ 차환	57.2	59.3	59.3	59.3	59.3	59.3	63.2	+3.9	6.6%

국고채 발행량 및 잔액 추이

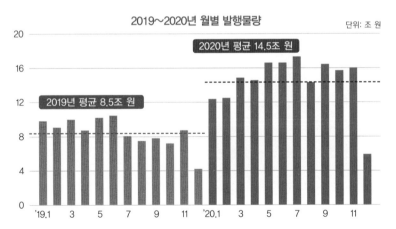

2019~2020년 월별 발행물량

적일 수 있다. 반면 민간이 알아서 잘하고 있는 상황에서 정부가 더 투자한다면 오히려 매끈한 경기상승에 방해가 될 수 있다. 2020년 코로나19 사태로 민간의 경기가 제대로 돌아가지 않으면서 각국의 정부는 유례없는 경기부양정책을 펼쳤다.

적극적인 재정정책과 관련한 또 하나의 문제점은 정부의 재정건전성이 악화될 수 있다는 점이다. 경기가 안 좋은 상황에서 정부가 세금을 대폭 올리기는 쉽지 않다. 정부가 뭔가를 해보겠다고 세금을 과하게 올리면 민간경기가 오히려 위축될 수 있기 때문이다.

이런 때는 정부가 빚을 낸다. 즉 국채를 발행해서 경기부양이나 복지확대를 위한 재원을 마련하는 것이다. 이러한 정부의 부채는 미래세대가 부담해야 할 세금이다. 일단 급한 만큼 후세들에겐 '미안하지만' 채권을 발행해서 경기부양을 위한 자금을 마련하는 것이다. 하지만 대규모의 채권을 발행하는 과정에서 경기에 충격을 줄 수도 있다.

채권공급 측면에서 보면, 정부가 재정지출 확대를 위해 국채를 발행해 재원을 조달할 경우 채권시장에 공급물량이 확대돼 금리가 오를 위험이 커진다. 대규모 국채발행으로 금리가 오르면, 전반적으로 시중자금을 빌리기가 어려워진다. 결국 기업의 투자위축이 발생해 경기에 악영향을 끼칠 수 있다. 특히 2017년 문재인 정부 출범 후 역대 가장 큰 폭으로 예산을 늘리고 국채발행 규모를 대대적으로 증액하면서 이를 우려하는 사람들도 많았다.

정부의 적극적인 재정정책으로 국가부채가 대폭 늘어나면 미래엔

'억지로' 저금리를 유지해야 하는 상황이 발생할 수 있다. 경기상황이 좋으면 금리가 오르고, 나쁘면 하락하는 게 자연스러운 흐름이지만 만성적인 경기부진과 저금리가 일상화될 수도 있다. 예컨대 거의 성장하지 못하는 나라가 된 지 오래된 일본의 경우 국가의 부채규모가 커 금리가 크게 오르면 국가재정이 흔들릴 수 있는 지경이 됐다.

한해 예산을 거의 1천조 원(100조 엔) 수준으로 책정했던 일본의 2019년 사정을 살펴보자. 일본은 당시 예산 가운데 240조 원 가까이를 국가부채를 갚는 데 썼다. 예산의 1/4은 아무 일도 하지 못하고 빚을 갚는 데 지불해야 했다.

여기에 일본은 더 큰 문제가 있다. 여성들이 출산을 기피해온 역사가 쌓이면서 노년층을 부양하는 데 문제가 생겼다. 이 때문에 예산 중 사회보장예산이 340조 원에 달했다. 결국 예산의 절반 이상을 빚을 갚고 사회보장 시스템을 꾸려가는 데 써야 했다.

그러나 그 전 해에 일본 정부가 세수로 걷어들인 돈은 630조 원이 채 되지 않았다. 결국 세금을 걷어서 노년층 부양 등 사회보장활동과 나라 빚을 갚는 데 돈을 쓰고 나면 남는 게 별로 없었다. 한 해 예산을 편성해도 예산의 60% 가까이가 이런 곳에 쓰여야 하니 나라 살림이 빠듯한 것이다.

그러면 나머지 돈은 어떻게 마련하는가? 정부가 국채발행(빚 내기) 등을 통해 충당하는 수밖에 없었다. 일본은 전체 예산의 30% 가까이를 국채발행을 통해 조달해야 했다. 일본 정부도 꾸준히 빚을 갚아나가고 있지만 늘어나는 빚이 더 많았다.

일본의 국가부채는 1경 1,200조 원을 넘어서 1인당 국가부채가 무려 1억 원에 육박하는 나라다. 인구 1억 2천여 명의 일본은 1990년대 이후 경기 침체와 출산율 정책실패 등이 겹쳐 빠듯한 나라 살림을 이어갈 수밖에 없는 지경에 이른 것이다.

일본은 그나마 이자도 거의 붙지 않는 국채를 국민들이 사주면서 버티고 있다. 국민들이 국가를 신뢰하지 못하고 채권을 더 이상 사주지 않는다면 국가가 큰 혼란에 휩싸일 수 있는 구조인 셈이다.

한국은 문재인 정부 출범 이후 빚이 빠른 속도로 늘어나고 있다. 집권 여당은 야당 시절엔 정부의 빚내기에 대해 비판적인 입장을 보이기도 했다. 예컨대 국가부채가 GDP의 40%를 넘겨선 안 된다는 입장을 보이면서 재정건전성을 강조하기도 했다.

하지만 여당이 된 뒤엔 태도가 달라졌다. 일각에선 역대 어떤 정부보다 문재인 정부가 빚에 대해 무감각하다고 비판한다. 마음껏 쓰고 뒷처리는 다음 정권에 넘겨버리는 정책을 쓰고 있다고 보는 것이다.

문재인 정부는 출범 후 예산안을 전년에 비해 10% 가까이 대폭 증액하는 등 '큰 정부'로서의 면모를 유감없이 보여줬다. 그런 뒤 2020년 코로나19 사태가 터진 뒤엔 추가경정예산을 4차례나 편성하는 과감한 모습을 보이기도 했다. 코로나 위기를 맞아 어쩔 수 없는 측면이 있었지만, 주변의 걱정은 대단했다. 결국 2020년 한국의 국가부채는 40%를 훌쩍 넘어 50%에 육박할 정도로 급증했다. 한국은 결코 미래의 나라 살림살이를 낙관할 수 있는 나라가 아니다. 한국의 출산율은 1명도 안 되는 세계 꼴찌 수준이다. 인구 노령화 속도는 세계에서 제일 빠른데 세계에서 가장 아이를 낳지 않는 나라가 한국이다. 미래를 생각한다면 돈을 함부로 써서는 안 되는 나라다.

사실 금융권, 그 가운데서도 채권시장에선 국가가 적극적인 빚을 내자 이를 우려하는 시각이 강했다. 2020년 12월엔 예산이 통과된 지 얼마 지나지도 않아 정치권 등에서 '추경경정예산' 편성에 대한 목소리가 나오기도 했다. 본예산이 통과되고 잉크도 마르지 않은 상황에서 자꾸만 빚을 더 내자는 얘기를 하자 금융시장에서도 이를 비난하는 사람들이 많았던 것이다.

정부가 나라 살림살이를 너무 '주먹구구'식으로 하는 것 아니냐는 우려도 높았다. 채권을 싸게 사서 비싸게 팔거나 이자를 챙기는 게 주목적인 채권 펀드매니저들은 예컨대 이런 얘기를 많이 했다.

"어떻게 된 게 정부나 여당 의원이란 사람들은 '돈 쓰자, 추경하자'는 소리를 아무 거리낌 없이 하는지 모르겠습니다. 추경을 하기 위해 발행하는 국채는 미래세대들이 갚아야 할 빚 아닙니까? 정부의 포퓰리즘 정책 때문에 국가의 재정건전성이 악화되고 국내에 들어와 있는 외국인 자금마저 빠져나가면 어쩌려고 이렇게 과도한 정책을 씁니까?"

위기의 시기엔 정부가 개입해 적극적인 재정정책을 펼칠 수 있다. 다만 돈이 많이 드는 시기엔 꼭 필요한 곳에 돈을 써야 한다. 그렇지 않고 '다른 나라보다 재정상황이 낫다'는 말만 되풀이하면서 과도하게 빚을 내는 것은 국가경제를 위험에 빠뜨릴 수 있는 행위다.

유동성 공급이나 경기부양이 주는 기대감,
그리고 루비니의 역설

2020년 12월 27일.

도널드 트럼프 미국 대통령은 9천억 달러 규모의 신규 경기부양책과 1조 4천억 달러 규모의 예산안에 서명했다. 예산안과 경기부양책이 의회를 통과했지만, 트럼프 대통령은 서명을 미루다가 결국 한 해가 가기 전에 사인했다.

트럼프 대통령의 부양책 서명 소식에 뉴욕 주식시장은 일제히 환호하면서 반등했으며, 이 여파는 국내 주식시장으로 이어졌다. 트럼프 대통령의 서명 소식에 앞서 24일엔 영국과 EU가 4년 반 만에 브렉시트 협상을 타결했다는 소식을 전했다.

주식시장은 기본적으로 불확실성을 싫어하기 때문에 불확실성이 해소되는 재료엔 상승으로 반응한다. 아울러 금리를 내리거나 정부가 재정부양에 나서는 것을 좋아한다. 풀린 돈이 주식시장에 상장된 특정 기업을 지원할 수도 있고, 그 돈들이 주식시장으로 들어올 수도 있기 때문이다.

'루비니 패러독스(역설)'라는 말도 있다. 미국 뉴욕대학의 누리엘 루비니 교수는 금리인하나 정부의 부양정책으로 돈이 풀리면 경기를 살리기보다는 주가와 부동산가격만 오를 수 있다는 점을 꼬집은 것이다.

경기부양을 위해 중앙은행이나 정부가 유동성 공급을 늘리면 이 돈들이 경기회복에 즉각적으로 기여하기보다는 자산가격만 빠르게 밀어올릴 수 있다. 경기회복 속도보다 자산가격이 상승하는 속도가 빠른 게 일반적인 패턴이다. 하지만 자산가격 상승이 지나쳐 당국이 버블 방지를 위해 금리인상과 같은 긴축카드를 꺼내들면 경기부진은 지속될 수밖에 없다. 이러면 다시 유동성 공급 등 대책을 마련하게 되는 식이다. 이 과정이 계속 반복되는 아이러니한 상황이 이어질 수 있다.

사실 2008년 글로벌 금융위기 이후 이런 현상을 우리는 쉽게 목격해왔다. 중앙은행이 금리를 내리고 정부는 재정적자를 확대해 경기를 부양하려고 애를 쓰지만, 주가나 부동산만 오르는 경우가 허다했다. 주가나 부동산가격이 너무 올라 긴축정책을 쓰려고 하면 주식시장이 경기를 일으켜 다시금 돈을 더 공급해주는 일이 많았던 것이다.

유동성은 2가지 측면에서 자산가격 상승에 기여한다. 돈 그 자체의 힘, 그리고 그 돈으로 경기가 회복될 것이란 '기대감'에 따른 사람들의 행동이 모두 주가에 긍정적인 영향을 미칠 수 있다.

이런 상황에서 주가가 오르면 반드시 주변에선 '주식시장이 비정상'이라는 말을 하는 사람이 있다. 이 사람들은 경기가 침체돼 있는 상황에서 주식시장이 과잉 반응한다면서 사람들에게 경고의 목소리를 낸다.

하지만 주식시장은 늘 기대감으로 한발 앞서서 나간다. 또 풀린 돈이 경기회복의 촉매제가 될 가능성도 배제할 수 없다. 2020년 상반기엔 유동성 공급으로 주가가 올랐다. 이후 하반기엔 각국의 성장률 급락 소식이 전해졌지만, 뉴욕과 서울의 주가지수는 고공행진을 기록했다.

경기가 나쁘다는 사실을 알려주는 경제지표가 나오면, 오히려 미국정부가 추가적인 재정부양책을 내놓을 수 있다는 기대감이 작용해 주가를 밀어올리는 일이 흔했다.

여기에 코로나19 백신이 나올 수 있다는 기대감이 주가를 뒷받침하면서 '이미 과거가 된 나쁜 경제지표'를 무시하기 일쑤였다. 아니, 나쁜 경제지표 때문에 정부가 대응책을 내놓을 것이란 예상이 주식시장을 지지하는 꼴이었다.

역사적으로도 이런 사례는 허다했다. 예컨대 2014년 중엔 일본의 성장률이 시장의 예상을 크게 밑돌자 니케이지수가 급등하는 일이 발생했다. 부진한 경제지표가 발표되자 당시 시장에선 "아베노믹스가 더 강화될 것"이란 기대감이 증폭되면서 주가가 뛴 것이었다.

우리가 피부로 느끼는, 혹은 경제지표로 확인하는 경기회복은 항상 후행적이다. 자산시장이 먼저 움직인 뒤에 실물경제가 좋아진다.

몸놀림이 둔한 투자자나 경기회복을 확인하고 움직이겠다는 투자자는 뒷북을 칠 우려가 있다. 이런 투자자들은 또 경제지표가 상당히 양호하게 나오고 있는 시기에 주가가 하락하는 모습을 보면서 버티다가 크게 손실을 입기도 한다. 주식시장은 늘 실물시장에 한발 앞서 움직이기 때문이다.

코로나가 만든 풍경,
중앙은행과 정부의 적극적인 합작

2008년 글로벌 금융위기가 발발한 뒤 미국연준은 사상 유례없는 실험을 했다. 연준은 3차례 걸친 양적완화(QE)를 통해 자신들의 덩치(대차대조표)를 대폭 확대했다. 연준은 1~3차에 걸쳐서 채권을 대거 사면서 유동성을 공급했다. 이 같은 3차에 걸친 양적완화로 연준은 자산을 3조 6천억 달러나 늘렸다. 이에 따라 연준의 자산 규모는 4조 달러 중반 수준까지 늘어났다. 연준의 양적완화는 2009년부터 2014년까지 이뤄졌다.

하지만 코로나19 사태가 터졌을 때 연준은 더욱 기민하게 움직였다. 금융시장이 놀랄 정도로 빨리 움직였다. 연준은 2020년 3월 기준금리를 제로로 만든 뒤 적극적으로 채권을 사들이면서 돈을 외부로 방출했다. 그 속도가 얼마나 빨랐던지, 2020년 5월 들어 연준의 자산은 2월말 대비 3조 달러나 늘어 대차대조표가 7조 달러로 유례없이 불어났다. 대략 글로벌 금융위기 5년 기간에 맞먹는 유동성 공급을 3개월 만에 해치워버린 것이다. 세계 주식시장이 3월 중 폭락한 뒤 그 달 하순부터 가파르게 상승한 데는 이 같은 무지막지한 돈 공급이 가장 큰 영향을 미쳤다.

중앙은행이 상반기에 힘껏 돈을 푸는 상황에서 미국정부는 뒤를 받쳤다. 미국정부는 코로나19 사태가 본격화된 뒤에 1차 83억 달러, 2차 1천억 달러, 3차 2조 2천억 달러, 4차 4,840억 달러에 이어 2020년 연말에 9,080억 달러의 경기부양책을 통과시켰다. 미국정부는 2020년 한 해 동안 3조 7천억 달러라는 어마어마한 돈을 푸는 조치를 취했다. 연준과 미국정부가 합작해 경기부양을 위해 사상 유례없는 자금공급을 한 것이다. 미국 중앙은행과 정부는 기업에 대한 지원뿐만 아니라 가계의 생계도 책임지는 모습을 보였다.

하지만 이 모든 게 공짜가 아니다. 기업이나 가계 대신 정부가 빚을 진 꼴이기 때문이다. 미국 연방정부의 부채가 GDP의 100% 가까운 수준으로 불어나는 등 '빚더미' 정부라는 오명에서 벗어나기 어렵게 됐다. 정도의 차이만 있을 뿐 다른 나라도 마찬가지다.

정부가 빚을 과도하게 늘리면 금리는 상승압력을 받는다. 국채발행이 늘어나기 때문이다. 한국의 국고채(국채의 대부분을 차지하는 채권) 금리는 정부의 대대적인 국채발행에 따른 물량 부담, 경기회복 기대감 등으로 2020년 하반기엔 코로나19 사태 이전 수준까지 뛰어오르기도 했다.

한국은 2019년까지 수년간 100조 원 내외의 국고채를 발행해왔다. 하지만 코로나19 사태로 추가경정예산(추경) 편성이 이뤄지면서 2020년엔 174.5조 원으로 채권발행규모를 대폭 늘렸다. 이는 2019년 국고채 발행규모(101.7조 원)보다 무려 72%나 더 늘어난 것이다. 하지만 문재인 정부의 '큰 정부' 정책에 따라 2021년엔 이보다 더 늘어나는 쪽으로 방향이 잡혔다. 시장에선 조만간 200조 원 발행 시대가 오는 것 아니냐면서 우려하는 시각도 적지 않았다.

다만 늘어나는 정부의 빚은 일본의 사례가 잘 알려주듯이 앞으로 금리를 적극적으로 올리기 쉽지 않다는 점을 말해준다. 경기상황에 따라서 금리는 오르내리는 게 자연스럽지만, 정부가 너무 많은 빚을 지게 되면 다시 인위적으로 금리를 제어해야 하는 일이 발생한다. 대신 일본처럼 '미지근한' 혹은 '좋지 않은' 경기상황에 익숙해져야 할 수도 있다.

정부의 적극적인 재정정책은 또 이른바 '좀비기업'들의 생명줄을 연장해주는 역할을 한다. 하지만 그렇다고 좀비기업들을 억지로 쳐낼 수도 없다. 좀비기업이라는 불명예스러운 이름을 달고 있는 기업들, 즉 회사의 이익으로 빚도 갚지 못하는 기업들의 비중이 만만치 않기 때문이다. 한국에선 이런 기업들이 20~30%대에 달하는 것으로 분석되고 있다. 결국 이런 기업들의 구조조정이 나타난다면 엄청난 고용시장 여파를 감안해야 하는 것이다.

전통적인 경제정책 관점에선 좀비기업들의 구조조정을 통해 기업의 부채를 줄이는 게 중요하다고 가르친다. 좀비기업들이 사라지면 제품이나 서비스의 공급이 줄어들고, 살아남은 우수한 기업들이 투자를 확대하게 된다. 그러면 경기가 전반적으로 좋아져 부채규모는 한 단계 더 낮아질 수 있다.

그러나 글로벌 금융위기 이후엔 이 같은 구도가 작동하지 않는다. 정부의 정책 탓이 크다는 비판도 많다. 위기가 닥쳐 기업들의 부채가 증가하면 정부나 중앙은행이 공급해주는 '모르핀(유동성)' 때문에 구조조정이 오히려 늦춰진다. 기업투자는 위축되지만 공급은 과잉인 상황에서 기업들의 매출은 둔화되고 성장률은 제대로 반등하지 못한다. 이 과정에서 기업들의 부채는 오히려 더 늘어나는 양상이 되풀이됐다.

주식투자자가 정부의 정책방향을 주시해야 하는 것은 사실 너무나 당연하다. 능력이 있는 정부든, 없는 정부든 '정책방향' 측면에서 지원하겠다는 분야는 기대감으로 주가가 오르는 경향이 있기 때문이다.

하지만 정부정책에 대한 기대감이 실망감으로 바뀔 때는 오른 주가가 빠르게 빠질 수 있다는 점을 감안해야 한다. 문재인 정부 출범 초기 코스닥 지수의 대대적인 급등엔 정부정책에 대한 기대감이 적지 않은 영향을 미쳤다. 정부의 중소기업, IT기업에 대한 정책 기대감 등으로 코스닥지수는 대폭 급등한 바 있다. 2017년 8월만 해도 600대 초중반 수준을 기록하던 코스닥은 2018년 900선을 훌쩍 뛰어넘는 상승세를 보였다. 단기간에 코스닥이 무려 50% 이상 급등한 것이다.

하지만 정부정책이 말만 요란하고 실속이 없다는 인식이 강해지면서 주가는 더 오르지 못했으며, 그해 10월엔 미중 무역갈등에 대한 우려가 커지면서 코스닥지수가 600대 초반으로 회귀하는 일도 발생했다.

이런 일들은 기대감으로 오른 주가는 기대감이 충족되지 못한다는 인식이 퍼지는 순간 급락할 수도 있다는 점을 알려준다. 2020년 코로나19 사태 이후 중앙은행과 정부정책이 주가급등의 가장 큰 요인이란 점을 누구도 부인하지 못한다.

유명 투자자 조지 소로스는 2020년 11월 "다음 약세장은 78년 만에 최악일 것"이라고 주장하면서 관심을 끌기도 했다. 그는 인위적인 유동성 공급이 시장을 떠받치고 있다면서 미래에 닥칠 폭풍우에 대비할 것을 주장하기도 했다.

현대화폐이론인
MMT의 역습

2010년대 후반부터 유독 현대화폐이론(MMT, Modern Monetary Theory)에 대한 관심이 커졌다. 미국의 버니 샌더스와 같은 '정치인'들이, 이 이론에 힘을 실어주면서 이 용어는 대중화됐다.

MMT는 과도한 인플레를 유발하지 않는다면 정부는 무한대로 빚을 늘리더라도 문제가 없다는 과격한 주장이다. 정부가 지출을 확대하더라도 발권력(화폐를 발행할 수 있는 능력)이 있기 때문에 디폴트의 위험이 없다고 말한다.

예컨대 MMT는 정부가 완전고용을 위해 지출을 최대한 늘리고, 이 과정에서 늘어난 빚(국채)은 중앙은행이 계속 매입해서 유동성을 늘리라고 주문한다. 결국 통화정책은 정부의 재정정책에 종속되고, 정부와 중앙은행의 영역 구분은 없어진다. 중앙은행은 정부의 뒤치닥거리를 맡는 역할을 하게 된다.

이런 주장에 대해 하버드대 교수이자 유명 경제학자인 그레고리

멘큐는 "과격한 정치인들이나 관심을 가지는 잠꼬대 같은 이론"이라고 평가절하했다. 하지만 주류 경제학이 글로벌 금융위기 이후의 현상을 설명하는 데 한계를 보이면서 이 이론의 신봉자들도 늘어났다.

코로나19 사태 이후엔 국내에서도 이 이론을 '실행에 옮겨보라'는 무서운 주장을 하는 사람들이 꽤 늘었다. 특히 정치판을 기웃거리는 대학교수들, 즉 폴리페서들이 이와 유사한 주장을 해서 관심을 끌었다.

경기상황이 가시적으로 좋아지지 않는 시대인 데다 이미 금리를 다 내려 통화정책의 여력은 부족하다. 게다가 '금리를 내리고 돈을 푸는' 통화정책의 효과에 대한 의구심을 가진 사람도 많다.

이러다 보니 정치인들은 재정정책에 대한 유혹을 많이 느낀다. 예컨대 한은이 금리를 못 내린다고 하니, 정부가 무한정 빚을 내고 한은에 떠안기면(채권을 사게 만들면) 되지 않을까 하고 느끼는 것이다.

이런 가운데 미국의 정책이 '사실상' MMT와 다름없다고 보는 사람들도 늘어났다. 유례없는 정부지출, 유례없는 중앙은행의 채권매입 등을 볼 때 우리는 지금 바야흐로 MMT의 시대에 살고 있다고 보는 것이다.

다만 다른 나라들이 미국을 흉내내선 위험하다는 주장은 여전하다. 미국의 과감한 정책은 그들이 기축통화, 즉 달러를 보유하고 있기 때문에 가능한 측면이 크다. 일본·유럽도 MMT와 비슷한 정책을 쓰지 않느냐고 할 수 있지만, 그들도 '준'기축통화라고 할 수 있는 엔화와 유로화를 쓴다.

만약 한국과 같은 나라가 발권력을 무제한으로 활용한다면 어떻게 될까? 그렇게 되면 돈의 상대적인 가치인 환율이 급등할 것이고, 그에 따라 한국과 같은 나라는 환율의 폭등으로 외환위기를 맞을 수 있다.

미국달러화는 1944년 브레튼우즈 체제 때부터 기축통화가 됐다. 그 전엔 영국의 파운드화가 세계의 기축통화였다. 하지만 1971년 베트남전 여파로 미국의 재정상황이 나빠지자 닉슨 대통령은 금 태환을 포기해버린다. 즉 브레튼우즈 체제가 무너지고 돈의 가치는 '금'의 속박에서 풀려났다.

한 나라의 통화가 기축통화의 지위를 유지하기 위해선 그 나라 경제력이 절대적이어야 한다. 달러가치가 떨어지고 때론 환율도 급등락을 거듭하지만, 미국의 달러화는 그래도 여러 통화들 중 가장 안정적인 통화로서 군림해왔다. 글로벌 금융위기가 터질 때마다 각국의 돈들이 달러로 몰려가는 상황에서 이를 잘 알 수 있다.

그렇다면 미국은 무한정 빚을 내도 되는 나라일까? 즉 미국이 빚관리를 포기하더라도 달러화는 계속해서 영화를 누릴 수 있을까?

달러화가 세계에서 가장 안정적인 통화라고 믿는 기저엔 미국의 통화정책, 그리고 부채관리에 대한 신뢰가 깔려 있다고 봐야 한다. 미국이 방만한 재정정책을 오랜 기간 지속한다면 달러의 안정성을 장담하긴 어렵다.

아울러 정부가 채권을 찍어서 대규모의 빚을 내는 행위는 미래 세대에겐 미안해해야 할 일이다. 그 빚들을 갚아야 할 사람은 젊은 사람들이나 더 어린 사람들이기 때문이다.

MMT의 역습이 시작됐던 이유는 다름아닌 주류 경제학의 무능함 때문이었다. 그간 주류경제학이 재정건전성과 물가안정을 강조했지만, 글로벌 금융위기 이후에 '정통 경제학적 처방'이 상당히 무기력해진 까닭이다.

이에 MMT는 주류 경제학의 빈틈을 비집고 들어왔다. 물가도 오르지 않는 판에 정부가 무한정 국채를 발행해 돈을 풀고 중앙은행이 그 채권을 사서 돈을 푸는 실험을 하라는 것이다. 정부가 무한대의 돈을 만들 수 있는 중앙은행을 언제든 돈을 빼서 쓸 수 있는 요구불예금처럼 활용하라는 주장이다.

MMT는 또한 정부의 과도한 부채 문제, 즉 재정적자에 대해서도 아주 간편한 해법을 제시한다. 정부의 재정적자 때문에 시중에 돈이 많이 풀렸다면 세금을 많이 거둬서 해결하면 그만 아니냐고 주장하는 것이다.

하지만 경험적으로 볼 때도 이런 주장은 위험성을 내포하고 있다. MMT가 걱정할 필요 없는 이론이라면, 미국에서 왜 많은 사람들이 재정적자 문제를 걱정하겠는가. 미국에선 케네디 대통령 시대에 연준이 유럽 중앙은행에 돈을 빌리기도 했다. 재정적자와 함께 과도하게 풀린 유동성은 달러화가치에 대한 믿음을 떨어뜨린다.

코로나19 사태 이후 MMT 이론은 큰 문제가 없고 오히려 효과적으로 보이는 측면도 물론 있다. 어차피 물가를 올리는 게 각국 중앙은행들의 목표이고, 지금은 물가 상승률이 너무 낮지 않느냐는 것이다. 하지만 MMT는 제로금리 시대와 같은 아주 예외적인 상황에서만 그 기능을 논할 수 있을 뿐 재정정책의 일환으로 받아들이는 것은 매우 위험하다는 견해가 지배적이다.

다만 글로벌 금융위기와 코로나19 사태를 거치면서 주류 경제학의 무기력함이 드러난 후 MMT는 더 이상 '헛소리'로만 치부되지는 않는 분위기이기도 하다.

ESG는 '환경(Environment)·사회(Social)·지배구조 (Governance)'의 앞자를 따서 만든 말로 사회책임투자 (SRI, Socially Responsible Investment)의 업그레이드된 버전 이다. ESG 투자는 기존 SRI보다 더 투자수익률을 중시한 다. ESG는 시대의 변화와 각국 정부의 정책적 뒷받침으 로 투자의 세계에서도 핫한 테마가 됐다. 특정 기업에 대 한 투자를 할 때 더 높은 환경기준, 더 높은 지역사회 공 헌, 더 민주적인 지배구조가 요구 받는다. 특히 세계적인 펀드 등 '큰손' 투자자들이 투자가능 종목을 선별할 때 ESG 기준을 적용함에 따라 기업의 입장에선 생존차원에 서라도 더 ESG에 신경을 쓸 수밖에 없다.

트렌드 12

2020년대의
새로운 주식투자 테마,
'ESG 투자'

사회책임투자,
'도덕주'와 '죄악주'

2008년말.

글로벌 금융위기로 전 세계 주식시장이 폭락한 뒤 극심한 변동성을 보일 때 에이미 도미니가 방한한다는 소식이 전해졌다. 에이미 도미니는 '사회책임투자' 업계의 구루로 불리는 투자자다. 그런데 그녀의 방문 소식에 국가인권위원회가 보도자료를 냈다. 투자와 인권위원회가 과연 무슨 상관인가.

사회책임투자를 이끌어온 도미니는 2001년 펴낸 저서 『Socially Responsible Investing(사회책임투자, SRI)』에 자신의 투자의사 결정에 대해 다음과 같이 고백했다.

"나는 투자에 대한 의사결정을 할 때 개인적인 관심사와 도덕적인 기준을 깊숙히 통합시킵니다. 투자자들이 인간의 존엄성과 환경의 지속 가능성을 중시하고 떠받치는 세계를 실현할 수 있다고 믿습니다."

264

사회책임투자는 이처럼 투자를 할 때 '착한' 기업에 투자하는 것을 말한다. 그녀는 투자자들이 단지 돈에만 관심을 가질 게 아니라, 더 나은 사회에 대한 관심을 가져야 한다고 주장해온 인물이다.

그녀는 단순한 도덕 교사는 아니었다. 도미니는 미국에서 '뮤추얼 펀드 업계에서 가장 큰 영향을 행사하는 인물 25인' '금융산업에서 가장 영향력 큰 30인' 등에 꼽히기도 한 투자전문가였다.

그녀는 술과 담배를 만들어 파는 기업, 군산복합체와 관련된 일을 하는 기업 등을 기피하면서 환경과 노동에 친화적인 기업에 투자해야 한다고 강조했다. 돈도 벌게 해주면서 동시에 세계도 변화시키겠다는 원대한 포부를 가진 '사회적' 투자자였다.

사회책임투자를 하는 펀드매니저들은 투자대상 종목을 정할 때 예상이익과 저평가 정도 외에 그들이 생각하는 '도덕적' 기준에 합당한지도 같이 본다. 환경과 건강, 동물의 권리 등을 중시할 뿐만 아니라 단순히 주주의 이익만 보지도 않는다. 종업원, 고객, 지역사회, 납품업자 등과 좋은 관계를 유지하는지를 따진다. 예컨대 노동자들을 착취해서 돈을 버는 기업들은 투자 대상에서 배제된다.

사회책임투자의 역사는 생각보다 오래됐다. 미국에선 1964년 시민권법, 1965년 투표권법 등이 제정되면서 인권이 한층 신장됐고, 1970년엔 '지구의 날' 행사도 치러졌다.

그러던 사이 베트남전을 찍은 한 장의 사진이 많은 사람들을 경악하게 만들었다. 미국인들은 벌거벗은 아홉 살짜리 소녀가 등에 불이 붙은 채 비명을 지르며 카메라를 향해 달려오는 '그 유명한 사진'을 보면서 경악했다. 이 사진은 1972년 6월 미군이 소녀가 살던 마을에 네이팜탄을 투하한 직후에 찍은 것이다. 이 폭탄을 만든 다우케미컬에 분노가 집중됐다. 사회책임투자는 이같은 역사적 배경과 함께 성장했다.

특히 1990년대엔 나이키가 어린이들을 착취해 신발을 만든다는 사실이 알려진 뒤 사회책임투자 펀드들은 대부분 나이키 주식을 처분하기도 했다. 이런 펀드들은 '사회운동을 하는' 펀드들이었다.

예를 들어 장난감 회사 토이저러스의 최고경영자가 엄청난 스톡옵션을 챙기면서 납품하는 하청업체 노동자들에겐 겨우 몇 달러의 임금을 주자 경고하기도 했다. 이처럼 사회책임투자 펀드들은 '지배구조'에 대해서도 민감했다.

사회책임투자를 하는 펀드들은 '행동주의 펀드'이기도 하다. 다만 더 많은 수익을 올리기 위해 단순히 지분을 매집해 경영진을 압박하는 그런 행동주의 펀드들과는 성격이 다르다. 도미니가 2001년에 쓴 책엔 다음과 같은 내용이 나온다.

"디즈니의 101마리 달마시안 강아지가 그려진 잠옷은 개당 20달러에 팔리지만, 그 옷이 아이티에서 제조되는 데 드는 비용은 6센트에 불과합니다. 사회책임투자자들은 착취공장과 관련된 기업의 사회적 책임에 대한 조사를 스크리닝으로 뒷받침해주고, 착취공장에 하청을 주는 기업에 주주결의안을 제출해 해외현장에서 활동하는 지역사회개발 투자기관들을 지원할 수 있습니다."

그녀는 그러면서 사회책임투자를 활용하는 펀드매니저들이 더 높은 투자성과를 올릴 수 있다는 점을 홍보하는 데도 열심이었다.

"뮤추얼펀드 평가회사 모닝스타의 사회책임투자 펀드의 1999년 성과분석 결과 사회책임투자 펀드의 21%가 최고등급인 별 5개나 4개를 받았습니다. 평가대상 뮤추얼펀드 전체 중 이 등급을 받은 비중은 12%에 불과합니다."

하지만 세상사엔 언제나 양면성이 있으며, 완벽하게 옳고 그르다는 주장을 펼치기도 만만치 않다. 사회 분위기를 역이용하려는 사람들도 언제나 존재한다.

2002년 8월 미국 텍사스주 댈러스에서 'Vice Fund'라는 이름을 단 펀드가 등장한다. 우리 말로 하면 범죄 펀드 혹은 사악한 펀드라고 부를 만했다. 이 펀드는 '반사회적인' 주식들만 집중적으로 편입해 SRI 펀드들을 정면 겨냥했다.

당시 조니워커·윈저를 만들면서 세계 최대 주류회사로 군림한 디아지오를 편입하고 말보로를 생산하는 필립모리스(현재 알트리아그룹), 던힐을 만드는 BAT 등 담배회사를 편입했다. 최고의 카지노그룹 엠지엠 미라지, 라스베이거스 샌즈 등도 사들이면서 '범죄 펀드'다운 면모를 과시했다. 그리고 이 펀드는 시장지수를 웃도는 성과를 보여주면서 '착한 펀드가 아니라 돈 버는 펀드'가 투자의 핵심임을 부각시키기도 했다.

사실 유명 투자자 중 피터 린치도 죄악주를 좋아하는 펀드매니저였다. 피터 린치는 담배와 술 제조업체는 '경기방어산업'으로 의미가 있다고 보면서 즐겨 저가매수를 했던 것으로 알려져 있다. 그는 특히 사업에 대한 부정적인 이미지 때문에 저평가될 수 있는 죄악주들을 눈여겨본 것으로 유명하다. 워런 버핏이 운영하는 '버크셔 해서웨이'도 버드와이저 맥주를 만드는 앤호이저부시를 대거 매집해 관심을 끌기도 했다.

한편 2010년대 후반 바이스 펀드(Vice Fund)에 비해 투자성과가 뒤떨어졌던 도미니 펀드는 2020년 3월 코로나19 사태 이후엔 성과를 크게 개선해 더 나은 모습을 보이기도 했다. SRI의 업그레이드 버전 ESG가 금융시장의 트렌드로 자리를 잡았기 때문이었다.

SRI의 업그레이드된 버전인
ESG 투자

지금은 주식·채권투자자들 사이에 ESG라는 말이 상당히 대중화되어 있다. 필자는 이 말을 처음 들었을 때 화학조미료에 들어가는 MSG와 관련된 개념인가라는 생각을 한 적이 있다. 중독성이 강한 MSG처럼 ESG도 주식시장의 핫한 테마가 됐다.

ESG는 환경(Environment)·사회(Social)·지배구조(Governance)의 앞 글자를 딴 말이다. 환경과 윤리, 지배구조 등에서 높은 점수를 받는 기업에 투자하는 방식이 ESG 투자다. SRI 펀드의 업그레이드 판인 셈이다. 하지만 기존의 SRI보다 더 투자수익률을 중시한다. SRI보다 세련된 버전이다.

ESG 투자대상 종목들은 환경이나 사회, 지배구조에 대한 지속적인 개선이 이뤄져야 장기적으로 포트폴리오에 머물 수 있다. 꾸준히 수익을 내면서도 포트폴리오 방어효과가 뛰어난 주식이 진정한 ESG 종목이라고 볼 수 있다.

ESG는 기관투자자들이 투자할 때의 평가항목으로 자리를 잡아가고 있다. 글로벌 금융위기 이후엔 평가사들이 ESG와 관련된 지수들을 개발해 주목을 받았다. ESG 시장규모가 커지면서 ESG 관련 ETF 시장도 단시간에 크게 늘어났다.

미국 노동부는 2016년 '환경, 사회 및 지배구조 투자수단' 보고서에서 ESG 투자는 SRI에서 나왔지만 최적의 투자성과를 강조하는 선관주의 의무를 최우선시한다고 했다. 단순히 '착한' 기업에 투자한다는 차원을 넘어 투자자들의 자산을 잘 관리하는 것을 요구한다. ESG 투자란 개념 자체에 양호한 투자수익률을 위한 노력이 중시되고 있는 셈이다.

ESG를 세부적으로 나눠보면 우선 환경 측면에선 기후변화, 탄소배출, 스마트 성장, 환경오염, 천연자원, 그린빌딩, 청정기술 등의 요소들이 인간에 이로워야 한다. 사회 측면에선 인권, 노동, 고용평등, 고용 다양화 등에 기여하면서 테러나 억압 등과 관련이 없는 기업이어야 한다. 지배구조 차원에선 임원의 보수, 정치적 후원, 이사회 등이 평가대상이 된다.

예컨대 네덜란드연기금(APG)은 살상무기를 제조하는 기업에 대한 투자를 제한했고, 더 나아가 세계적인 연기금인 노르웨이연기금

(NBIM)은 인권침해 문제도 투자대상을 고를 때 고려하겠다는 입장을 밝히기도 했다. APG는 2020년 2월 한국전력이 중국·인도네시아·베트남 등의 석탄발전소 프로젝트에 연관됐다는 이유로 6천만 유로(약 790억 원)의 한전 지분을 매각하고 투자를 회수하기도 했다.

SRI가 기업의 도덕적·사회적 책임에 무게를 둔 개념이라면 ESG는 이 개념을 감안하되 투자수익률을 더 중시한다는 말을 했지만, 흥미로운 것은 '돈만 아는' 투자업계도 이를 받아들였다는 점이다.

미국 투자은행 모간스탠리의 조사에 따르면 미국 내 자산운용사의 90% 가까이가 'ESG는 일시적 유행이 아닌 금융업의 주류'라고 답하기도 했다. 그럼에도 불구하고 미국의 펀드매니저들 사이에서 ESG의 중요성에 대한 인색한 평가를 내놓는 경우가 유럽보다 훨씬 높다는 결과가 나오기도 했다. 유럽 쪽이 친환경 쪽에 더 신경을 쓰면서 일어난 현상처럼 보였다. 아무튼 일부 투자자들이 ESG에 대해 '투자에 무슨 도덕이냐'라고 비아냥거리기도 했지만, 피할 수 없는 큰 흐름이 돼버린 것이다.

솔직한 얘기를 해보자. 투자자에게 가장 중요한 것은 무언인가? 아무리 기업이 도덕적이더라도 투자한 종목의 주가가 계속해서 하락한다면 이는 투자실패다. ESG와 관련한 고정관념이 하나 있다. 발바닥에 땀 나도록 뛰어도 경쟁사회에서 살아남기 쉽지 않은데 기업이 윤리적인 문제까지 신경 써야 한다면 투자성과가 좋지 못할 것이라고 지레 생각하는 것이다.

하지만 어쩐 일인지 ESG 관련 인덱스들의 성과가 크게 떨어지지 않았다. 오히려 2020년 들어서는 MSCI World SRI 지수와 같은 ESG 인덱스들이 시장보다 나은 모습을 보여줬다. ESG가 붐이다 보니 기업들이 자발적으로 ESG 관련 정보를 공시하는 빈도도 늘어났다.

ESG는 하나의 흐름이 됐다. 주식시장뿐만 아니라 채권시장에서도 ESG가 큰 관심을 받게 됐다. 예를 들어 원화 채권시장에서 2018년만 하더라도 ESG 채권의 신규 발행액은 상장금액 기준으로 1조 원 남짓이었지만, 2020년엔 40조 원을 훌쩍 넘어섰다. 한국에선 2019년 SK에너지, GS칼텍스가 처음으로 '녹색채권' 발행에 성공하면서 관심이 커졌다. 친환경 회사라는 타이틀과 이를 이용한 채권발행 등을 통해 'ESG 채권발행'이라는 타이틀을 손에 넣은 것이었다.

시대적 변화와 정책적 뒷받침으로
ESG가 뜨다

전 세계적으로 ESG 투자가 급증했다. ESG 투자자산 규모는 2012년 13.2조 달러에서 2018년 30.7조 달러로 급증했다. 그런 뒤 한국에서도 연기금을 중심으로 ESG에 대한 관심이 커졌다.

전 세계적으로 '정책 차원'에서 ESG 투자를 장려하는 면이 크다. 환경보호, 친환경 에너지, 투명한 지배구조 등이 강조되다 보니 정책가들이 개입해 투자의 세계에서도 ESG가 각광을 받을 수밖에 없는 측면도 있었다. 예컨대 세계적으로 큰손 투자자라고 할 수 있는 국민연금도 스튜어드십 코드를 도입한 뒤 ESG에 대한 투자를 높이고 있다. 국민연금의 투자엔 정부의 정책적 의지가 반영되기 쉽다.

국민연금은 2018년 ESG 전담조직을 확대하고 ESG 평가지수를 투자의 중요한 기준으로 삼아 적극적으로 활용할 것이라고 밝혔다. 그 이듬해엔 ESG를 반영하는 책임투자를 주식, 채권뿐만 아니라 전체 자산군으로 넓히기도 했다. 유럽이나 미국에 비해 국내의 ESG 투자에 대한 관심은 적은 편이었지만 2020년을 기점으로 관심이 급증했다.

특히 한국이나 일본은 E, S, G 가운데 G(가버넌스)에 대한 관심이 높다. 따라서 소액주주에 친화적인 기업, 배당을 많이 하는 기업 등도 ESG 투자 차원에서 감안할 필요가 있다. 국민연금은 2019년 기준 700조 원이 넘는 운용자산 가운데 약 30조 원 가량을 ESG에 투자하는 것으로 알려지기도 했다

큰손 투자자들 가운데 국민의 돈으로 운용하는 연금이나 기금이 있다. 이런 자금들이 정부정책 등을 추종해 환경이나 지배구조 등에 관한 신경을 쓰면 ESG 관련 종목들이 선택을 받을 가능성이 높아진다.

특히 한국은 오랜 기간 기업지배구조가 취약하다고 평가받아왔다. 이런 점은 북한이라는 위험요인과 함께 한국주식이 저평가받는 '코리아 디스카운트'의 한 원인이기도 했다. ESG 투자가 더 활성화되면 내외국인 투자자들이 지배구조 개선 기업에 대한 투자를 높일 여지도 있다.

각광받는 산업이 변하기 때문에 ESG 투자에 유리한 환경이 조성된 측면도 무시하기 어렵다. 대규모 공장증설 등을 통해 환경오염물질을 내뿜는 기업들은 전통기업인 경우가 많다. 하지만 4차 산업혁명 시대엔 대규모의 유형자산이 아닌 가치 있는 데이터나 AI 관련 기술 등 무형자산을 많이 보유한 기업이 뜨고 있다. 이런 시대적 흐름 역시 ESG 투자에 유리하다고 볼 수 있다.

적극적인 종목을 발굴하는 스크리닝 기법 역시 주목을 받고 있다. 과거 'SRI 시대'에는 네거티브 스크리닝이 일반적이었다. 예컨대 술과 담배, 도박과 관련된 회사에 대한 투자는 안 된다는 식이었다. 하지만 시간이 가면서 스크리닝 기법이 정교해지고 포지티브 스크리닝(투자에서 배제할 기업이 아니라 투자할 기업을 찾는 것)이 활성화됐다.

ESG 지표가 우수하면서 주주를 배려하고 고객에게 친화적인 기업들이 투자대상에 올랐다. 동시에 환경 관련 기술이나 생태계의 지속 가능성 테마에 비중을 높인 기업들도 주목을 받는다. 이런 요소들과 함께 매출액과 영업이익률, 그리고 기업 가치평가 요소를 함께 평가하다 보니 투자메리트가 큰 종목들이 ESG 종목으로 각광을 받기도 한다.

디만 ESG 평가 기법에 대한 논란도 있다. 여력이 있는 큰 기업들이 ESG에 대해 훨씬 더 잘 홍보할 수 있기 때문에 ESG와 무슨 관련이 있는지 아리송한 대기업들이 너무 많이 ESG 투자대상에 포함되고 있다는 비판이 나오는 것이다. ESG가 하나의 유행이 되다 보니

ESG 평가사와 기업 간의 유착 의혹을 제기하는 시선까지 있다. 또한 일각에선, 예컨대 해외 ESG 지수에 구글이나 마이크로소프트는 포함이 되는데, 아마존이나 페이스북 같은 업체들은 포함이 안 되는 경우가 있어 그 같은 차별화에 대해 납득하지 못하겠다는 시선도 존재한다. ESG가 주식시장과 채권시장의 뜨거운 관심사가 되다 보니 ESG 마케팅을 잘하는 기업들이 대우를 받기도 한다.

MSCI ESG 리더스 지수에서 한국의 삼성전자나 하이닉스가 빠지자 관련 인덱스 수익률이 상대적으로 크게 나빠지는 일이 벌어지기도 했다. 이런 문제들은 ETF 투자자들에겐 아주 중요하다. ESG와 관련해 다양한 ETF가 나오고 있지만, 투자자들 사이에 편입종목에 대한 의구심도 적지 않은 상황이다.

투자자들의 ESG 압박에서
국가와 기업 모두 자유롭지 않다

기관투자자들을 중심으로 ESG 주식이나 채권에 대한 투자는 계속 늘어났다. 각종 연기금이나 운용사 등에서 ESG 관련 평가 프로세스를 만들고 관련된 펀드도 늘어났다. 예를 들어 운용자산 규모가 7조 달러에 달하는 세계 최대 자산운용사 블랙록은 매출액의 25%가 석탄과 관련된 기업이나, 이사회 중 여성이 2명 미만인 기업엔 투자하지 않겠다고 밝히기도 했다.

특히 2020년초 블랙록 래리 핑크 회장의 발언은 투자업계에 상당한 파문을 일으켰다. 래리 핑크는 공개서신을 통해 투자결정 시 '지속 가능성'을 기준으로 삼겠다고 했다.

기업들은 ESG를 신경 쓰지 않고 회사를 운영하기가 어려워졌다. 예컨대 '회사 가버넌스나 경영진의 의사결정'(G)이 비정상적으로 이뤄지거나 지역사회(S)를 배려하지 않거나 환경(E)을 무시한다면 투자자들의 압박을 받을 수 있는 세상이 도래한 것이다.

개인투자자들 사이에서도 ESG에 대한 관심이 늘어났다. GISA (Global Sustainable Investment Alliance, 글로벌 지속가능성투자 연합)는 ESG 투자에서 개인투자자가 차지하는 비중이 2012년 10% 수준에서 2018년엔 25%까지 확대됐다고 발표하기도 했다.

특히 나이 든 사람보다 젊은 층을 중심으로 ESG 투자가 인기를 끌었다. 2000년 이후 태어난 밀레니얼 세대 등 젊은 투자자들이 사회적 가치와 환경기준 등을 더 따지고 있다.

유럽 쪽은 ESG에 대해 더 적극적이다. 유럽에선 2015년 파리 기후협정 체결 이후 그린 본드(녹색 채권) 등 친환경 채권의 발행이 급증했다. 각국 정부가 취약계층 지원 등을 위한 '사회적' 채권발행을 늘린 영향도 작용했다.

2021년부터 신기후체제인 파리협정이 적용돼 온실가스 배출은 교토의정서 때보다 더욱 엄격해진다. 따라서 한국도 2050년까지 '탄소중립'을 이루겠다고 선언했다. 국제사회가 한국의 온실가스 배출 제한 노력이 부정적이라고 평가하면서 한국도 정책적 노력을 배가

할 수밖에 없었다.

지난 2020년 9월 518개 투자사의 모임인 '기후대응 100+'는 자신들이 투자하는 기업에 2050년 이전까지 온실가스 배출을 줄여 탄소 순배출량을 제로로 맞출 것을 요구했다. 최대 자산운용사인 블랙록을 포함해 이 모임에 포함된 회사들이 운용하는 자산은 50조 달러에 육박할 정도로 컸다. 우리 돈으로 5경 원이 넘는 세력들의 압력은 예사로 넘길 일이 아니다. 이미 특정 국가나 기업이 이런 요구를 무시하기 어려울 정도로 ESG의 영향력이 커진 것이다.

사실 한국경제는 석유화학과 정유, 철강 등 에너지를 많이 쓰는 산업의 비중이 높아 '온실가스 기준'을 맞추기가 만만치 않은 상황이다. 세계 경제규모에서 차지하는 순위가 10위권 정도지만, 이산화탄소 배출량은 7위 정도로 높을 수밖에 없었다.

하지만 국제사회의 요구를 외면하긴 어려웠다. 각종 도로에서 온실가스 배출이 많다는 점은 전기차 비중을 높여야 할 필요성에 설득력을 더해주기도 한다.

국내에선 2017년 스튜어드십 코드가 본격 도입됐으며, 국민연금은 2018년 이를 도입했다. 스튜어드십 코드는 기관투자자들의 의결권 행사를 적극적으로 유도하기 위한 자율지침이다. 즉 기관투자자들이 투자 대상기업의 의사결정에 적극적으로 참여해 주주와 기업의 이익증가를 위해 더 많은 노력을 하게 된 것이다. 성장과 함께 투명한 경영 등을 유도하는 게 목적이다. 이렇게 되면 대주주의 전횡을 방지할 수 있으며, 더 많은 배당에 대한 요구도 높아진다.

국민연금은 이제 5% 이상의 지분을 가지고 있는 기업에 대해 배당 성향을 관찰하고 있다. 이런 변화들은 ESG 붐과 관련이 있는 사안들이다. 아무튼 환경(E)과 사회적 가치(S), 기업지배구조 개선과 주주 중시(G) 등이 강조되면서 ESG는 숱한 논란의 한가운데서도 성장하고 있다.

투자의 세계에서 확실한 것은 없다. 세계적으로 유명한 투자자들도 어긋난 전망을 내놓는 일이 비일비재하다. 사람은 누구나 '자신의 이익'에 충실하기 때문에 주식투자에 뛰어난 혜안이 있다고 주장하는 사람, 과거에 중요한 사건을 맞췄다고 주장하는 사람들의 말을 쉽게 믿어선 안 된다. 전망이 맞든 틀리든 투자에서 중요한 것은 '대응'이다. 2020년 주식투자자들 가운데 큰 수익을 거둔 사람이 많았지만 자신의 실력 때문인지, 운 때문이었는지 의심해봐야 한다. 역사적으로 한국 주식시장에서 성공한 개인투자자는 소수에 불과했다.

주식으로
성공하는 투자자가
드문 이유

유명한 사람들의 전망,
참조하되 믿지는 마라

2020년 4월.

코로나19 사태로 그해 3월 전 세계 주가지수가 갑자기 폭락한 뒤 세계 최대 헤지펀드 운용사인 브리지워터 어소시에이츠의 주력펀드는 1분기 중 대략 20%의 손실을 입은 것으로 알려졌다.

브리지워터의 손실은 주식상승 추세에 대한 베팅 때문이었다. 헤지펀드 업계에서 가장 유명한 레이 달리오 회장은 연초 투자자들에게 보낸 서한을 통해 "주식시장 강세의 기회를 놓쳐선 안 된다"면서 투자자들을 독려하기도 했다.

특히 달리오 회장은 코로나19 확진자가 중국에서 다른 나라로 전파되며 위기가 고조되는 와중에도 이런 주장을 굽히지 않았다. 2008년 글로벌 금융위기를 이겨내면서 투자의 제왕으로 떠올랐던 달리오도 코로나19 사태를 피하지 못했다.

달리오 회장은 전 세계 주가폭락 이후엔 "방심했다. 모든 위험성을 줄였어야 했다. 2008년처럼 돈을 벌었어야 했다"고 말하며 자책하기도 했다. 이후 달리오는 코로나19 사태의 위험성을 경고하면서 기업들의 가치가 더 떨어질 수 있다고 경고했다.

그는 "바이러스로 실적과 대차대조표에 충격이 가해지면 자산가치는 떨어지고 현금이 상대적으로 매력적으로 보인다. 그러나 중앙은행은 더 많은 현금을 찍어내기 때문에 다른 대체 투자에 비해 현금은 여전히 쓰레기"라는 고민을 드러냈다.

사실 2020년 3월의 주식시장 폭락장세를 피하긴 어려웠다. 하지만 이 유명한 '헤지펀드의 제왕'에겐 많은 팬들이 있었다. 그도 그럴 것이 그는 2008년 글로벌 금융위기, 2010년대 초 유럽 재정위기 때도 어마어마한 돈을 번 사람이었기 때문이다.

달리오는 헤지펀드 7곳 중 1곳이 문을 닫았던 2008년 글로벌 금융위기 당시 우리 돈으로 5천억 원 가량의 '개인 수입'을 올렸던 인물이다. 특히 2008년 글로벌 금융위기가 발발하기 전부터 대규모의 금융위기를 경고하면서 방어적 포트폴리오를 구성했다. 2008년 달리오의 헤지펀드 '브리지워터어소시에이츠'는 14%의 투자수익률을 올렸다. 영국 매체 파이낸셜타임스는 달리오의 펀드가 2011년 유럽 재정위기 때는 138억 달러에 달하는 어마어마한 이익을 냈다고 보도하기도 했다.

조지 소로스를 제치고 세계 최고의 헤지펀더가 된 달리오는 그야말로 위기에 강한 사나이였던 것이다. 하지만 2020년 3월 이 헤지펀드의 제왕이 코로나19 사태를 과소평가하면서 큰 손실을 입은 것은 많은 화제를 불러일으켰다.

특히 달리오는 2008년 글로벌 금융위기가 발생하기 8년 전에 '불황지수'를 만들고 '대형 위기'에 대처할 수 있는 시스템을 설계했다. 이는 글로벌 금융위기를 대비하는 데 큰 역할을 했다. 하지만 이 제왕의 무기도 코로나19 앞에선 무기력했던 것이다.

유명한 투자자들의 예상이나 투자 조언이라고 해서 다 맞는다는 보장이 없다. 투자의 세계에선 언제나 상반된 예상이 존재하기 때문에 그 누구도 쉽게 믿어서는 안 된다.

미국의 서브프라임 론 위기와 2008년 금융위기를 예측해 유명세를 탔던 제프 건드락 더블라인 캐피탈 CEO도 2018년 채권 숏 발언을 내놓은 뒤 큰 비난에 시달렸다.

채권왕(King of Bond Market)으로도 불리는 건드락은 2018년 6월에 "우리 금융당국은 자살 임무(suicide mission)를 수행하고 있다. 우리는 정책금리를 인상하면서 연방적자를 키우고 있다"면서 채권금리의 급등을 예언했다.

한때 트럼프 대통령이 김정은 위원장을 비난하면서 사용했던 용어인 '자살 임무'는 맡은 일이 너무 위험해서 이 일에 개입된 사람이 살아남기 어려운 경우를 지칭할 때 사용한다.

건드락은 트럼프 행정부가 2017년말 기업과 가계에 대한 세금인하 조치를 취하고 연준이 정책금리를 지속적으로 올리고 있어 시장금리가 급등하고 미국경제는 큰 대가를 치를 것이라고 이미 경고한 바 있다.

건드락은 2016년 트럼프의 대통령 당선과 연준의 한 차례 금리인상을 예상해 예측의 높은 정확성을 자랑하기도 했다. 그러면서 중기적으로 미국채 10년물 금리가 6%까지 오를 것으로 전망했다.

당시 미국채 10년물 금리가 3% 내외에서 등락중이었으며, 3%에 안착하느냐가 큰 관심사였다. 2018년 미국채금리는 3%를 넘어선 뒤 재차 2%대로 되돌림되는 과정을 반복했다. 건드락은 그해 9월 10년만기 국채금리가 다시 3%를 넘어가자 금융시장에서 실려 나온 사체들로 공동묘지가 붐빌 것이라고 경고했다. 채권금리가 오른다는 말은 채권가격이 떨어진다는 말과 같다.

하지만 건드락의 예상은 보기 좋게 빗나갔다. 건드락의 발언과 달리 금리는 하락추세로 방향을 바꿔 그해 말엔 2.6%대로 추락했다. 금리하락(채권가격은 상승)세는 더 이어져 2019년말엔 1.9% 수준까지 내려갔다. 이후 2020년 코로나19 사태로 연준이 기준금리를 '제로'로 내리고 대대적인 양적완화를 시작하면서 그해 8월에 0.5% 수준까지 내려가기도 했다.

채권왕의 '금리상승' 전망을 믿었던 사람들은 건드락의 트위터에 비난하는 댓글을 달았다. 하지만 건드락은 "내가 언제 채권을 팔라고 했느냐"면서 팔로워들과 논박을 벌였다.

이처럼 금융시장 가격변수의 흐름에 대해선 누구도 자신을 해선 안 된다. 아울러 유명한 사람들의 전망과 논리를 참고하되, 그들의 말을 그대로 믿어선 안 된다. 투자의 세계에선 아무도 손실을 책임져주지 않는다.

사람들은 자신의 능력을
과대포장한다

금융시장을 오랜 기간 들여다보면 사람들이 '뻥카'를 쉽게 날린다는 사실을 알 수 있다. 누구든 자신의 능력을 과장하고 싶은 건 인지상정이다.

따라서 '투자의 세계'에서 전문가란 존재하지 않는다고 생각하고 접근하는 게 낫다. 돈을 벌 자신이 있으면, 굳이 남들과 정보를 공유하지 않는 게 더 자연스럽지 않은가.

2020년 주식투자붐이 일면서 주식시장의 리딩방도 큰 인기를 끌었다. 누군가에게 '주가지수 오른다, 이 종목은 반드시 오른다'고 하는 말은 믿어선 안 된다. 그처럼 남발된 백지수표는 부도수표가 되더라도 아무도 보상해주지 않는다. 주식시장에선 자신의 '과거'를 세탁하면서 실력자 행사를 하고 싶어 하는 사람도 많다. 그러므로 항상 주의해야 한다.

개인투자자들 가운데서도 '운'이 좋아 주식시장에서 번 것을 자신의 실력으로 착각하는 경우도 많다. 실력으로 번 것인지, 운이 좋아서 번 것인지 냉정하게 따져봐야 한다. 물론 이것조차 제대로 구분하기 힘든 곳이 금융시장이다.

주식투자는 전망이 아니라
대응의 영역

아무리 뛰어난 투자자라도 늘 연전연승할 수는 없는 일이다. 우리가 아는 유명한 투자자들에겐 모두 뼈아픈 실책이 있다. 시장을 예상하는 것도 어렵지만, 예상이 맞았다고 하더라도 실행에 옮기지 않으면 수익을 올릴 수 없다. 또한 간발의 차이로 빗나간 전망 때문에 땅을 치기도 한다.

헤지펀드의 대명사로 알려져 있는 조지 소로스의 '닷컴버블에 대한 공격과 실패' 사례도 유명하다. 1990년대가 끝나기 전 인터넷 주식들이 너무 오르자 조지 소로스는 '거품'을 확신했다. 너무 오른 주식이 빠지는 데 베팅하기 위해선 공매도 기법을 사용하면 된다.

공매도는 주식을 빌려서 파는 행위로, 흔히들 숏셀링이라고도 부른다. 과도하게 올랐다고 판단되는 주식에 공매도를 쳐서 주가가 빠지면 이익을 낼 수 있다. 공매도를 한 사람은 빌린 주식을 갚기 위해 되사야 하는 시점에 주가가 크게 떨어져 있거나 아예 회사가 망해서 주식을 되살 필요가 없기를 바란다. 아무튼 숏을 건 투자자는 떨어진 주가에 주식을 되사서 갚으면 된다.

하지만 숏을 친 주식이 되오르면 빌려서 주식을 매도하는 사람은 궁지에 빠지게 된다. 이런 사람들은 숏 포지션을 없애기 위해서 주식을 되사는 '숏 커버'를 한다. 이 과정에서 주가가 더 오르는 일이 벌어진다.

조지 소로스는 1999년초 인터넷 버블이 더 이상 유지되지 못할 것이라고 판단했다. 누가 보더라도 말도 되지 않는 가격까지 주가가 뛰었다고 생각했다. 영국 중앙은행인 영란은행과의 대결에서 파운드화를 무너뜨린 전력이 있는 소로스는 1990년대말의 인터넷 버블을 무너뜨리고자 했다.

그는 인터넷 거품이 꺼지면서 당시 하늘 높은 줄 모르고 올랐던 닷컴주들이 몰락할 것이라 자신했다. 그는 인터넷 종목들에 거액을 베팅하면서 주가가 급락하길 기다렸다.

하지만 한 번 불붙은 인터넷 열풍은 사그라지지 않고 점점 강해졌다. 소로스 펀드는 그해 중반에 20%나 손실이 난 것으로 알려졌다. 그런데 빌린 주식을 갚을 시점이 점점 다가왔다. 그는 시장이 버블이라고 생각했지만 더 버틸 수가 없었다. 결국 숏 포지션을 청산했다. 고객들은 소로스가 인터넷 시대의 '흐름'을 읽지 못하고 엉뚱한 투자를 하고 있다고 생각했다. 소로스로서는 시장에도 지고 고객도 잃을 수 있는 위기를 맞았던 것이다.

큰 손실을 입은 소로스는 이제 전략을 바꿔서 자신도 결국 '버블'의 동참자가 되기로 했다. 실패 후 버블에 편승해서 손실을 만회하고자 한 것이다.

냉정한 승부사였던 소로스는 일단 일선에서 빠진다. 자기 자신이 인터넷 주식에 대해 적대감을 갖고 있다는 사실을 안 소로스는 자신을 대신해 투자할 포트폴리오 매니저를 고용했다. 이 고용된 매니저는 인터넷 관련주를 잔뜩 채우면서, 동시에 전통 산업과 관련된 '굴

뚝주'들에 대해 숏을 걸었다. 인터넷 몰빵도 모자라 전통경제와 관련된 종목들을 파는 베팅을 한 것이다. 이 전략이 들어맞아 소로스는 연말 시점 30%가 넘는 큰 이익을 냈다.

하지만 문제는 그 이듬해였다. 2000년 봄 무렵 소로스의 예상이 들어맞으면서 인터넷주들의 대대적인 붕괴가 시작됐다. 2000년 3월 5천을 넘어섰던 나스닥 지수는 1년 후인 이듬에 2천선을 뚫고 내려가 1천대까지 하락했다. 거품의 소멸 과정은 계속 이어지면서 2002년 10월엔 지수가 1108 수준까지 폭락하기도 했다.

결국 소로스는 매도 타이밍을 한 단계 빨리 잡은 덕에 버티지를 못했던 것이다. 시장을 비트하면서(이기면서) 엄청난 수익을 내던 투자자도 항상 이길 수 없다는 역사적 사례는 무수히 많다. 아울러 펀드매니저들은 시장 분위기에 휩싸인 고객들의 압박을 받기도 한다.

소로스가 큰 마음을 먹고 인터넷주들에 대해 숏을 치기로 했던 당시 또 다른 유명 헤지펀드매니저 줄리안 로버트슨은 인터넷주를 담지 않고 있었다. 역시 인터넷 관련 종목들의 주가가 말이 안 된다고 판단했던 것이다. 그러자 펀드에 돈을 맡긴 투자자들이 그를 비난하면서 돈을 빼버렸다. 결국 로버트슨의 펀드는 인터넷 버블이 터지기 시작하던 시점에 문을 닫아야 했다. 이처럼 전문투자자들 역시 시장을 예상하는 것도, 시장에 대응하는 것도 마음처럼 쉽지 않다.

2020년 3월 코로나19 사태로 주가가 폭락했을 때 국내 금융시장의 투자자들도 두 패로 나뉘었다. 결과적으로 코스피지수가 1400대까지 밀린 이후 V자 반등을 나타냈지만, 당시만 하더라도 주식시장의 의견은 분분했다. '주가지수가 재차 고꾸라질 것'이란 예상과 '저점 매수의 찬스'라는 시각이 대립됐다. 결국 지수가 1400대에서 빠르게 반등할 때 들어온 많은 개인투자자들은 2020년에 높은 투자수익을 거두기도 했다.

주가지수든, 개별종목이든 고평가나 저평가를 판단하기 쉽지 않다. 버블이라고 판단이 들더라도 그 버블이 언제 터질지는 누구도 예상하기 어렵다. 2020년 국내 코스피지수는 사상 최고치를 갈아치우면서 2800선 위에서 거래를 마쳤다. 이 해에 코스피지수는 한 해 동안 30.8% 급등한 2873.47에 거래를 마쳤다. 2020년 3월 19일 기록한 장중 저점(1439.43)에 비해선 99.6%, 즉 100%나 급등한 것이었다. 이후 2021년초반 코스피지수는 대망의 3천선을 돌파하는 새로운 역사를 썼다.

주식시장은
살아남기가 쉽지 않은 곳

주식시장에서 장기적으로 높은 성과를 거두는 개인투자자는 얼마나 될까? 2020년 주가지수가 급등하면서 오랜만에 많은 개인투자자들이 따뜻한 연말을 보내게 됐다. 코로나19가 하루 1천 명 내외씩 나오는 험악한 사회 분위기 속에서도 그나마 주가가 크게 올라 위로가 됐다.

하지만 한국 주식시장에선 주식투자를 말리는 말들이 많았다. 우스갯소리로 술과 담배, 그리고 주식은 몸에 해롭다는 말을 하는 사람들도 있었다. 상당기간 코스피지수가 박스권을 탈피하지 못해 '박스피'라는 조롱에 시달리기도 했다. 그러나 장기적으로 주식이 오르는 상황에서도 '행복한 투자자'는 많지 않았다.

오래 전이긴 하지만 문병로 서울대 컴퓨터공학과 교수가 '개인투자자들의 대부분은 투자에 실패한다'고 주장했다. 지식과 경험이 부족한 개인투자자들이 국가에는 세금을, 증권사에는 수수료를 선물하면서 주식시장엔 생산적인 기여를 하지만 대부분은 시쳇말로 봉이 된다고 했다. 그는 2014년 『문병로 교수의 메트릭 스튜디오』라는 저서에서 이렇게 일갈했다.

"개인투자자들은 본인의 의사와는 상관없이 98% 정도가 공익 투자자로서 자신의 투자경력을 마무리한다. 공인투자자들은 몇 번은 운 좋게 이익을 맛볼 수 있지만 오래 하면 거의 100% 가까운 확률로 손해를 본다."

그러면서 그는 주식시장을 읽을 만한 눈을 키우지 못하는 사람이라면, 먼저 자리를 뜨는 게 낫다는 조언까지 한다.

"포커판에서 누가 봉인지 알 수 없다면 자리를 떠라. 당신이 봉이기 때문이다. 마찬가지로 주식시장에서 봉들로 인해 일어나는 비합리적인 움직임이 보이지 않으면 시장을 떠라. 당신이 봉이기 때문이다."

문 교수는 컴퓨터 알고리즘 분야의 세계적인 석학으로 평가받는 사람이다. 그런 그가 주식시장의 데이터를 활용해 이렇게 조언한 것이다. 당시 문 교수는 2000년부터 12년간의 주식시장의 데이터 분석을 통해 '주식시장에서 개인투자자들은 대부분 패배자'였다고 분석했다.

지난 1999년말~2000년초에 코스피지수는 1천선을 오르내리고 있었다. 2011년말 코스피지수는 2천선을 앞에 두고 힘겨루기를 벌였으며, 2012년엔 2천선으로 올라서는 모습을 보였다. 같은 기간 지수가 거의 2배 올랐지만, 문 교수는 주식투자로 성공한 사람이 거의 없다고 분석했다.

컴퓨터 공학자의 눈에 개인투자자들은 주먹구구식 투자를 하는 것으로 보였으며, 시장의 변동성을 견딜 체력도 부족했다. 공학자이자 석학인 문 교수는 주식을 사고 난 뒤 1년 간 어떤 일이 일어나는지도 분석했다. 임의로 주식을 매입한 뒤 1년 기간 내에 10% 이상 주가가 상승하는 경험을 할 확률은 85%나 된다고 했다. 1년을 투자하면 10번 중 8.5번의 확률로 10% 이상 성과를 올리는 경험을 한다는 것이다. 또한 열 번 중 무려 61%의 확률로 30% 이상의 상승을 경험한다고 분석했다. 주가가 2배 이상으로 오르는 확률은 24%나 된다고 밝혔다. 물론 주가가 9% 이상으로 떨어지는 경험을 할 확률도 83%, 23% 이상 떨어질 확률도 59%, 즉 6번이나 된다고 했다.

문 교수는 개인투자자들이 이런 변동성을 견디지 못하는 게 현실이라고 설파했다. 그의 분석을 보면서 금융권에서 일하다가 조기 은퇴해서 '독특한' 주식투자를 하고 있는 A라는 사람이 떠올랐다.

A씨는 매년초 수억 원의 주식투자를 시작한다. 그의 목표는 오로지 10%다. A씨는 연초 주식투자를 시작한 뒤 수익률이 10%를 달성하는 순간 그해의 주식투자를 그만둔다. 주가가 더 오르더라도 A씨는 미련을 두지 않는다.

A씨의 얘기를 들었을 때 필자는 "인간의 본성상 그러기 어려울 것"이라고 주장했다. 하지만 A씨는 이 원칙을 지켰으며, 거의 매년 10%의 성과를 거뒀다고 했다. A씨는 큰 욕심을 내지 않고 이런 식의 '기발한 투자'로 접근하면 매년 10%는 가능하다고 했다. 종목선정에 잼병이라면 ETF를 사서 A씨처럼 접근하는 것도 한 방법이다.

하지만 인간의 본성상 벌면 더 벌려고 하다가 손실이 날 수도 있다. 문 교수의 분석과 A씨 같은 투자의 '기인' 얘기에 마음이 좀 혹하지 않은가. 2020년엔 기준금리가 사상 유례없는 수준인 0.5%로 인하되면서 은행 정기예금을 해도 연이자 1%도 못 건지는 상황이 됐지만, 목표달성 이후 단기채권 등 안전자산(예금, 채권 등)으로 운용하는 것도 나쁘지 않은 접근법처럼 생각되곤 했다.

만약 A씨가 2억 원의 자금으로 10년간 연간 10% 목표수익 달성 시 투자를 쉬고 이듬해 불어난 금액으로 동일한 행위를 반복했다면 2억원은 복리효과를 통해 5억 2천만 원 수준으로 불어난다. A씨는 자신은 10년이 넘는 기간 동안 10% 수익률이라는 목표달성에 실패한 적이한 번도 없으며, 목표달성 후엔 절대 욕심을 내지 않았다고 한다. 문교수의 시장변동성에 대한 분석을 보면 A씨의 얘기에 신빙성이 더해진다. A씨는 아주 독특한 자신만의 투자 계획표를 가진 사람이었다.

2020년 역대 유례없는 개인투자자들의 자금이 주식시장으로 들어왔으며, 주가지수도 급등했다. 그리고 '첫' 주식투자에서 성공한 개인투자자들도 크게 늘어났다. 다만 주식시장은 상승장의 편안함만을 선사하는 곳이 아니다. 주식시장은 한없이 인자한 듯하다가도 자신의 주관없이 부화뇌동하는 투자자들을 벗겨먹는 곳이다.

그러나 살아남을 방법은 있다. 변동성을 견디는 인내심, 종목이나 시장지수에 대한 자기만의 냉정한 분석, 그리고 시장을 읽는 눈이 있다면 주식시장에서 익사하지 않고 자산을 불릴 수 있다.

주식투자는 만만치 않다. 주식투자에 익숙하지 않은 사람이라면 반드시 애널리스트 보고서를 뽑아서 그들이 제시하는 논리를 살펴볼 필요가 있다. PER, PBR, PEG, ROE 등 주가의 적정성이나 이익성장과 관련된 지표들은 반드시 확인하는 습관을 기르자. 천재들도 실패하는 분야가 주식투자라는 생각을 갖고 항상 시장에 겸손하게 접근하자. 투자자는 항상 공부하면서 세상의 변화에 관심을 가져야 한다.

개미투자자의
전성시대가
열리다

주린이를 위한 주식시장은 없다,
한 번 더 기본 툴을 익히자

　2020년 주식투자 열풍이 크게 불면서 '주린이(주식+어린이)'란 말
도 어느새 일상적인 용어가 됐다. 한국 주식시장이 태동한 이래 가
장 큰 규모의 개인 투자자금이 몰려 들었기 때문에 주식시장에 대한
기본을 익히려는 사람들도 많았다. 다만 주식시장은 만만한 곳이 아
님을 알아야 한다.

　주가지수가 상승할 때는 마치 시장이 돈을 벌 수 있는 쉬운 장소
처럼 보이지만, 물가상승에 따른 금리인상이나 기업들의 실적이 기
대보다 부진한 것으로 나오기 시작하면 시장 분위기가 급변할 수도
있다. 이에 따라 주변 사람들에게 현혹되지 않고 자신만의 가치평가
법이나 투자원칙을 정립하는 게 중요하다.

　투자에 자신이 없거나 종목을 분석할 시간이 없다면 월급이 들어
오는 날에 꾸준히 일정금액을 투자해 ETF를 사는 것도 한 방법이다.
믿음직한 펀드를 발견했다면 그 펀드에 자금을 맡길 수도 있다. 자

신이 직접 하는 주식투자가 반드시 정답은 아니다.

직접투자를 하기 위해선 무엇보다도 냉정해야 한다. 내가 분위기에 휩쓸려서 혹시 비싼 주식을 사고 있는 건 아닌지 항상 경계해야한다. 주식투자에 답은 없기 때문에 나만의 접근법을 몸에 익혀두는게 중요하다.

주식투자가 처음이라면 증권사 애널리스트 보고서를 여러 개 프린트해서 전부 꼼꼼히 읽어볼 것을 권한다. 같은 종목을 분석한 다른 애널리스트들의 보고서를 서로 비교하면서 왜 이들이 목표주가를 다르게 제시하는지 파악해볼 필요가 있다. 애널리스트들이 접근하는 방법은 비슷하기 때문에 계속해서 보고서를 읽다 보면 익숙해질 것이다.

다만 애널리스트의 보고서는 하나의 참고자료일 뿐이다. 관심있는 종목의 보고서를 프린트하거나 보고서 파일을 저장한 뒤 시간이흐른 뒤의 주가와 보고서 내용을 점검하는 것도 투자실력을 키우는데 도움이 된다.

좋은 주식과 좋은 기업은 엄밀히 말해서 다르다. 아무리 좋은 기업이라도 주가가 고평가된 상황이라면 뒤늦게 들어가서 이익을 내기 어렵다. 좋은 주식은 기업의 이익이 늘어나고 미래에도 이익이성장할 것으로 보이는 데도 여전히 싼 주식이다. 다만 주가가 싸 보이더라도 좋지 않은 기업(경쟁력이 없어 보이거나 이익을 제대로 못 내는 기업)에 투자하는 것은 위험하다. 그러면 가장 대중적인 몇 가지지표들을 다시 한 번 살펴보자.

먼저, 주식투자자들이 가장 많이 접하게 되는 PER(Price Earnings Ratio, 주가수익비율)이다. PER은 이미 언급한 것처럼 몇 년치 순이익을 모아야 내가 매수한 주가와 같아지는지를 나타내는 지표다. 당연히 20년치 이익을 반영한 주가보다 10년치 이익을 반영한 주가가 싸다.

사실 PER 개념은 다른 투자를 할 때도 적용 가능하다. 예컨대 내가 상가에 투자했을 때 몇 년치 임대료를 모아야 매수가격과 같은지를 계산해볼 수 있다. 상가에 투자하고 싶다면, 여러 상가의 매수가 가능한 가격과 연간 임대료를 비교해서 가장 메리트가 큰 상가를 매수할 수 있는 것이다.

문제는 주식이든 부동산이든 이익은 '추정치'일 뿐이라는 점이다. 이 점에서 투자의 어려움이 있다. 예컨대 포워드 PER이 10이라면 향후 1년간 '예상되는' 이익 10년치를 모은 값이 주가라는 점이다. 하지만 이익은 들쑥날쑥한다.

이런 약점을 감안해서 이익을 예상하는 지표로 보완하는 작업이 이뤄진다. 이미 언급한 짐 슬레이터나 피터 린치가 투자 시에 활용한 PEG(Price Earnings to Growth Ratio, 주가수익성장성비율)를 활용할 수 있다. PEG는 PER을 이익증가율로 나눈 것이다.

이 PEG에 대해 피터 린치는 1 정도면 '적정하다'고 했고, 짐 슬레이터는 이보다 낮은 더 보수적인 기준을 제시했다. 그러면 어느 정도의 성장률이 적합한 것일까? 이익성장률이 높으면 좋긴 한데, '만약 어떤 기업의 이익이 50%씩 성장하는 게 가능할까'라는 의문도 가질 수 있다. 어떤 기업이 특정 산업에서 이익이 50%씩 성장한다면 다른 기업들도 눈독을 들일 수밖에 없다. 아울러 엄청난 이익성장은 지속성이 낮을 가능성이 크다.

따라서 이익의 지속성 등을 따져야 한다. 그 기업의 경쟁력, 브랜드 파워, 다른 기업의 진입을 차단할 수 있는 능력[이를 경제적 해자(moat)라고 한다]이 있는지 등을 의문을 가지고 따져야 한다.

다만 '합리적으로 높은 이익 성장률'은 설득력을 얻을 수 있다. 예컨대 피터 린치는 PEG가 똑같은 1이더라도 PER 10, 이익 성장률 10인 주식보다 PER 20, 이익 성장률 20인 주식이 더 매력적이라고 밝히기도 했다. 매년 20% 정도의 이익성장은 '지속성'을 가질 수 있다고 본 것이다. 시대 상황, 주식시장 분위기 등에 따라 이런 값들은 달라지기 때문에 비슷한 업종 내의 여러 기업들을 비교해서 접근해 볼 수 있다.

PER은 가장 간단한 주식가격 메리트 측정 지표지만 거기에는 함정도 숨어 있다. 예컨대 경기가 정점을 향해 치닫는다면 이익이 상당히 많이 난다. PER의 분자를 구성하는 주가와 분모를 나타내는 1주당 순이익 가운데 분모가 '정점'을 찍기 때문에 주가가 매력적으로 보이는 건 아닌지 의심해봐야 하는 것이다. 당연히 경기에 민감한 화학, 철강, 내구소비재, 산업재 등과 관련된 종목들이 이런 모습을 보일 수 있다.

또한 PER이 낮다는 사실 그 자체가 주식이 매력적이라는 사실을 보증해주지 않는다. 만약 이미 성숙한 산업이어서 이익이 별로 늘어나지 않는 점을 감안해 시장이 주가를 '낮게' 책정한 경우도 조심해야 한다. 아주 안 좋은 상황이 발생하면 PER이 낮아 매력적으로 보이는데, 회사가 부도를 낼 수도 있다. 아무리 싸 보이는 주식이라도 이익이 성장하지 못하는 기업의 매력은 떨어진다.

PER은 이익이 나지 않는 기업의 주가를 평가하는 데 활용할 수 없다는 약점이 있다. 그래서 이를 보완하기 위해 PSR(Price Sales Ratio, 주가매출액비율)이란 지표를 종종 활용한다. 주가를 매출액으로 나눈 값으로 당연히 낮을수록 메리트가 있다.

사실 성장하지 않는 기업은 투자가치가 떨어진다. 이 성장을 말해주는 게 매출액이다. 당장 이익을 내는 것은 쉽지 않지만, 매출이 꾸준히 늘어나는 중이라면 이 기업은 미래에 이익을 낼 확률이 높아진다. 또한 경기순환에 민감한 업종의 PER이 가질 수 있는 속임수를 체크하기 위해 PSR을 같이 살펴볼 필요도 있다.

증권사 애널리스트의 보고서에 보면 PER과 함께 EV/EBITDA 지표도 같이 등장한다. PER의 사촌 정도되는 지표라고 생각하자. 이미 언급한 바 있지만 EV는 기업가치(Enterprise Value), 즉 투자자가 지불해야 하는 기업의 가격이다.

EBITDA는 EBIT(이자와 법인세 차감전 이익)에서 감가상각비를 더해준 이익이다. 기업들은 세금과 이자, 감가상각비 등을 어느 정도 자의적으로 조정할 수 있어 이를 제외하고 평가를 해보겠다는 것이다. PER을 볼 때 EV/EBITDA를 같이 보면 된다.

PER과 함께 투자자들이 항상 접하게 되는 지표가 PBR(Price Book

Value Ratio, 주가순자산비율)이다. PBR은 주가를 1주당 순자산으로 나눠서 계산하거나 시가총액을 기업의 순자산으로 나눠서 구할 수 있다. 기업의 진짜 내 재산을 의미하는 순자산(자본금과 자본잉여금, 이익잉여금의 합계)에 비해 주가가 얼마나 비싸게 거래되고 있는지를 측정한다.

흔히들 PBR이 1보다 낮은 주식이 저평가 메리트가 있다는 얘기들을 한다. 그런데 PBR은 유독 은행주와 같은 금융사 주식의 적정 가치를 평가할 때 적극적으로 활용된다. 자기자본 구성이 중요한 회사들을 메리트를 측정할 때 PBR이 힘을 발휘한다.

예컨대 은행의 경우 은행이 보유한 채권, 대출, 그 밖의 각종 유가증권 등의 평가가 중요하다. 순자산가치는 이런 부분들을 평가한다. 은행이나 금융사의 장부가치(Book Value)는 현재의 시장가치를 반영하고 있더라도 상황에 따라 크게 변할 수 있다. 예컨대 은행대출이자가 급증한다면 대출자산의 가치도 타격을 입을 수밖에 없는 것이다.

아무튼 각종 애널리스트 보고서엔 이런 지표들이 어김없이 등장하니 반드시 확인할 필요가 있다. 그리고 동일한 산업 내의 다른 회사는 과연 어느 정도로 평가받고 있는지, 현재의 가치평가 지표가 과거의 지표에 비해서는 어떠한지를 확인하고 투자할지 말지를 판단해야 한다.

간단한 가치평가 지표 적용과
항상 논란이 되는 주식평가의 잣대

사람들이 주식투자를 할 때 많이 따지는 요인들엔 앞에서 살펴본 PER나 PBR 외에 ROE(Reutrn On Equity, 자기자본이익률)도 있다. ROE는 이익과 자기자본의 비중이다. 기업이 자기자본을 투자해 한 해 동안 얼마만큼 수익을 거뒀는지를 나타내는 지표이며, 순이익을 자기자본으로 나눠서 계산한다. 통상 주식투자자들은 ROE가 두 자리 수 이상이면 양호하다는 식의 얘기를 한다.

예컨대 자기자본이 100억 원이고 순이익이 20억 원이면 이 비율은 20%가 된다. 이 비율이 높을수록 경영을 알차게 했다고 볼 수 있다. 다만 회사 본연의 사업이 아닌 자산매각 등으로 일시적 이익이 급증한 경우에는 이를 감안하고 봐야 한다. ROE는 지속성이 중요하다. 그러면 단순한 예를 통해서 주식 평가지표가 움직이는 과정을 살펴보자.

계산 편의를 위해 순이익 100억 원, 시가총액이 1천억 원, 총자본(자기자본) 2천억 원, 주식수 1천만 주의 회사를 가정해보자. 우선 시가총액이 1천억 원이고 주식수가 1천만 주이니 주가는 1만 원이다.

먼저, PER을 구하기 위해선 '시가총액/순이익' 혹은 '주가/1주당 순이익'을 해보면 된다. 이 2개의 공식은 사실 같다. 한 주를 기준으로 하느냐, 전체를 기준으로 하느냐의 차이일 뿐이다. 아무튼 이 경우 PER이 10배로 계산된다. 보통 10x라고 표현하기도 한다.

PBR은 '시가총액/순자산가치' 혹은 '주가/1주당 순자산가치'다. 자본이 순자산이기 때문에 1천억 원을 2천억 원으로 나눈 값, 즉 0.5로 나온다. ROE는 당기순이익 100억 원을 자기자본 2천억 원으로 나눈 값이니 5%다.

여기서 다른 지표는 변동이 없는 가운데 기업이 경영 효율성을 높여 순이익만 2배로 늘어났다고 해보자. 시가총액도 그대로라고 가정했으니 PER은 5배로 내려간다. 일단 PBR도 0.5배 그대로다. 이후 이익은 배당으로 나갈 수도 있고 자기자본을 늘려주는 역할을 할 수도 있다. ROE는 10%로 뛰었다.

이런 상황이라면 주가가 1만 원에 머물러 있는 게 이상하다. 과거처럼 PER 10배에 맞추기 위해선 주가가 1만 원에서 2만 원으로 오를 수 있다. 현실에선 이익 예상치가 미리 변화되는 속성이 있기 때문에 주가도 선제적으로 움직인다.

주가는 주당순이익(EPS, Earnings per Share)에 PER을 곱한 것이다. 이익상승률과 이익의 몇 배를 주가에 반영할지를 나타내는 PER이 영향을 미치는 것으로 볼 수 있다. 주가는 이익의 힘과 적정가치에 대한 평가(PER의 변화)로 인해 등락을 한다는 사실을 알 수 있다.

PER 등 가치평가 지표는 종목에 적용할 수도 있고, 시장 전체에 적용할 수도 있다. 2020년 중엔 PER이 13배 수준으로 높아지면서 '고점' 수준까지 올라 너무 비싸다는 얘기들도 많이 나왔다. 당시 주가급등은 이익 예상치가 늘어나는 속도보다 PER의 상향조정이 가팔랐기 때문이라면서 버블을 주장하는 목소리도 높았다.

예컨대 2020년 연말 주가지수가 2800선을 넘어 사상 최고치를 경신하는 흐름을 보일 때는 12개월 선행 PER이 13배를 넘어서 이해 중 가장 높았던 8월(13.1배~13.2배) 수준에 도달했다면서 고평가를 경고하는 사람들도 상당히 많았다.

IT버블의 정점 때인 2000년엔 PER이 20배 수준으로 급등하기도 했지만, 이를 제외하면 국내 주식시장의 PER이 가장 높았던 때는 글로벌 금융위기가 본격화되기 전인 2007년말의 13배가 최고였다. 하지만 2020년 코로나19 사태 이후 주가가 급등하면서 다시금 고평가 논란에 휩싸였던 것이다.

PER이 높아져 주가가 고공행진을 보일 때 이를 정당화하는 얘기도 반드시 나온다. 우선 이익증가율에 대한 예상치가 과소평가됐다는 논리가 나오곤 한다. EPS를 보수적으로 계산했기 때문에 높아진 PER을 크게 우려할 필요는 없다는 것이다.

동시에 한국 주식시장의 달라진 위상에 대한 목소리도 나온다. PER이 20배를 훌쩍 넘어가는 미국 주식시장 등을 볼 때 한국의 PER도 이젠 상향조정을 해도 괜찮다는 것이다. 한국 주식시장엔 전통적으로 북한문제나 지배구조의 불투명성 등의 문제로 주가가 다른 나라보다 저평가 받는 현상, 즉 코리아 디스카운트가 작용했다. 이 부분은 좀 덜 반영해도 될 정도로 상황이 안정됐고, 기업지배구조도 개선되고 있다는 식의 평가가 나온다. PER이 고평가라고 하더라도 PBR이나 PSR 등 '다른' 지표를 볼 때 과열이라고 볼 수 없다는 주장도 제기된다.

또 하나 중대한 이유인 '금리'도 거론된다. 사상 유례없는 글로벌 초저금리와 과잉 유동성 속에 PER을 과거의 잣대로 보는 것은 말이 안 된다는 주장도 등장하는 것이다. 사실 금리와 '주가에 담긴 예상 수익률'은 연준 의장을 지낸 앨런 그리스펀 등이 주식시장의 고평가 정도를 평가할 때 자주 활용하던 간단한 지표다.

예컨대 PER이 10이라면 PER의 역수(1/10)인 예상수익률은 10%다. 2020년엔 국내 국고채 금리가 1% 내외에 불과하다는 점 등을 거론하면서 주식으로 돈이 몰릴 수밖에 없는 논거로 활용하기도 했다. 2020년엔 금리자산(채권, 예금 등)의 메리트가 없고, 부동산은 너무 비싸서 주식으로 많은 돈이 몰릴 수밖에 없다는 평가들도 많았다.

한편 PER 등 지표를 볼 때 과거와 미래를 구분해서 볼 필요가 있다. 통상적으로 PER이나 PBR을 볼 때 미래의 이익이나 자본 증가율을 추정해서 접근한다. 선행(Forward) PER과 후행(Trailing) PER로 나눠서 볼 수 있다는 얘기다. 주식가격이 미래 이익을 현재가치로 계산한 것인 만큼 미래를 나타내는 지표가 더 중요하다.

하지만 미래 1년간의 이익보다 과거 1년간의 이익에 더 비중을 두는 사람도 있다. 이런 사람들은 어차피 미래는 맞출 수가 없기 때문에 '틀릴 수가 없는' 과거에 남들보다 많은 비중을 두고 접근하는 것이다. 투자자라면 둘 모두, 그리고 적어도 몇 년치의 데이터를 보면서 흐름을 파악하는 것도 중요하다.

주식투자뿐만 아니라 모든 투자는 '가치'와 '가격' 사이의 게임이다. 가격이 가치보다 높게 형성돼 있으면 파는 게 유리하고, 반대의 경우라면 사는 게 낫다. 다만 가치에 대한 평가가 제각각이기 때문에 현재 시장에 형성된 주가에 대한 평가 역시 중구난방이다. 다만 돈을 버는 것보다 잃는 게 더 싫은 투자자라면 다양한 가치평가법들을 활용해 보수적으로 접근하는 게 낫다.

성공한 주식투자자들은 모두 고독한 사냥꾼

만유인력의 법칙을 발견해 더 이상 설명할 필요가 없는 천재 과학자 아이작 뉴턴, 옵션과 같은 파생상품 평가식을 만든 뒤 노벨 경제학상을 받은 마이런 숄즈와 로버트 머튼, 경제분석에 수학을 도입해 계량경제학을 창시한 어빙 피셔. 이 세 사람의 공통점은 과연 무엇일까?

놀랍게도 이 천재들은 모두 주식투자에서 실패해 패가망신한 사람들이다. 인류의 지적 능력을 한 단계 더 고양시키는 데 혁혁한 공을 세운 인물들이지만, 주식시장에서 큰돈을 벌려고 하다가 망한 사람들이기도 하다.

누구보다 뛰어난 과학자, 수학자, 경제학자들이었지만 주식투자에서 뜨거운 맛을 본 뒤 백기를 들었다. 뉴턴은 이익실현한 주식이 다시 오르고 친구들이 돈을 더 버는 것을 참지 못해 뒤늦게 다시 주식시장에 뛰어들었다가 모은 돈을 다 날렸다. 숄즈와 머튼은 롱텀캐

피털매니지먼트(LTCM)에 참여한 사람들로 월가의 전설이 될 뻔한 사람들이었다. 하지만 '수학적 계산'만 믿다가 결국 가장 다이나믹한 실패자로 투자의 역사에 이름을 남겼다.

어빙 피셔는 '미국 경제학의 아버지'로 불렸으며, 물가수준은 화폐량으로 결정된다는 그 유명한 화폐수량설을 제시했던 인물이다. 피셔는 주식투자를 하면서 남다른 실력을 과시해 한때 '월가의 예언자'란 별명을 얻기도 했다. 하지만 그는 1929년 대공황이 닥치던 시점에도 "주가가 장기적으로 지속적인 상승이 가능한 고원지대에 도달했다"고 외치다가 패가망신했다.

반면 많은 사람들이 세계 최고의 투자자라고 부르는 워런 버핏은 엄청난 부를 쌓았다. 그는 싼 주식을 집중적으로 매수하는 투자자였다. 비교적 최근에 자신의 유산은 '인덱스펀드'에 투자하라고도 하고, 인덱스펀드의 효율성을 인정하기도 했지만 그가 명성을 쌓은 방식은 분산투자가 아니라 집중투자였다. 잘 아는 종목을 면밀히 분석해 집중적으로 투자를 해온 버핏은 남들이 뭐라하든 자신의 방법론에 따라 '싼' 주식을 사는 데 주력했다. 버핏은 "잃지 않는 게 첫 번째 원칙, 첫 번째 원칙을 지키는 게 두 번째 원칙"이라는 말을 남겼다.

피터 린치는 매우 많은 주식에 투자하는 것으로 유명했다. 그럼에도 불구하고 그는 늘 남들과 다르게 사물과 현상을 분석하려고 애써 엄청난 부를 쌓았다.

버핏이 자신의 스승 중 한 명으로 꼽기도 했던 필립 피셔는 "대단한 기업이지만 월 스트리트에서 좋게 보지 않아 주가가 형편 없는 주식을 찾으려 다녔다"고 고백하기도 했다.

성격이 전혀 다른 주식투자의 거인도 있다. 전설적인 투자자 제시 리버모어는 모멘텀 투자의 대가였다. 오르는 주식에 베팅하고 내려가는 주식에 공매도를 걸어 어마어마한 부를 쌓았다. 하지만 인생 막판의 대대적인 베팅이 실패하면서 그는 결국 권총자살로 생을 마감했다.

주식투자의 방식은 여러가지다. 하지만 위대한 투자자들은 대부분 분위기에 휩쓸리지 않고 자신만의 방식으로 부를 축척했다. 우리 주변에도 드물긴 하지만 대단한 투자자들이 있다.

필자가 아는 한 지인은 고등학교만 졸업하고 증권사에 입사해 주식투자로 상당한 부를 축적했다. 오래전 술자리에서 그는 자신이 세금을 많이 내는 것을 알고 정치권에서 영입제의를 했지만 거절했다는 사실을 털어놓기도 했다.

이 지인은 필자의 여러 차례에 걸친 인터뷰 요청, 심지어 익명 인터뷰 요청마저 거절하면서 사람들에게 주목 받기를 원치 않았다. 그는 선물·옵션시장에서 금융공학으로 무장한 잘나간다는 사람들과 치고 받으면서 승리했다. 그러면서 필자의 지인은 이 잘나가는(?) 딜러들에 대해 '옵션을 매도해 프리미엄이나 벌다가 한번에 다 깨 먹는 거짓말쟁이들'이라고 폄하하기도 했다.

크든 작든 주식투자에서 성공한 사람들에겐 자신만의 원칙이 있다. 기업과 산업, 경제에 대한 가치평가 방법은 무궁무진하다. 주가 역시 언제 적정가치를 반영할지 아무도 모른다. 다만 투자자가 자신

의 투자원칙이나 철학 없이 접근하다가 공익투자자로 투자이력을
마칠 수 있다는 점을 늘 생각해야 한다. 성공한 사람들은 남들의 말
이나 분위기에 휩쓸리지 않는 고독한 사냥꾼들이었다.

시간이 지나도 변하지 않는
주식투자 불변의 법칙 10가지

주식은 현대 자본주의의 산물이다. 사업을 하기 위해선 혼자, 혹
은 단지 여러 사람의 돈으로 할 수 없다. 그래서 주식회사는 주식을
발행해 많은 주주들로부터 자금을 모은다. 회사의 덩치가 커지면 이
회사의 주식은 주식시장에 상장돼 누구나 사고팔 수 있는 증권이
된다.

흔히 얘기하는 증시(증권시장)에는 주식시장과 채권시장이 있다.
채권은 돈을 빌려주고 만기 때 원금과 이자를 돌려받는 투자상품이
다. 만기 이전에 채권을 사고팔려는 사람들로 인해 거대한 채권시장
이 형성된다. 하지만 채권으로 큰돈을 벌기는 어렵다. 더구나 이미
채권가격이 너무 뛴(금리가 너무 낮아진) 상황이라면 이익을 창출하
는 데 한계가 있다.

주식시장은 채권보다 훨씬 큰돈을 벌 수 있고, 훨씬 큰돈을 잃을
수도 있는 시장이다. 투자한 회사가 지속적으로 성장한다면 회사의
성장과실을 챙길 수 있다. 좋은 종목은 평생 함께해도 좋다. 하지만

주식시장엔 변하지 않는 법칙이 있다. 이 법칙들은 투자자들이 인지하고 있어야 할 가장 기본적인 룰이라고 볼 수 있다.

1. 주식투자는 가치와 가격의 게임이다

주가는 그 회사의 가치보다 높게 형성될 수도 있고, 낮게 형성될 수도 있다. 투자자들은 주가가 회사의 가치보다 낮다고 판단되면 그 주식을 사고, 반대의 경우면 주식을 판다. 다만 '가치를 어떻게 볼 것이냐'에 대한 정답은 없다. 이러다 보니 한 회사를 놓고도 A는 주가가 높다고 보고, B는 주가가 낮다고 본다. 파는 사람이 있어야 사는 것도 가능한 법이다. 주식을 보는 서로 다른 관점이 거래를 형성한다.

예를 들어 PER이 1천 배를 넘어가는 테슬라 주식을 왜 사는가? 사는 사람들은 주가가 더 오를 것으로 보기 때문이고, 파는 사람은 주가가 비싸다고 보기 때문이다. 전통적인 주식평가에 익숙한 사람에겐 PER 1천 배는 상상을 뛰어넘는 수준이다. 하지만 미래에 테슬라가 전 세계 자동차 산업을 지배하고 어마어마한 이익을 낼 것으로 본다면 이런 투자는 합리성을 가질 수 있다. 테슬라가 만약 공중부양을 하는 자동차까지 만들 수 있다고 보면 또 다른 얘기가 될 수도 있다.

하지만 테슬라의 가치는 누구도 정확하게 평가할 수가 없다. 그래서 베팅엔 언제나 위험이 도사린다. 이런 위험이 싫은 사람은 다른 주식을 고르면 된다. 한국에도, 미국에도 그리고 이 지구상에 주식은 수없이 많다.

2. 주식은 시간과의 싸움이다

타고난 소수의 운 좋은 사람, 엄청난 능력을 가진 고수 등 일부를 제외하면 개인투자자들에게 주식투자는 쉽지 않은 도전이다. 시간을 어떻게 요리하느냐에 따라서 주식투자의 승패가 갈라진다.

많은 투자자들이 단기매매를 하고 있지만, 이는 승률이 낮은 게임이다. 개인들이 자주 범하는 실수는 고점에서 사고 저점에서 파는 것이다. 인간은 그렇게 반응하도록 설계돼 있어서 안타깝다. 단기매매에서 성공하는 사람은 극소수다.

특정 주식에 대한 분위기가 달아오르면 뒤늦게 그 주식을 매수하려고 하는 사람이 많아진다. 반면 주가가 급락하면 이미 가격이 가치에 비해서 한참 싸졌는데도 주식을 매도하고 만다. 많은 개인투자자들은 이처럼 '잃는 게임'을 해왔다. 주식투자가 가격과 가치 사이를 오가는 게임이라는 점을 안다면 이처럼 부화뇌동하지 않을 수 있다.

좀 더 느긋하게 장기적으로 투자할 필요가 있다. 특정 주식의 가치회복이나 장기적 상승에 대한 확신이 있다면 일시적인 변동성을 견뎌낼 체력을 갖게 된다. 결국 시간의 문제를 어떻게 처리하느냐에 따라 투자성과는 천차만별이 된다.

3. 빚은 관리할 수 있어야 한다

흔히 "빚내서 투자하지 마라"는 얘기를 한다. 이런 얘기를 하는 이유는 빚을 낸 돈의 '취약성' 때문이다. 머지않은 시점에 갚아야 하는 돈이라면 빨리 수익을 내서 상환해야 한다. 이러면 투자자가 쫓기게 된다. 투자자는 마음이 흔들리는 상황에서 자신의 투자 원칙을 지키기가 어렵다. 빨리 돈을 벌고 싶은 욕심에 이유도 없이 오르는 주식이나 테마주 등에 과도하게 투자해 쪽박을 차는 경우도 많다.

단기로 빌린 돈엔 여유가 많지 않다. 따라서 증권사에서 빌려주는 신용대출은 활용하지 않는 게 낫다. 기껏해야 몇 달 후 갚아야 할 자금으로 주식투자의 승률을 올리기란 만만치 않다. 설사 성공했다고 하더라도 이런 식의 투자가 계속되면 결국 실패확률이 높아진다.

하지만 "빚을 내서 투자하지 말라"는 말엔 과장도 들어 있다. 우리는 대부분 일정 금액의 빚은 지면서 산다. 빚은 내면 안 되는 게 아니다. 대다수의 기업들도 빚을 지고 있다. 자기자본이 100억 원인데 빌린 돈이 100억 원이라면 부채비율이 100%다. 과거의 한국기업들은 이보다 훨씬 높은 부채비율에도 불구하고 꾸준히 성장하기도 했다. 부자일수록 부채가 많다는 사실을 아는가. 하지만 부자의 빚엔 여유가 있다. 즉 급하지 않은 빚인 것이다.

필자 역시 돈이 급하게 필요할 때는 마이너스 통장을 활용한다. 마이너스 통장의 한도를 넘어가는 빚이면 2차적으로 연금저축 등을 담보로 돈을 빌린다. 하지만 증권사 신용처럼 투자자의 마음을 어지럽힐 수 있는 빚은 활용하지 않는다.

4. 소수자의 편에 선다

우선 이 논리에 대해 반대하는 사람도 적지 않다는 점을 알아두

자. 주식시장이 상승 모멘텀에 올라타면 주식에 관심이 없던 사람들도 주식시장으로 들어온다. 또한 현실적으로 모멘텀 투자자들이 더 많은 것도 사실이다. 상승추세 혹은 하락추세에 베팅하는 것도 전통적인 주식투자 방법 중의 하나다.

하지만 결국 주식은 가격과 가치의 게임이다. 주식이 무한히 상승할 것 같지만, 반드시 흐름엔 변곡점이 있다. 우리가 위대한 투자자로 아는 워런 버핏이나 피터 린치 등은 모두 대중과 다른 길을 갔다. 존 템플턴 등 위대한 가치투자자 등 많은 사람들이 다수가 가는 길보다 자신의 투자원칙을 지키면서 소수의 길을 택한 사람들이다.

헝가리 출신의 위대한 투자자 앙드레 코스톨라니는 "내가 주식시장의 수 많은 바보들 중 한 사람이 아닌지 의심하라"고 조언했다. 군중심리에 휩싸이지 않으면서 자신의 투자원칙을 지키는 게 매우 중요하다.

5. 모르는 종목엔 투자하지 않는다

이 말은 성공한 투자자들이 자주 하는 말이다. 우리는 어떤 물건을 살 때는 그 물건의 효용(가치)을 따진다. 효용을 제대로 알기 위해서는 그 물건의 기능을 속속들이 알아야 한다. 주식투자를 하는 사람이라면 자신이 투자한 회사가 어떤 물건이나 서비스를 창출해내는지 반드시 알아야 한다.

다만 사회는 점점 더 복잡해지고 있다. 4차 산업혁명의 '기술'에 대한 난이도는 상당히 높다. 공학을 전공하지 않는 사람이라면 접근하기조차 힘든 기술을 지닌 기업들도 많다. 필자는 한국을 먹여 살리는 기술, 반도체에 대해 공부하다가 여러 차례 좌절을 맛본 뒤 나쁜 머리를 탓한 적이 있다. 문과공부밖에 하지 않는 사람이 기술의 흐름을 평가하기란 쉽지 않다.

한 번은 친한 후배와 한국기업의 경영진을 두고 이런저런 얘기를 나눈 적이 있다. 한국의 대기업 경영진들을 살펴보면, 아주 재밌는 사실 중 하나가 나타난다. 삼성그룹의 CEO들 중 '이공계 계통' 출신 경영자가 가장 많다는 점이다. 필자와 후배는 삼성이 세계적인 기업으로 성공할 수 있었던 원인 중 하나가 '기술에 대한 이해도' 높은 CEO 덕분일 가능성이 높다는 점에 동의했다. 그러면서 문과생이 이과생 공부를 하기는 어렵지만 이과생이 문과생 공부를 하기는 쉽다는 데 동의하기도 했다.

투자자는 끊임없이 공부를 해야 한다. 투자자가 이해하기 어려운 기술들은 끊임없이 나온다. 게으른 투자자라면 아마도 '아는 종목이 없어서' 투자를 하기 어려울 것이다. 모르는 종목엔 투자하지 않는다는 말은 반대로 '알게 되면' 내가 투자할 수 있는 종목의 범위가 넓어진다는 얘기도 된다. 변화에 적응하지 못하는 투자자 역시 도태된다.

6. 원칙을 지키되 열린 사고를 한다

살아남은 투자자의 원칙들은 다양하다. 누구에게나 자신에게 맞는 투자법이 있기 때문이다. 예를 들어 PER이 낮은 종목에만 투자하는 사람도 있고, PER이 높은 종목을 좋아하는 투자자도 있다. PER이 낮은 종목에 투자하는 사람들은 주식이 '싸다'는 점에 초점을 맞춘 것이다. PER이 높은 종목에 투자하는 사람들은 '미래엔 이익이 지금보다 더 커진다'는 점에 비중을 둔 것이다.

장부상에 기록되는 당기순이익보다 현금흐름을 중시하는 투자자들도 있다. 기업의 이익은 조작까지는 아니더라도 인위적으로 조정하는 게 가능한 만큼 손에 잡히는 현금흐름에 더 비중을 두는 경우도 있다. 아울러 아무리 성과가 좋더라도 자금에 쪼들릴 수 있는 기업은 손대지 않는 투자자도 있다. 예컨대 유동자산을 유동부채로 나눈 값인 유동비율이 200%를 크게 넘어서야 안심할 수 있다고 보는 것이다.

너무나 유명한 주식투자의 원칙, '달걀을 한 바구니에 담지 마라'는 분산투자의 중요성을 말하는 것이다. 분산투자는 안정성을 키워주지만 고수익을 내기 어렵다는 약점도 있다. 워런 버핏 같은 사람이 큰돈을 번 이유는 분산투자가 아니라 집중투자 덕분이었다.

그렇지만 여전히 필자는 분산투자의 중요성을 강조하고 싶다. 사실 주식을 분석하는 것은 전문가에게도 쉽지 않은 일이고, 생업에 바쁜 보통 사람들은 두말할 것도 없다. 따라서 분산투자가 된 ETF 등을 적극 활용할 필요가 있다고 본다.

주식투자에 대해선 매우 다양한 접근법이 있고, 각자의 방식대로 투자해서 살아남는 사람들도 많다. 또한 많은 뛰어난 투자자들은 자신의 투자방법에 대해 늘 의심을 한다. 자신이 상황을 오해하고 있는 건 아닌지 제3자의 관점에서 점검하는 것이다. 따라서 열려 있는 사고를 하는 사람들이 주식투자에 적합한 사람이라고 할 수 있다.

7. '이익, 이익, 이익'

가치투자에 대한 오해 중 하나가 이익이나 성장성을 보지 않는다고 착각하는 것이다. 주가가 기업의 미래 이익에 의해 결정되는데 이익을 무시한다는 것은 말이 되지 않는다.

워런 버핏은 ROE(자기자본이익률)가 얼마나 높은지를 중요하게 봤다. 워런 버핏은 "적당한 기업을 멋진 가격에 사는 것보다는 멋진 기업을 적정한 가격에 사는 게 낫다"고 했다.

평범해보이는 기업의 주가가 낮아졌다고 해서 덥석 매수하는 것보다는 성장성을 갖춘 뛰어난 기업을 제값을 주고 사는 게 낫다는 뜻이다. 기업의 가치는 미래에 얼마나 이익을 더 낼 수 있느냐에 달려 있다.

피터 린치는 "순이익, 순이익, 순이익"이라고 외쳤다. 순이익이 정체돼 있거나 감소하는 기업들의 미래는 밝지 않다.

그런 측면에서 매출액도 빼놓을 수 없다. 기업들이 성장하면 매출액이 커진다. 그리고 한층 늘어난 매출액이 이익으로 전환될 때 투자자들도 성과를 만끽할 수 있다.

8. 1등 혹은 우등생에 투자하라

이 원칙은 비교적 최근에 많은 각광을 받고 있다. 1등 주식에 대한 투자가 각광을 받은 이유는 '승자독식의 세계'가 만들어졌기 때문이다. 세상은 변화하고 있으며, 그에 따라 투자자도 변해야 한다. 다만 너무 비싸질 수 있으니 주의도 필요하다.

미래학자들 사이엔 앞으로 많은 교사나 교수가 필요 없어질 것이라는 예상이 나온다. 아주 뛰어난 '잘 가르치는' 몇 명의 교사만 있으면 충분하기 때문이다. 학생들도 잘 가르치는 교사들에게 수업을 받는 게 유리하다. 이런 측면에서 많은 미래학자들은 뛰어난 교사가 가르치는 온라인 수업이 많은 교사들의 수업권을 박탈할 것으로 예상한다.

우리 주변에도 이런 현상들을 보게 된다. 이른바 1타 강사들 중엔 연간 수입 100억 원 이상을 버는 사람이 있다. 연봉이 높기로 유명한 메이저리그의 웬만한 야구선수들보다 많은 돈을 버는 것이다.

세상의 많은 분야가 이렇게 변했다. 특히 4차 산업혁명이나 온라인이 오프라인을 구축하는 시대에선 이런 일이 자연스러운 현상이 되고 있다. 이처럼 기업이나 산업 생태계가 변하는 시대에 1등의 가치는 과거와 비교할 수 없을 정도로 커졌다. 1등이 될 수 없는 투자자들이 1등 기업의 주인(주주)이 되어서 이들의 이익을 향유하는 게 하나의 생존법이 될 수 있다.

9. 분할매수, 분할매도로 투자에 임한다

주변에 보면 특정 종목에 마음을 빼앗겨 그 종목에 몰빵을 하는 사람들이 적지 않다. 더 많은 이익을 빨리 내고 싶은 마음에 자신이 가진 여윳돈 전부로 특정 종목을 지르는 사람이 많다.

하지만 주가라는 건 예상하기가 결코 쉽지 않다. 따라서 분할매수로 접근하는 게 옳다. 매수 후 주가가 하락하면 같은 돈으로 더 많은 주식을 살 수 있다. 급한 마음에 지금이 아니면 좋은 가격에 살 수 없다고 생각하는 것은 이미 심리적으로 쫓기고 있다는 말이 된다. 주식시장은 쫓기는 사람들의 돈을 털어먹는 속성이 있다.

매도 역시 한번에 다 팔지 않는 게 좋다. 주가가 충분히 올라와 고평가 영역에 들어섰다고 판단이 들더라도 상승 모멘텀이 살아 있으면 오버슈팅하는 경우도 많다. 주식을 살 때나 팔 때 모두 여러 번으로 나눠서 접근하는 게 중요하다.

10. 시장을 예상하지 말고 세상의 변화를 공부하자

주식시장의 흐름은 누구도 정확히 예상할 수 없다. 투자자가 주식투자를 통해 큰 이익을 얻게 되면 자신감도 배가된다. 투자자는 자신의 실력을 과신하게 되고, 그러면서 점점 더 적극적으로 시장을 예상해 투자규모를 늘려간다.

하지만 겸손하지 않은 투자자는 오래 살아남기 어렵다. 높은 수익을 냈더라도 '내가 잘 해서인지' '운 좋게 상승장에 올라타서인지'를 냉정하게 따져봐야 한다.

주식뿐만 아니라 어떤 투자를 하더라도 '싸게 사서 비싸게 판다(Buy Low, Sell High)'는 원칙은 변함이 없다. 자신감이 과해지면 이 원칙을 까먹은 채 투자하고 있는 자신을 발견하게 될 것이다.

시장을 예상하기 어려운 이유는 세상이 계속 변하고 있기 때문이다. 세상의 변화에 적응하는 기업들은 더 많은 돈을 벌 것이고, 그렇지 않은 기업은 도태된다.

항상 공부하면서 시대의 흐름을 읽는 훈련을 해야 한다. 이러기 위해선 부지런해야 한다. 적어도 관심이 있는 종목, 투자한 종목 등과 관련된 공시를 확인하면서 세상의 변화에 기업이 잘 대응하고 있는지 확인해야 한다.

공시에는 각종 재무제표뿐만 아니라 기업 경영과 관련된 많은 내용들이 나온다. 아울러 이 기업의 경쟁자들은 어떤 상황인지 등도 확인 가능하다. 새로운 종목을 발굴하는 것 못지않게 내가 투자한 종목들이 잘 하고 있는지 점검하는 것도 중요하다.

주역에서 배우는
투자에 임하는 자세

필자는 한때 주역에 푹 파져 주역 관련 책을 닥치는 대로 읽은 적이 있다. 누가 쓴 책인지도 불분명한 구닥다리 철학책에 빠졌던 이유는 주역이 가진 '중도주의' '변화에 대한 적응법'이 너무도 현실적으로 다가왔기 때문이었다. 고대에 쓰여진 이 작은 철학책 속에 매우 현실적인 지혜가 숨어있다.

주역은 세상을 양(陽)과 음(陰)으로 나누지만 극단주의가 아닌 중용의 도를 가르친다. 양과 음은 대립의 개념이자 조화의 개념이다. 절대적인 적대관계가 아니라 상대적인 대립관계다. 주역 철학에서 태극은 근원 혹은 전체를 의미한다. 태극에서 분화된 음과 양은 서로 대립하다가 보완하면서 화합한다. 그리고 새로운 태극을 만들어낸다.

예를 들어 특정 회사가 있다고 해보자. 이 회사에서 생산이나 마케팅을 하는 일선 조직은 '양'의 조직, 재무나 인사를 담당하는 조직은 '음'의 조직이라고 볼 수 있다. 두 조직은 성격이 다르기 때문에 태생적으로 갈등을 일으킬 수 있지만, 결국 조화를 이루지 못하면 망가진다. 음은 혼자서 낳을 수 없고 양은 스스로 자랄 수 없기 때문에 둘의 조화는 필수적이다.

수요와 공급도 음양 관계다. 수요가 공급보다 많으면 수요가 양이고, 공급이 음이다. 이 음양의 관계는 균형을 찾아야 탈이 생기지 않는다. 사물이나 현상은 균형을 찾아가려는 성질이 있다. 수요가 많으면 가격이 오르고, 그러면 자연스럽게 공급이 늘어난다. 돈을 벌기 위해 주택업자들이 공급을 대폭 늘리면 공급이 양으로 바뀌고, 수요는 음으로 전환된다. 이런 과정을 통해 균형점을 찾아간다.

하지만 인위적인 힘이 지나치게 개입해 불균형이 심화될 때는 문제가 생긴다. 한국에선 '사람들이 원하는' 아파트 공급이 부족한 상황에서 공급을 제대로 하기 힘든 상황이 지속되면서 집값이 폭등하는 일이 발생했다. 문재인 정부 시절엔 인위적인 외부의 힘이 수요와 공급의 힘이 일으키는 자연스러운 전환과정을 차단해버리면서 아파트값이 폭등했다.

또 다른 예로 소득이 '태극'이라면 소득에서 갈라져 나온 소비와 저축은 양과 음의 성질을 띤다. 양의 성질은 적극적이다. 따라서 소비가 늘어나는 게 양이다. 소비가 늘어 기업들의 투자가 증가해 경제가 발전해나가는 현상은 양의 기운이 뻗치는 것이다. 하지만 양이 음을 압도해 버리면 병이 생긴다. 따라서 이런 때에는 긴축정책이 요구된다.

주역의 내용 가운데 일반에게 가장 잘 알려준 구절 중 하나가 '물극필반(物極必反)'일 것이다. 사물이나 현상이 최고 단계까지 올라가면 반드시 급속한 반전이 온다는 내용이다. 음이 극에 달하면 양이 나오고, 양이 극에 달하면 음이 나온다. 이는 금융시장이나 경제현상의 사이클을 이해하는 데 도움이 된다.

주역의 논리는 경제 현상의 흐름을 이해하는 데 적지 않은 도움을 준다. 균형과 중도적 목표를 찾으려는 노력은 지속적으로 일어난다.

환율의 움직임을 살펴보자. 만약 우리나라에 경상수지 흑자가 지속되면 외환이 지속적으로 유입돼 한국의 원화가치는 지속적으로 상승(원/달러환율 하락)한다. 이는 곧 우리 상대국의 통화가치가 떨어지는 것을 의미한다. 이처럼 원화가치 상승이 지속되면 국내기업들의 수출 경쟁력이 떨어진다. 수입 기업들은 원화강세에 힘입어 해외물품을 싸게 수입할 수 있게 된다. 이런 과정에서 해외로 빠져나가는 외환은 늘어나고, 따라서 원화가치는 다시 하락압력을 받는다. 이 같은 흐름이 무수히 반복되면서 환율은 균형을 찾아가게 된다.

환율의 과격한 변동은 인위적인 개입을 부른다. 원화가 과도하게 강해지는 경우 한국은행이 나서서 달러를 사는 스무딩 오퍼레이션을 실시하게 된다. 자연스러운 흐름을 벗어나는 경우 일시적으로 시장에 메스를 가하는 것이다.

주역은 세상사의 끊임없는 변화를 이해하고 대응하는 데 필요한 지혜를 제공한다. 또한 과도한 인위적 개입에 따른 장기적인 균형이탈은 급격한 변화를 부를 수 있다는 점을 웅변한다. 예컨대 IMF 외환위기 전에 국내 금융당국은 물가상승 등을 우려해 대외지급준비금(외환보유액)을 줄이면서까지 원화강세를 유지했다. 원화가치를 한국경제의 체력보다 더 강하게 유지하려고 하자 국내기업의 경쟁력이 저하되고 외환보유액은 소진돼갔다. 인위적으로 설정한 환율 목표를 지키려는 외환당국의 노력은 결국 IMF 외환위기라는 한국 현대사 최대 위기로 이어졌다. 살아 있는 생물처럼 움직이는 경제에 대한 이해 없이 인간이 과도하게 영향력을 행사하려는 순간 큰 탈이 나는 것이다.

주가가 끝없이 상승할 것처럼 오르다가 정점으로 찍으면 추세가 전환된다. 물론 그 과정에서 작은 음과 양은 치열한 대립을 벌인다. 주가가 상승추세 속에 있다면 주식을 더 사서 이익을 보려는 양의 힘과 이익실현을 하고 떠나려는 음의 힘이 대립한다. 하지만 양이 전력을 쏟아서 고원으로 올려놓은 주가는 결국 음의 힘을 버티지 못한다. 언젠가는 하락장이 도래하는 것이다.

주역을 서양에선 '변화의 책(The Book of Change)'이라고 번역한다. 주역의 내용 자체가 끊임없는 변화를 얘기하고 있기 때문이다.

코로나19 사태로 인해 2020년 3월을 기점으로 엄청난 유동성 공급이 이뤄졌다. 이렇게 풀린 돈이 돈의 값어치를 떨어뜨리면서 물가에 반영되지 않는 아파트가격과 주가를 띄웠다.

세상에 쏟아져나온 유동성은 어딘가로 가야 한다. 이 돈들은 공식적 통계상의 물가는 별로 건드리지 못하고 부동산과 같은 자산 인플레이션으로 이어졌다. 돈 가치가 엄청나게 추락한 것이다. 한국에선 아파트를 보유하지 못한 사람들이나 무주택자들은 '벼락 거지'라고 자조하기도 했다. 다만 모든 현상은 변화한다.

2020년 대규모 유동성 공급 이후 미래의 물가를 놓고 금융시장에서 치열하게 논박이 벌어졌다. 그 이유는 물가가 얼마나 오르느냐에 따라서 많은 것이 변할 수 있기 때문이다. 물가가 오르면 당연히 금리가 올라야 한다. 금리가 오르면 현금흐름으로 할인한 가격인 주가도 충격을 받을 수 있기 때문이다. 변화의 시기는 아무도 자신할 수 없다.

주식시장에서 나타나는 새로운 변화들을 이해하고 그 변화들 사이에서 중심을 잡는 사람이 돼야 한다. 그런 사람들만이 주식시장에서 오래 살아남아 '성투'할 수 있다.

■ 독자 여러분의 소중한 원고를 기다립니다

메이트북스는 독자 여러분의 소중한 원고를 기다리고 있습니다. 집필을 끝냈거나 집필중인 원고가 있으신 분은 khg0109@hanmail.net으로 원고의 간단한 기획의도와 개요, 연락처 등과 함께 보내주시면 최대한 빨리 검토한 후에 연락드리겠습니다. 머뭇거리지 마시고 언제라도 메이트북스의 문을 두드리시면 반갑게 맞이하겠습니다.

■ 메이트북스 SNS는 보물창고입니다

메이트북스 유튜브 bit.ly/2qXrcUb

활발하게 업로드되는 저자의 인터뷰, 책 소개 동영상을 통해 책에서는 접할 수 없었던 입체적인 정보들을 경험하실 수 있습니다.

메이트북스 블로그 blog.naver.com/1n1media

1분 전문가 칼럼, 화제의 책, 화제의 동영상 등 독자 여러분을 위해 다양한 콘텐츠를 매일 올리고 있습니다.

메이트북스 네이버 포스트 post.naver.com/1n1media

도서 내용을 재구성해 만든 블로그형, 카드뉴스형 포스트를 통해 유익하고 통찰력 있는 정보들을 경험하실 수 있습니다.

STEP 1. 네이버 검색창 옆의 카메라 모양 아이콘을 누르세요.　STEP 2. 스마트렌즈를 통해 각 QR코드를 스캔하시면 됩니다.
STEP 3. 팝업창을 누르시면 메이트북스의 SNS가 나옵니다.